josé antonio
RIVAS LEONE

EN LOS BORDES DE LA DEMOCRACIA

LA MILITARIZACIÓN DE LA POLÍTICA VENEZOLANA

SEGUNDA EDICIÓN
corregida
y ampliada

UNIVERSIDAD
DE LOS ANDES
VENEZUELA

Consejo de
Publicaciones

**CENTRO DE INVESTIGACIONES
DE POLÍTICA COMPARADA**
UNIVERSIDAD DE LOS ANDES

EN LOS BORDES DE LA DEMOCRACIA.
LA MILITARIZACIÓN DE LA POLÍTICA VENEZOLANA
Autor: JOSÉ ANTONIO RIVAS LEONE
    rivasleone@gmail.com
Universidad de Los Andes. Mérida, Venezuela
Colección Ciencias Sociales
Serie Estudios Políticos

Editado por el Consejo de Publicaciones
de la Universidad de Los Andes.
Av. Andrés Bello, La Parroquia
Mérida, estado Mérida, Venezuela
(+58 274) 2711955, 2713210
cpula@ula.ve

Este libro fue sometido al dictamen
y evaluación de dos reconocidos árbitros
pares, resultando favorable su publicación.

Diseño editorial: Reinaldo Sánchez Guillén

A MAYELA
mi motivo de vida hoy y siempre

A MIS PADRES
Rómulo Rivas Olivares y Fulvia Leone

A MIS NIETOS
Samuel Alejandro y Emma Isabella González Uzcátegui

A MIS SOBRINAS
Valentina y Valeria Rivas

A LA UNIVERSIDAD DE LOS ANDES
siempre mi nodriza

A REINALDO RAMÍREZ MÉNDEZ (†)
maestro, guía y amigo eterno

A ROMÁN JOSÉ SANDIA SALDIVIA (†)
quien me honró siempre con su amistad

A LOS ESTUDIANTES UNIVERSITARIOS
y nuevas generaciones

A LOS VENEZOLANOS DE BIEN
que creen en la justicia, en el derecho y la democracia

A OMAR LARES, LORENT SALEH
y otros tantos líderes perseguidos y exilados

A LOS NUEVOS SIGNIFICADOS Y LETRAS
de Ismael Serrano

«En la actualidad Venezuela no posee un régimen estrictamente democrático ni estrictamente revolucionario... En muchos aspectos Chávez se ha desplazado gradualmente de una democracia populista a un socialismo revolucionario semidemocrático».

— DEBORAH NORDEN, 2008

«El marxismo, sencillamente, no resistió el enfrentamiento con la realidad. Prometía el paraíso en la tierra y parió veinte dictaduras espantosas. Dejó cien millones de muertos en el camino. Empobreció a medio planeta. Retardó el progreso científico y técnico de números pueblos y, tal vez lo peor de todo, envileció a varias generaciones de personas obligadas a mentir y a celebrar un régimen al que detestaban profundamente».

— CARLOS ALBERTO MONTANER, 2009

«El socialismo es la filosofía del fracaso, el credo a la ignorancia y la prédica a la envidia; su virtud inherente es la distribución igualitaria de la miseria».

— WINSTON CHURCHILL, 1940

«*El intento persistente por identificar el proyecto bolivariano del presidente Chávez con una versión renovada de socialismo, impulsado en el discurso presidencial y adelantado por unos cuantos ideólogos del movimiento, se presenta lleno de inconsistencias teóricas y prácticas hasta hoy no superadas*».

— ALFREDO RAMOS JIMÉNEZ, 2009

«*La revolución, como el Dorado, fue la oferta que encandiló a un país que sin esfuerzo propio iba a brotar próspero, libre, igualitario, de la gesta del redentor a caballo no se logró el propósito, las esperanzas se desvanecieron. La desilusión volvió a habitar el país que se enamoró de sus fantasías*».

— CARLOS BLANCO, 2002

«*La paradoja de Chávez pareciera ser más la de un fino estratega que la de un líder populista clásico o la de un demagogo, que ha sabido jugar, en el largo plazo, con un elemento clave de estabilidad, las Fuerzas Armadas, que el presidente ha sabido articular en función de su proyecto bolivariano*».

— FRÉDERIQUE LANGUE, 2006

CONtenido

PRÓ*logo*

a la primera edición 2010

por CÉSAR CANSINO

Tengo para mí que José Antonio Rivas Leone es uno de los politólogos venezolanos jóvenes más perspicaces y talentosos en la actualidad. Formado en una de las mejores escuelas de ciencia política de América Latina, la que encabeza el conocido estudioso Alfredo Ramos Jiménez en la Universidad de Los Andes, ha escrito diversos libros y artículos sobre la realidad de su país y de América Latina, siempre con rigor y originalidad. En esta oportunidad nos presenta una compilación de seis ensayos sobre la situación política actual de Venezuela, que leídos en conjunto esclarecen muchas de las interrogantes que los interesados en el tema nos hacemos usualmente, como las causas que permitieron el ascenso al poder de un personaje tan controvertido como Hugo Chávez, las razones que explican su permanencia en el gobierno, las implicaciones devastadoras que su paso por la presidencia ha supuesto para la democracia venezolana, las características de la creciente militarización que ha experimentado el país andino en la última década, los cambios culturales que la sociedad venezolana ha sufrido como consecuencia de la crisis de los partidos tradicionales y del inicio de una nueva era populista y personalista del ejercicio del poder, los cambios constitucionales destinados a apuntalar al nuevo régimen y asegurar su continuidad, entre otros muchos aspectos del presente político venezolano.

De entrada, me queda claro que escribir con objetividad sobre la Venezuela de hoy y desde Venezuela es una tarea complicada y arriesgada, sobre todo para un venezolano, pues los tiempos no son favorables para el pensamiento crítico y honesto. En ese sentido, no dudo que el presente libro sea señalado por los partidarios del régimen chavista como un panfleto reaccionario, y su autor, como un enemigo de la revolución y el pueblo. Y, sin embargo, Rivas Leone no hace más que presentar, con las orientaciones que le provee su sólida formación científica, los resultados de sus investigaciones sobre la realidad política de su país. De hecho, Rivas Leone se cuida, quizá demasiado, de utilizar adjetivos o expresiones altisonantes para descalificar o denostar a ciertos actores o acciones. En ese sentido, su prosa no puede ser más mesurada y aséptica. Es la prosa de un científico. El problema está en que el científico no puede renunciar a buscar la verdad, y en esa búsqueda Rivas Leone exhibe una instantánea de la Venezuela de Chávez sin concesiones ni retoques, una fotografía que muchos preferirían no ver y que otros simplemente negarán antes que perder su fe ciega en el caudillo providencial.

Los ensayos aquí reunidos se mueven pues, en una tensión curiosa. Por una parte, tratan de ser lo suficientemente prudentes a la hora de calificar los hechos; y por la otra, resultan implacables a la hora de describirlos. Quizá por ello, Rivas Leone se cuida de juzgar al chavismo como una tiranía personalista, pero al mismo tiempo demuestra que la democracia venezolana terminó sucumbiendo en manos de una nueva clase política, encabezada por Chávez, que supo imponerse hábilmente sobre la clase precedente, concentrada en los dos partidos históricos de la era de mayor estabilidad. En otras palabras, nuestro autor prefiere que sean sus lectores los que «califiquen» los hechos que analiza, pero la exposición que hace de los mismos, apoyado en las teorías más importantes y actuales sobre partidos políticos, crisis política, gobernabilidad y populismo, no deja mucho espacio a la divagación o la aquiescencia ideológica.

En lo personal, quisiera en estas líneas recoger la exhortación de Rivas Leone para ensayar mi propia caracterización de los hechos por él analizados, y así intentar con humildad cerrar un círculo que el autor deja abierto deliberadamente. Digamos que me permitiré calificar con mis propios adjetivos lo que el autor prefiere, quizá para evitarse descalificaciones viscerales por parte de los aduladores de Chávez, describir con conceptos. La diferencia es que yo, al no ser venezolano, no tengo nada que temer. Así, por ejemplo, sostener que, como lo hace nuestro autor de manera muy correcta e ilustrada, «la democracia venezolana experimenta en la actualidad una situación de bloqueo y postración institucional», significa en mis palabras que la democracia venezolana simplemente feneció con la llegada de Chávez al poder, quien se encargó de sepultarla y crear en su lugar un régimen autoritario y tiránico de corte populista y personalista, disfrazado de decretismo plebiscitario. O afirmar que «las reformas promovidas por Chávez afectan no sólo la gobernabilidad y funcionamiento de la democracia en Venezuela que se encuentra asediada y bordeando formas y estilos atentatorios contra su esencia y preceptos», no es otra cosa para mí que decir que al buscar perpetuarse en el poder por todos los medios, Chávez se cargó la democracia, las instituciones y el Estado de derecho.

Pero vamos por partes. En el capítulo sobre la crisis de los partidos venezolanos en la última década del siglo pasado, Rivas Leone está empeñado en demostrar que dicha crisis se corresponde con una tendencia global que encaminó a tales estructuras a su declive y desprestigio en todas partes, o sea a una crisis de representación. Esta asociación es correcta pero insuficiente, pues en el caso venezolano hay un elemento que difícilmente se puede extrapolar a otras sociedades: la corrupción desmedida y voraz de las cúpulas de los dos partidos venezolanos históricos, AD y COPEI, y que como tal selló su virtual muerte política, abriendo el camino al régimen autoritario y personalista de Chávez. Digamos que la crisis secular de los partidos venezolanos es mucho más que una crisis de representación, es la crisis de una clase política inescrupulosa y cínica que saqueó al país inmisericordemente.

Por lo que respecta al capítulo sobre gobernabilidad e ingobernabilidad, Rivas Leone recurre a la teoría para extraer indicadores precisos que le permitan medir la eficacia y el desempeño del gobierno federal inmediatamente antes y durante el chavismo. Por esa vía, las conclusiones no pueden ser más que dramáticas, pues mientras los últimos gobiernos de la era democrática acusaron serios problemas para lograr consensos y apoyos, el gobierno de Chávez no ha atinado a encontrar, más allá de su retórica populista tan hueca como desgastada, una vía virtuosa para revertir los rezagos sociales, apuntalar la economía y promover el desarrollo, en un clima de concertación y tolerancia. Lejos de ello, Chávez ha sumido al país en una espiral de polarización e imposiciones arbitrarias, nada estimulantes ni halagüeñas. Pero esta caracterización, aunque correcta, no deja de ser bastante predecible. De ahí que, en mi opinión, recurrir a las categorías de gobernabilidad e ingobernabilidad, aunque pertinente para el análisis, resulta insuficiente para caracterizar en toda su complejidad el presente venezolano. La Venezuela de hoy califica más bien para ser estudiada en el marco de las teorías de las transiciones, donde la ingobernabilidad es sólo un aspecto a considerar. Me explico, lo que Venezuela experimentó a fines del siglo pasado fue un colapso de la democracia y el inicio de una transición de un régimen democrático a un régimen autoritario, aunque su punto de inflexión haya sido el ascenso de Chávez al poder por la vía del sufragio, o sea por la vía democrática. Como tal, la transición autoritaria no ha concluido, pues si bien Chávez cuanta con el respaldo de amplios sectores, como la milicia y varios sindicatos, y ha podido modificar la legislación a conveniencia para intentar perpetuarse en el poder, su régimen está muy lejos de haberse consolidado, o sea de haber alcanzado estabilidad y legitimidad. Obviamente, en un marco de interpretación como éste, deja de tener sentido preguntarse, como lo hace Rivas Leone, si «el sistema democrático tendrá la capacidad para promover una recuperación y refundación institucional-funcional, que evite cualquier tipo de interrupción», pues con lo que existe en la actualidad simplemente no se puede «refundar» nada, el chavismo está en las antípodas de la democracia, y sólo en el futuro, después de Chávez, se puede pensar en redemocratizar al país.

En cuanto al capítulo sobre el populismo de Chávez, no puedo más que coincidir con Rivas Leone. Su estudio sobre los resortes antipolíticos y mesiánicos del discurso de Chávez es impecable. Si acaso sólo añadiría dos cosas resultado de mis propias investigaciones sobre el fenómeno populista. En primer lugar, Chávez inaugura para América Latina un nuevo tipo de populismo, una síntesis de posiciones antipolíticas y nacionalistas y de posiciones socialistas, antiimperialistas y antineoliberales, quizá alentado por los problemas que ha dejado a su paso el neoliberalismo en la región. En este tipo de populismo, aparte de Chávez, incluyo a Correa en Ecuador y Morales en Bolivia. Sin embargo, a pesar de que la retórica de estos nuevos líderes populistas es abiertamente desafiante y beligerante con respecto a Estados Unidos, nunca han hecho nada como para materializar dicha discrepancia. En efecto, las relaciones económicas y diplomáticas con Washington siguen intactas e incluso han mejorado en el caso de las exportaciones de petróleo de Venezuela, lo que ha llevado a muchos a criticar a Chávez por ser un «político de derecha». Algo similar se puede decir con lo que ocurre internamente. Más allá de la retórica bolivariana o socialista los gobiernos populistas en cuestión han tratado de evitar desalentar a los sectores productivos locales, aunque no siempre lo han logrado, pues los excesos de estos líderes han conducido al cierre de muchas empresas con la consecuente depreciación económica y laboral, lo cual no ha afectado a las industrias de hidrocarburos en manos estatales. Pero el rasgo más característico de estos populismos, segundo punto, es que todos ellos han avanzado a costa de derrumbar las ya de por sí débiles instituciones democráticas de sus respectivos países, a pesar de haber llegado al poder por la vía electoral. El procedimiento para hacerlo parece ya una receta: se nombra un Congreso Constituyente a modo del líder populista que habrá de modificar la Constitución vigente; dicho Congreso sustituye en los hechos al Congreso precedente y modifica la ley para permitir la reelección indefinida del líder y darle facultades amplias para tomar todas las decisiones que crea convenientes con el pleno aval del mismo. Es decir, estamos en presencia de una supresión de facto de la democracia en el que se conculcan derechos y garantías ciudadanas, lo que ha terminado por polarizar a las sociedades involucradas al grado de que entidades completas, como en Bolivia, han desconocido al poder central. Pero lo más dramático es que estos populismos de nuevo cuño no sólo han significado enormes retrocesos políticos y civiles, sino que han acusado enormes ineficacias con un elevado costo social. En efecto, la pobreza y la marginalidad se han incrementado a la par que la discrecionalidad y la arbitrariedad con la que se mueven sus gobiernos. Por el momento, Chávez, Morales y Correa han sido lo suficientemente hábiles para enfrentar las adversidades y hasta para sacar provecho de las circunstancias, ya sea victimizándose, como Chávez después de la intentona de derrocarlo hace algunos años en algo que para muchos fue más bien un autogolpe perfectamente planeado, o el origen étnico de Morales que lo reviste de un halo de pureza que no tienen los criollos o mestizos. Independientemente de cómo terminen estas experiencias populistas, han significado en los hechos retrocesos políticos de gran calado, por más que sigan contando con muchos adeptos seducidos por el canto de sirenas tanto dentro como fuera.

Los tres capítulos restantes del libro de Rivas Leone examinan respectivamente la militarización que de facto ha experimentado Venezuela durante la última década, los rasgos autoritarios del chavismo y las reformas constitucionales recientes que han permitido la ampliación de las prerrogativas y facultades del presidente Chávez –y posteriormente Maduro–. Sobre estos temas me gustaría apuntar algunas consideraciones personales y que en buena medida me sugiere la lectura del interesante libro de Rivas Leone. Para ello, me referiré a lo que considero un momento crucial que marca el fortalecimiento de Chávez y su afianzamiento en el poder: el efímero y muy sospechoso golpe de Estado del que presuntamente fue víctima en 2002.

Ni duda cabe que Venezuela se ha vuelto noticia permanente desde el arribo al poder de Hugo Chávez, un personaje peculiar que supo leer el malestar generalizado de los venezolanos hacia la política institucional para adaptar la desacreditada democracia local a sus ambiciones personales. Como ya dije, Chávez constituye un nuevo tipo de líder populista con un discurso democrático, de izquierda y antiimperialista, pero que en los hechos liquidó la democracia, suprimió las garantías individuales, impuso su voluntad, silenció a la oposición y a los disidentes, personalizó y centralizó la política, sigue siendo dócil a los imperativos del mercado capitalista, polarizó a la sociedad y lo peor de todo ha arruinado la economía y empobrecido a su pueblo, a ese pueblo o parte del pueblo que a pesar de todo le sigue guardando devoción. Venezuela con Chávez es pues un ejemplo vivo de un derrotero posible para América Latina, cuyos enormes rezagos sociales y muchos déficit democráticos constituyen el mejor caldo de cultivo para la emergencia de líderes populistas radicales electos democráticamente y que desde el poder terminan ejerciendo una tiranía supuestamente plebiscitaria pero donde se cancelan de facto todas las garantías indispensables de la democracia.

La ambivalencia es tal que muy temprano en la gestión de Chávez, los venezolanos se dividieron al grado de suscitarse todo tipo de conflictos, enfrentamientos y movilizaciones a favor o en contra, que concluyeron en el 2002 con una misteriosa intentona de golpe de Estado, de la que Chávez salió bien librado y fortalecido, pero que sembró muchas suspicacias al grado de que muchos siguen creyendo que se trató más bien de un autogolpe muy bien planeado por Chávez para resurgir como una víctima de la intolerancia y un mártir de su pueblo. Como quiera que sea, después de este hecho, los venezolanos inconformes con el aspirante a dictador se dieron cuenta que muy poco se podía lograr ya para cambiar la historia, es decir se resignaron con tristeza a su destino, sabiendo que la contestación y la protesta terminarían siendo inútiles y muy riesgosas frente al nuevo y endurecido tirano.

En esos días previos al golpe de Estado se vivía una gran tensión. Hoy que Chávez gobierna sin oposición y a punta de amenazas, purgas y censuras no debemos olvidar que muchos venezolanos se opusieron al líder por sus excesos autoritarios y retóricos, al grado de que una consigna popular resonó con mucha fuerza en las plazas y las calles de toda Venezuela, anticipando un cambio que no pudo ser: «¡Al loco, al loco... al loco le falta poco!»

Si en el momento de ser electo Chávez llegó a ser muy popular (no se registra otro presidente de Venezuela que haya ganado con el 80 por ciento de los sufragios), en los días previos al golpe, aparecía como un personaje acorralado, desgastado por su propia demagogia mediática y populista, derrotado por sus propias inconsistencias e incoherencias, un personaje gris y mediocre que producía en buena parte de su pueblo una mezcla de lastima, por sus desplantes irracionales, vergüenza, por haberlo elegido y quizá hasta haber creído en él, pero también temor, por su perfil autoritario y su obstinación, que podían conducir a Venezuela a una situación violenta y caótica que nadie deseaba.

Cabe recordar que Chávez representaba en ese momento un factor de alto riesgo, por lo que cada vez más sectores del país se pronunciaron en contra de su permanencia en la Presidencia de la República. Según una encuesta de CNN, menos del 25 por ciento de los venezolanos lo apoyaban y más del 75 por ciento deseaban su remoción pacífica pero inmediata del poder. Por su parte, diversos sectores organizados (maestros, universitarios, trabajadores de petróleos de Venezuela, y muchos más) tomaron las calles para protestar por las arbitrariedades del «loco», lo cual propició un ambiente de mucha tensión.

Con todo, la actitud de Chávez ante al repudio creciente a su gestión, fue soberbia y pedante. Simplemente descalificaba a todos sus adversarios como «escuálidos», «enemigos de la revolución», «enemigos del pueblo», etcétera. Como suele suceder, el ingenio popular terminó convirtiendo en símbolo de lucha aquello con lo que se le descalificaba. «Somos escuálidos», rezaba la consigna antichavista, junto con la imagen de un tiburón, un «escualo», el pueblo, devorando a Chávez. Pero ni la desobediencia civil, ni las protestas organizadas, ni las querellas militares, ni los medios de comunicación que en bloque lo repudiaban, parecían intimidar a Chávez, quien en ese contexto señaló que gobernaría Venezuela hasta el año 2020 y que nada ni nadie lo haría claudicar de la revolución bolivariana que encabezaba.

A todo ello habrá que sumar la crisis económica que desde entonces acusa el país sudamericano, con una moneda fuertemente devaluada y severos ajustes económicos y fiscales para enfrentar la recesión. Es decir, la gestión de Chávez nunca ha sido eficaz en el terreno económico y social, ni antes ni después del golpe, por lo que su verborrea populista ha sido insustancial. Además, Chávez no sólo se encargó de aniquilar la vida institucional y democrática del país, a los partidos y el Congreso, sino que ha articulado una serie de estructuras supuestamente revolucionarias, los «círculos bolivarianos», que ni siquiera Cuba hubiera implementado en su época más estalinista. En suma, un período el de Chávez lleno de contradicciones, abusos de autoridad, desplantes autoritarios, ineficacia, perorata antiliberal y castrista, demagogia barata y malestar que muchos venezolanos quería dejar en el pasado, como un error que cometieron y que no volverían a cometer. Con todo, los venezolanos no querían más violencia. De ahí que, en el momento más álgido de la confrontación entre partidarios y opositores de Chávez, hasta los más acérrimos antichavistas prefirieron suavizar el tono antes que incitar al dragón de la violencia. Teodoro Petkoff, por ejemplo, reconocido por su frontal crítica al gobierno, fundador y director de un diario que surgió como el más claro opositor a Chávez, el diario *Tal cual*, comentó que Venezuela puede aportar a la historia mundial de los golpes de Estado el «goteo militar», que no es otra cosa que la confluencia esporádica de militares de alto rango que toman la palestra pública para desmarcarse del gobierno sin romper completamente con él. Sin embargo, como bien advirtió Petkoff, el resultado de esta maniobra es impredecible. No se sabe si vulnerará de manera efectiva al actual gobierno hasta su virtual renuncia o abrirá una línea de tensión más que sólo podrá resolverse con una intervención militar extrema. A la larga, nada ni nadie impidió que Chávez se impusiera mediante el supuesto golpe de Estado fallido. Una cosa es cierta, ni Venezuela ni ningún otro país se merecen un tirano como este personaje oscuro de la planicie latinoamericana y otros que de vez en vez aparecen por ahí.

¿Qué lecciones podemos extraer de este hecho, es decir, de la movilización social antichavista y el ulterior fortalecimiento del depuesto presidente? Pese al desenlace de la supuesta intentona de golpe de Estado, el pueblo venezolano nos dio a todos una lección de desobediencia y resistencia civiles. Durante meses, muchos venezolanos decidieron salir a las calles y tomar las plazas para protestar y defender su dignidad pisoteada por sus gobernantes de turno. Ni la represión ni la provocación ni el ninguneo oficial fueron suficientes para aplacar los ánimos y claudicar. Con sus acciones de lucha, el pueblo venezolano nos recuerda la esencia de la democracia. Ésta no reside en las autoridades electas sino en la esfera pública. No es sólo un conjunto de reglas y procedimientos formales sino sobre todo un conjunto de individuos los que dan sentido a la política institucional desde sus proyecciones, anhelos y aspiraciones. La desobediencia civil aparece entonces como un instrumento de repolitización del Estado de derecho utilizado por las élites políticas que tratan de hacer un uso discursivo y efectivo de los principios establecidos en las instituciones democráticas. Es decir, la desobediencia civil no es sólo un procedimiento más para hacer un uso intensivo de las instituciones democráticas sino el último garante de la legitimidad del Estado de derecho. Pero en apego a esa misma definición de democracia, habría que reconocer que las sociedades son plurales y en su seno anidan y convergen posiciones muchas veces encontradas y antagónicas, por lo que siempre es posible que al final se impongan aquellas posiciones que indirectamente pueden minar a la propia democracia. Así, en Venezuela terminó imponiéndose aquella parte de la opinión pública que sigue creyendo ciegamente en el discurso y la oferta de Chávez, pese a que la realidad parece encaminarse en una dirección totalmente distinta. El tema requiere pues, otro tipo de interpretación, no el del avasallamiento de un pueblo resignado a su tragedia sino el de un pueblo que en un momento decisivo de su historia optó necesariamente por la servidumbre.

En el autoritarismo, la democracia sólo puede usarse de manera retórica, demagógica, con fines de legitimación, se vuelve un cascaron sin sustancia. En la práctica, no hay equilibrio de poderes, ni pluralismo de partidos, ni Estado de derecho, ni garantías civiles y políticas. Por el contrario, hay un culto a la personalidad, una enorme concentración del poder político y un uso discrecional del mismo, una obstinación enfermiza por el poder y por mantenerlo cueste lo que cueste. Lo mismo puede decirse con respecto al discurso de la sociedad civil. En manos de un populista el discurso de lo social se pervierte, se manosea a conveniencia de una retórica mesiánica y oportunista; se vuelve una violencia verbal, una contradicción *in terminis.* Un tirano no está dispuesto a aceptar que la sociedad civil es una capacidad permanente de instituir y que esta capacidad no termina con la instauración de instituciones políticas dadas de una vez y para siempre. Pero aquí también se encuentra el mayor desafío de nuestras sociedades en América Latina: afirmar su capacidad instituyente para instituir cada vez mejores Constituciones y formas de representación de intereses, mejores leyes y normas vinculantes, mejores equilibrios entre los poderes...

Pero, ¿qué tipo de instituciones garantizan mejor la democracia? Las que garantizan condiciones mínimas de libertad e igualdad. Con todo, las sociedades democráticas no están inmunes al virus del totalitarismo. En ciertas condiciones de desasosiego y desesperación un discurso mesiánico y populista puede prender y hacer que las sociedades opten por ofertas autoritarias. Son los riesgos de la democracia. Pero si la sociedad es civil lo es porque sabe que la acción social está autolimitada. No consiste en imponer o mantener una opción por la fuerza, negando a los otros, a los que no están de acuerdo. La acción social es diálogo civil no guerra civil.

Ciertamente la realidad social no puede ser reducida a un único sentido. La sociedad no responde a ningún centro neurálgico de sentido. La democracia es hoy la radicalización del proyecto individualista y la política es el espacio decisivo de la existencia humana. De ahí que la diferencia de la sociedad civil y el Estado, esto es, la imposibilidad de que en las instituciones del Estado quede expuesta la esencia última de la sociedad, no es accidental sino constitutiva –y en ese sentido normativa– de la experiencia democrática de la política.

¿Cómo es posible entonces que la voluntad de libertad se convierta en ocasiones en voluntad de servidumbre? ¿Cómo es posible que una sociedad que se instituye sobre el deseo de libertad se convierta en sojuzgamiento? En el momento que una parte de la sociedad se separa y se convierte en una elite que monopoliza el saber o que impone una verdad sobre el complejo de la sociedad, ya no podemos hablar de una sociedad libre, política, pues la libertad supone un individuo que se identifique con un saber propio y si el saber le es ajeno, ya no hay sociedad política. El pensamiento debe partir de la experiencia (la verdad es lo más próximo al dogma).

El mundo nunca está enteramente hecho, siempre está por hacerse. De ahí el espacio de la libertad. En una sociedad libre no hay certezas, pues en el momento que la sociedad abraza una deja de ser una sociedad libre. El poder democrático no lo podemos llenar con una persona o un proyecto único. Crecer en libertad es debatir y discutir permanentemente las acciones de quien detenta el poder. Por fortuna, no hay ciudadanos que no deseen ser libres, y no hay sociedades libres sino hay ciudadanos libres. Es la hora de que los ciudadanos decidamos nuestro futuro. En el fondo, ésta es la preocupación de Rivas Leone, de un demócrata y un ciudadano, al escribir sobre su presente y su realidad, pero es también la vocación silenciosa de un pueblo que, como el venezolano, pese a las adversidades actuales, anida en su seno aires legítimos de libertad.

México D.F. 13 de enero 2010

PRE*facio*

Si bien es cierto, cualquier ciudadano de a pie podría esgrimir o señalar que Venezuela registra desde 1958 un proceso sostenido en el tiempo caracterizado por la continuidad democrática, no es menos cierto, que la calidad del entramado institucional, la calidad de la política en términos de agendas, procesos y resultados, aunado a los actores políticos y a la propia gobernabilidad, indican un proceso de deterioro institucional y precariedad, que en su conjunto induce a hablar de una crisis en términos de liderazgos, representaciones, mediaciones, actores, crisis económica, crisis política y crisis social. En fin, Venezuela que fue sinónimo de estabilidad, orden e institucionalidad por mucho tiempo, comenzó a manifestar hace dos décadas situaciones recurrentes que desnudaban problemas y distorsiones más complejas que hoy persisten.

Los problemas estructurales que han llevado y producido la crisis de la democracia en Venezuela en la década de los noventa, permanecen en el país incluso se han profundizado con la llegada de Chávez y posteriormente Maduro, entre ellos, desigualdad social, fragilidad de los partidos y del sistema de partidos, pobreza, inflación, desempleo, precariedad del Estado de derecho y una manifiesta incapacidad por parte del Estado venezolano de cumplir con sus objetivos fundamentales, incluyendo aspectos transcendentales como la observancia de la Constitución como norma suprema y vigencia del Estado de derecho.

Pero además, la sociedad venezolana padece en los últimos años de una polarización y condiciones que no permiten solventar del todo los conflictos políticos por la vía democrática e institucional, observamos un Estado que no es capaz de asegurar los derechos fundamentales, la separación de los poderes públicos es formal más no real, el control de la corrupción ha fallado en estas dos décadas cuando paradójicamente la renta nacional aumentó como consecuencia de los altos ingresos petroleros, a lo cual se le agrega una tendencia sostenida y peligrosa de militarización de la sociedad y de la política, y la promoción de una revolución y proceso que socava la poca institucionalidad con saldos materiales e inmateriales apreciables en las dos últimas décadas.

De tal manera que la sociedad venezolana y los venezolanos en su conjunto precisamos reconstruir un sistema de instituciones que no solo sea capaz de propiciar mediaciones efectivas, y la búsqueda de unos consensos y agendas mínimas en medio de la fragmentación que registramos, sino, además, avanzar frente a la situación de bloqueo y postración institucional en aras de una reinstitucionalización y recuperación del entramado democrático. La desinstitucionalización de los partidos y la propia democracia explica reiteradamente, no solo la llegada de Chávez, sino la permanencia o continuidad de la Revolución Bolivariana con Nicolás Maduro en el poder.

Este libro escrito en forma de ensayo constituye una aproximación al desarrollo y evolución de la democracia y la política venezolana, que agrupa no sólo el análisis y abordaje de la segunda mitad del siglo XX (consolidación crisis y cambio de los partidos políticos) pasando por las etapas de gobernabilidad e ingobernabilidad democrática, sino además, abordamos las dos primeras décadas del siglo XXI, que compromete la llegada de Hugo Chávez y Maduro al poder, y por ende el tratamiento de la antipolítica y el populismo criollo, seguido de un proceso de decadencia partidista que antecede el triunfo de Chávez y continua hoy vigente, aunado a un proceso mayor de transfiguración del sistema político y de la democracia, debido a la introducción de elementos, prácticas y el auge de formas autoritarias y de una suerte de militarización de la política venezolana de manera sostenida.

Entretanto, analizamos lo correspondiente a la última década en la que se han forzado la vía al Socialismo del Siglo XXI, y fundamentalmente los elementos y aspectos de la Reforma Constitucional, propuesta por Chávez y negada en las elecciones del Referéndum Constitucional de diciembre de 2007, introduciendo figuras, poderes, reformas, leyes y procesos que afectan no solo la gobernabilidad, la descentralización, el Estado de derecho y la propia Constitución de 1999, sino la esencia y funcionamiento de la democracia en Venezuela que se encuentra asediada y bordeando formas y estilos atentatorios contra su esencia y preceptos democráticos.

Finalmente, nos detenemos a analizar los retos y amenazas de la democracia venezolana en una época post Covid-19, entendiendo que el país, la sociedad y economía ya padecían un conjunto de distorsiones y problemas, a tal magnitud que se definió y caracterizó a la situación de Venezuela como «Crisis Humanitaria Compleja», situación que ha tendido a agravarse como consecuencia de la pandemia mundial (Covid-19) que afecta al país en su peor momento o etapa en toda su historia contemporánea.

Estas páginas surgen al calor de los fenómenos que nos corresponde observar y analizar sobre el propio curso de los hechos en Venezuela, en una etapa inédita plagada de fenómenos y situaciones, algunas nunca antes registradas. Parte de estos planteamientos tienen sus antecedentes en seminarios impartidos a nivel de la Maestría en Ciencias Políticas y el Doctorado en Estudios Políticos en la Universidad de Los Andes (Mérida, Venezuela), y por supuesto en los cursos de pregrado dados en las carreras de Derecho, Criminología y Ciencias Políticas en la Facultad de Ciencias Jurídicas, Políticas y Criminológicas de nuestra Alma Mater. Asimismo, debo señalar que algunos de estos capítulos tienen sus antecedentes en artículos científicos publicados en la *Revista de Estudios Políticos* (España), la *Revista Reflexión Política* del Instituto de Estudios Políticos de la Universidad Autónoma de Bucaramanga (Colombia), la *Revista Metapolítica* (México) y la serie *Working Papers* del Instituto de Ciencias Políticas y Sociales (ICPS) de la Universidad Autónoma de Barcelona (España), otros capítulos son planteos totalmente nuevos y escritos alrededor de la problemática venezolana reciente.

Ha sido de vital ayuda para la redacción final de este trabajo el apoyo, los insumos y las discusiones con colegas profesores e investigadores del Centro de Investigaciones de Política Comparada (CIPCOM), fundamentalmente Alfredo Ramos Jiménez, mi tutor doctoral, mi compañero de trabajo y amigo por más de dos décadas. También debo agradecer los valiosos aportes de profesores colegas de nuestra Universidad de Los Andes, Jesús

Rondón Nucete, Luis Caraballo Vivas, Roger Dávila, Juan Antonio Rodríguez, Francisco Ferreira, Luis Montilla, Fortunato González Cruz, Eduardo Pachano, José Luis Malaguera Rojas, Enrique Andara, Yoleida Vielma, Gladys Mata Marcano, Claudio Alberto Briceño Monzón, Raúl Huizzi Gamarra, Diomedes Cordero, Alejandro Gutiérrez, Genry Vargas Contreras, Rafael Cartay, Julio César Tallaferro, José María Andérez, Aura Morillo, Guillermo Memo Matera, Danilo Figueroa, Ángel Andara y Elías Méndez Vergara. A mis estimados parientes Abdón Vivas Terán y Jorge Villet Salas. Vaya mi gratitud a distinguidos profesores de otras universidades del país, colegas profesores con quienes me une una amistad y un intercambio permanente de ideas y temas Luis Coronado Prada en la Universidad Santa María, Guillermo Tell Aveledo y Oscar Valles en la Universidad Metropolitana y John Magdaleno en la Universidad Católica Andrés Bello en Caracas, Venezuela.

No puedo dejar de expresar mi gratitud para César Cansino, de la Universidad Autónoma de México, por las sugerencias siempre oportunas en relación al tema planteado, además de su condición de prologuista. A Lya Fernández de Mantilla de la Universidad Autónoma de Bucaramanga, consecuente en todo momento con investigaciones compartidas y el estímulo para escribir sobre temas que nos aquejan en nuestra América Latina. A Leonardo Caraballo de la Universidad Santo Tomás en Bucaramanga, Colombia. Rickard Lalander de Instituto de Estudios Latinoamericanos de la Universidad de Estocolmo en Suecia por su solidaridad, a Nelson Rivera y Ricardo Bello extraordinarios amigos, acuciosos lectores y articulistas, y finalmente, al Consejo de Publicaciones de la Universidad de Los Andes por el apoyo a la edición, especialmente el trabajo de altísimo nivel llevado a cabo por Reinaldo Sánchez Guillén en la diagramación y maquetación del libro.

Finalmente, el autor es el único responsable de los errores y omisiones que pudiesen albergarse en este ensayo, que no es más que el testimonio y caracterización a partir de los autores, las hipótesis, enfoques y perspectivas por parte de la teoría política y la ciencia política, y las propias circunstancias en que nos ha correspondido desenvolvernos en la Venezuela del fin del siglo XX e inicio de la primera década del siglo XXI, lamentablemente afectada por varias pandemias entre ellas, el pretorianismo, el populismo autoritario, el declive de los partidos y recientemente el Covid-19.

—J.A.R.L. Noviembre, 2020

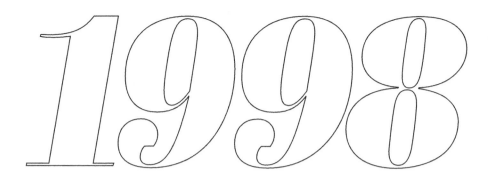

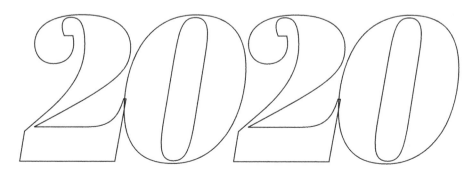

el PACTO de PUNTO FIJO y la FUNDACIÓN de la DEMOCRACIA en VENEZUELA

1.1. *Surgimiento del sistema de partidos en Venezuela*

En el tratamiento y análisis de los partidos, su surgimiento y consolidación en la Venezuela del siglo XX, no podemos obviar al Pacto de Punto Fijo por ser una referencia e hito obligatorio en nuestra historia democrática, básicamente como un acuerdo fundacional de la democracia en Venezuela, y en ese mismo orden de ideas en la historia moderna de los partidos políticos nacionales.

El Pacto de Punto Fijo no solo constituye un episodio relevante, sino un referente histórico y político de estudio y valoración obligatoria en la fundación de la democracia en Venezuela. Permitió, sin duda alguna, fraguar las bases de funcionamiento del naciente sistema político, naturalmente edificado sobre el rol de los partidos políticos como interlocutores e intermediadores entre el Estado y la sociedad junto a otras instituciones.

La clave del éxito del llamado Pacto de Punto Fijo estuvo en el diálogo, en minuciosas y largas conversaciones y debates que concluyeron en un sólido compromiso de las organizaciones unitarias en una política nacional de largo alcance, guiadas en un primer momento por la seguridad de que el proceso electoral y los poderes públicos que de él van a surgir respuestas a las pautas democráticas de la libertad efectiva del sufragio. Igualmente, la garantía de que el proceso electoral evite cualquier ruptura de la unidad y que además sea un medio para fortalecer a los partidos, asumiendo estos sus respectivos roles en funciones de gobierno como en la oposición, estableciendo la vía electoral y democrática como único camino hacia la conquista del poder, aunado a la despersonalización del debate, la erradicación de la violencia interpartidista y la definición de normas que faciliten la formación del gobierno y de los cuerpos deliberantes, de tal manera que la sociedad venezolana se exprese y se sienta representada.

La historiografía nacional reconoce que el Pacto de Punto Fijo fue, para el momento, la expresión más acabada de un acuerdo entre partes, entre organizaciones, grupos diversos y élites por fraguar lo que serían las bases y cimientos de la democracia en Venezuela. En este destacan un fiel compromiso a la unidad, el respeto mutuo, la tolerancia, la amplitud y la cooperación en defensa del régimen democrático naciente, que tuvo su manifestación de forma categórica en la Declaración de Principios y Programa Mínimo de Gobierno de 1958[1].

La trascendencia de dicho acuerdo estuvo en establecer las líneas generales no solo del nuevo gobierno, sino de lo que sería posteriormente el funcionamiento de la democracia en Venezuela durante cuarenta años, al extremo de hablarse de la llamada Cuarta República como expresión y etiqueta del período de funcionamiento del Pacto de Punto Fijo desde 1958 hasta 1998, y naturalmente, vincular a este último no solo con el protagonismo de AD y COPEI, sino además con el proyecto de país y sociedad, expresado en la Constitución de la República de Venezuela de 1961, que ha sido el de mayor vigencia en el país. Por lo tanto, el compromiso gestado y manifiesto de la dirigencia de los partidos AD, COPEI y URD principalmente fue decisivo para la consolidación del régimen democrático y la estructuración del naciente sistema de partidos y del propio entramado democrático.

Tres principales elementos recogen la esencia del Pacto de Punto Fijo:

1. **Defensa de la constitucionalidad y del derecho a gobernar conforme al resultado electoral**. Las elecciones determinarán la responsabilidad en el ejercicio de los Poderes Públicos, durante el período constitucional 1959-1964; intervención de la fuerza contra las autoridades surgidas de las votaciones es delito contra la Patria. Todas las organizaciones políticas están obligadas a actuar en defensa de las autoridades constitucionales en caso de intentarse o producirse un golpe de Estado, aun cuando durante el transcurso de los cinco años las circunstancias de la autonomía que se reservan dichas organizaciones hayan podido colocar a cualquiera de ellas en la oposición legal y democrática al Gobierno. Se declara el cumplimiento

---

1   Para una mayor profundización consúltese los estudios clásicos de Juan Carlos Rey, 1972, 1989, 1991; Miriam Kornblith, 1998; Manuel Hidalgo Trenado, 1998; También Manuel Vicente Magallanes, 1983; Gehard Cartay, 2000; Miriam Kornblith y Daniel Levine, 1995; Andrés Stambouli, 2002; McCoy y David Myers, 2004; Carlos Raúl Hernández, 2005.

de un deber patriótico la resistencia permanente contra cualquier situación de fuerza que pudiese surgir de un hecho subversivo y su colaboración con ella también como delito de lesa patria.

2. **Establecimiento de un Gobierno de Unidad Nacional.** Si bien el ejercicio del Poder por un partido es consecuencia legítima de una mayoría electoral, la suerte de la democracia venezolana y la estabilidad del Estado de derecho entre nosotros imponen convertir la unidad popular defensiva en gobierno unitario cuando menos por tanto tiempo como perduren los factores que amenazan el ensayo republicano iniciado el 23 de enero; el gobierno de Unidad Nacional es el camino para canalizar las energías partidistas y evitar una oposición sistemática que debilitaría el movimiento democrático. Se deja claramente sentado que ninguna de las organizaciones signatarias aspira ni acepta hegemonía en el Gabinete Ejecutivo, en el cual deben estar representadas las corrientes políticas nacionales y los sectores independientes del país, mediante una leal selección de capacidades.

3. **Programa Mínimo Común.** Para facilitar la cooperación entre las organizaciones políticas durante el proceso electoral y su colaboración en el Gobierno Constitucional los partidos signatarios acuerdan concurrir a dicho proceso sosteniendo un programa mínimo común, cuya ejecución sea el punto de partida de una administración nacional patriótica y del afianzamiento de la democracia como sistema. Dicho programa se redactará por separado, sobre las bases generales, ya convenidas, y se considerará un anexo del presente acuerdo. Como este programa no excluye el derecho de las organizaciones políticas a defender otros puntos no comprendidos en él, se acuerda para estos casos la norma siguiente: ningún partido unitario incluirá en su programa particular puntos contrarios a los comunes del programa mínimo y, en todo caso, la discusión pública en los puntos no comunes se mantendrá dentro de los límites de la tolerancia y del mutuo respeto a que obligan los intereses superiores de la unidad popular y de la tregua política.

A partir del Pacto de Punto Fijo, se establecieron, posteriormente, una serie de directrices y lineamientos entre las élites; estos tuvieron como rasgo distintivo conceder protagonismo a los partidos, a tal extremo y preponderancia que en el caso venezolano comenzó a hablarse de una auténtica democracia de partidos[2] para definir un régimen basado excesivamente en la presencia y acción de los partidos políticos. Miriam Kornblith, ha observado que «tanto en la práctica política como en el plano de los principios jurídicos y constitucionales, los partidos adquirieron una posición privilegiada en el sistema político venezolano. Se configuraron como organizaciones permanentes policlasistas, de alcance nacional, con estructuras internas jerárquicas, centralizadas y disciplinadas»[3].

Sin embargo, conviene no dejar pasar por alto que anterior a la celebración del Pacto de Punto Fijo, en aquel histórico 31 de octubre de 1958, se celebró en la ciudad de Nueva York, en el mes de diciembre de 1957, el llamado Pacto de Nueva York, como el acuerdo previo gestado entre los líderes de los diversos partidos políticos, desde la democracia cristiana hasta la socialdemocracia y con excepción de los comunistas. De manera que el liderato de figuras como Rafael Caldera por parte de COPEI, Rómulo Betancourt por AD y Jóvito Villalba en representación de URD y la centro izquierda, fue definitorio para fraguar una declaración de unidad entre los partidos y que de forma impecable se dio finalmente en el Pacto de Punto Fijo.

Una variable explicativa del éxito del acuerdo de Nueva York, y subsiguientemente del Pacto de Punto Fijo, sería inequívocamente la visión y compromiso de unidad, y en ese mismo orden de ideas, la voluntad de promover una política nacional de largo alcance, que permitiera no solo la convocatoria a elecciones, sino más todavía, el respeto de los resultados y por consiguiente el nacimiento de la democracia en Venezuela.

Más aún, los firmantes del Pacto de Punto Fijo tenían como antecedentes, de división y diáspora política, las confrontaciones presentes en el llamado «trienio adeco» surgidas entre los partidos que terminaron fraguando el golpe militar de noviembre de 1948. De manera que las discrepancias debían quedar atrás, y sobre todo a través del Pacto de Punto Fijo se procede a institucionalizar las reglas del juego político, que servirían naturalmente de basamento del régimen democrático naciente y que daría soporte y estabilidad a la democracia en Venezuela por varias décadas[4].

---

2   *Cf.* Hans Kelsen, 1929; Manuel García Pelayo, 1986; Gonzalo Fernández de la Mora, 1977.

3   Miriam Kornblith, 1998: 184.

4   Sobre el Pacto de Punto Fijo, para una mayor profundización véase Juan Carlos Rey, 1972; Ramón J. Velásquez, 1979; Manuel Vicente Magallanes, 1983; Gehard Cartay, 2000; Gilberto Quintero Lugo, 2000; Carlos Raúl Hernández, 2005; José Antonio Rivas Leone, 2002, 2008.

La historia política posterior a los años cincuenta está marcada por la fundación de la democracia como régimen político y de libertades, dado que se registraron algunos intentos de democratización pero que no se consolidaron hasta bien entrados los años 60. En este sentido, es frecuente observar procesos de *fundación democrática* (cuando el régimen anterior incluía elementos democráticos), de *consolidación democrática* (cuando se da un proceso y etapa de instalación del núcleo básico de instituciones y autoridades democráticas), y de *transición* (cuando se da el paso de regímenes militares formales a regímenes democráticos propiamente dichos)[5]. Es decir, entenderíamos la transición como un doble proceso de *retorno y de fundación* que persiga en un primer lugar una *consolidación*, y posteriormente una *profundización* de la democracia.

Asimismo, la realidad nos demuestra que si bien es cierto que la forma partido fue artífice en generar los procesos antes señalados, lo cual desemboca en el retorno o fundación de la democracia en toda la región para finales de los ochenta (con excepción de Cuba), no es menos cierto que en los inicios de los años 90, los partidos políticos, por lo menos en lo que a Venezuela refiere, entrarían en una etapa y situación de anomia, descomposición, pérdida de visión y proyecto, (pierden su capacidad de agencia) y naturalmente acusan un declive pronunciado, situación esta última que se expresa en un primer momento, entre otras cosas en un desgaste notorio de su poder de convocatoria, la reducción del número de afiliados, en un segundo y consecuente momento, en un cuestionamiento cada vez mayor por parte de la ciudadanía, paralelamente al avance de nuevas figuras, líderes, y agrupaciones al margen de las formas tradicionales.

A los partidos políticos en América Latina les correspondió, a partir de los años noventa, competir con otros actores, lógicas y estilos que cautivaron en algunos países la atención de los ciudadanos y electores, que mostraban cierta saturación o fatiga con la política tradicional tutelada por el partido político. El declive de los partidos daría paso a una suerte de informalización de la política donde aparentemente había espacio para todo, para agendas diversas, y naturalmente el auge de populistas que se abrían paso en países como Bolivia, Perú, Ecuador y Venezuela. En ese mismo orden de ideas, el que los partidos acusen déficit en algunos países an-

---

5   Véase la propuesta detallada expuesta por Manuel Antonio Garretón, 1998. Además, Samuel Huntington, 1994; Ellen Boss, 1997.

dinos y latinoamericanos, no implica *per se* hablar de una crisis terminal y generalizada de los partidos, y menos aún de los sistemas de partidos.

En nuestro hilo expositivo para explicar tanto la estabilidad como la crisis e inestabilidad del sistema político venezolano, nos ocupamos del papel ejercido y definitorio para la gobernabilidad democrática cumplido por los partidos políticos con capacidad agregativa, un liderazgo y dirigencia hábil con capacidad representativa y para establecer acuerdos entre sí y, además, un ingrediente que ha sido un factor de estabilidad como es la renta petrolera.

1.2. *La democracia partidocrática en Venezuela*

Desde la elección de Betancourt en 1958 hasta 1993 cuando es elegido Presidente de la República Rafael Caldera, nos encontramos con cuatro décadas de alternancia y prácticamente monopolio exclusivo de los partidos mayoritarios y tradicionales fundados en Venezuela como fue AD y COPEI. En 1958 se realizan en nuestro país las primeras elecciones por sufragio universal, de aquí en adelante observaríamos la alternancia de AD y CO-PEI de forma ininterrumpida en el poder hasta 1993, elecciones en la que se rompe el ciclo bipartidista como consecuencia de la ruptura de Caldera con COPEI y su elección con el apoyo de Convergencia y un archipiélago de pequeños partidos en torno a la figura de Rafael Caldera y el Chiripero.

Los partidos AD y COPEI serán los protagonistas del bipartidismo venezolano y además se conformarían como una referencia en el contexto latinoamericano. Ciertamente, el bipartidismo criollo tuvo una época dorada con marcada influencia y presencia en todos los espectros y ámbitos de la vida política nacional. La fortaleza de ellos y su alta militancia le ayudaron a sobrellevar las grandes transformaciones políticas, y más aún las escisiones tanto internas como externas, sin afectar su sinergia y estabilidad en la democracia venezolana.

La penetración social de AD y COPEI fue realmente exitosa en lo que a la sociedad venezolana de la segunda mitad del siglo XX refiere, y eso se debió en buena medida por un sentido claro de trabajo, servicio social, canalización de expectativas y demandas, presencia permanente en gremios, sindicatos, colegios profesionales, asociaciones, sectores diversos y, fundamentalmente, una organización impecable que les permitió copar los espacios durante más de cuatro décadas.

AD y COPEI fueron, definitivamente en su época, centros de atracción de la mayoría de votantes. A pesar de que las condiciones de nuestro sistema político eran permeables, y pudieron haber dado cabida a muchas otras opciones políticas, los electores se aproximaban hacia AD y COPEI; estos últimos comprendían a todo el electorado de centroderecha y centroizquierda y dominaban casi todo el campo político, todo ello constituyó en su tiempo un nuevo modelo político que subsistió durante 40 años con éxito.

Juan Carlos Rey y otros estudiosos del fenómeno político-electoral, señalan[6] que el porcentaje de los apoyos recibidos por los dos primeros partidos, AD y COPEI, aumentó considerablemente, incluso cuando el número de opciones ofrecidas al elector había ido en alza.

Por ejemplo, en las elecciones de 1963 los dos primeros partidos sumaban el 52% de las preferencias, y se presentaron siete candidatos a la Presidencia de la República, en 1988 los candidatos presentados eran veintitrés, AD y COPEI se acercaban juntos, al 93% de los votos. En algunas elecciones, como las de los años 73, 83 y 88, más de veinte partidos políticos se presentaron en la contienda electoral, pero los resultados demuestran que el 80% de los votos los obtuvieron AD y COPEI. Es a partir de las elecciones de 1993 y 1998 respectivamente, donde el bipartidismo acusa la crisis y se observa una disminución brusca y sostenida del apoyo y votos obtenidos en elecciones nacionales[7] (TABLA 1).

Partidos como el URD y el PCV (excluido este último del Pacto de Punto Fijo), estaban en la lucha armada, pero sin mayores resultados. Los comunistas, salvo contadas excepciones y casos, no tenían muchas posibilidades en las elecciones venezolanas, ni tampoco en América Latina en términos generales. El PCV contaba con el apoyo de los intelectuales y universitarios mayoritariamente.

---

6   Por polarización del voto se entiende, en Venezuela, no el significado usual de dicha expresión que tiene lugar en el análisis electoral, donde se expresa la concentración de la preferencia del electorado en dos opciones ideológicamente extremas, sino como concentración de los sufragios en dos partidos que incluso convergen en sus posiciones hacia el centro. Dicha definición fue desarrollada por Rubén Martínez Dalmau y Roberto Viciano Pastor, 2001: 33. Además, José Antonio Rivas Leone, 2002b: 181-196; Ramos Jiménez, 2002a; Kornblith, 1998.

7   *Cf*. Rubén Martínez Dalmau y Roberto Viciano Pastor, 2001: 33.

TABLA 1

Votación obtenida por AD-COPEI en Venezuela 1947-2006

Fuente: Rivas Leone, 2008: 17

Elección	Partidos	Votación presidencial (%)	Votación parlamentaria (%)	Diferencia (%)
1947	AD + COPEI	96,87	87,78	9,09
1958	AD + URD	79,85	76,21	3,63
1963	AD + COPEI	52,99	53,52	-0,53
1968	AD + COPEI	56,32	49,58	6,74
1973	AD + COPEI	84,00	74,68	9,32
1978	AD + COPEI	88,58	79,48	9,10
1983	AD + COPEI	84,04	78,58	5,46
1988	AD + COPEI	92,83	74,30	18,53
1993	AD + COPEI	45,34	45,96	-0,62
1998	AD + COPEI	11,20	37,20	-26,00
2006	AD+COPEI	2.64	0	------

Así, el avance del bipartidismo venezolano continuaba sin grandes dificultades, AD lograba conquistar la mayoría del electorado de centro y centroizquierda. Algunos analistas señalan que URD no poseía primero una posición ideológica clara, al tiempo que no se declaró marxista, abandonó el gobierno de coalición de Betancourt[8], ello se debió en gran medida al rechazo que profesaba este último hacia la Revolución Cubana. En segundo lugar, este partido no contó con una estructura de dirección fuertemente jerarquizada, como tampoco supo ganarse para sí el apoyo de las masas; en otras palabras, URD no contaba con los dispositivos y componentes necesarios para persistir y sobresalir en el Pacto de Punto Fijo.

El PRN y el MEP[9] no fueron tampoco partidos relevantes, tuvieron uno que otro papel esporádico y limitado en la vida política venezolana. Las elecciones de 1968 fueron las últimas antes de 1993 de corte multipar-

---

8   *Cf.* Rubén Martínez Dalmau y Roberto Viciano Pastor Rubén, 2001: 34.

9   *Cf.* Rubén Martínez Dalmau y Roberto Viciano Pastor, 2001: 34-35. El PRN, más tarde el PRIN, apenas consiguieron un 1,83% en las elecciones presidenciales de 1968, por su parte la mejor posición del MEP la alcanzó en 1969, cuando consiguió un privilegiado tercer lugar –por debajo de COPEI– en las elecciones presidenciales de aquel año. A pesar de haber contado con varios ministros en gobiernos diferentes, el MEP no ha conseguido alzarse con mayor éxito en la vida política venezolana.

tidista debido a la presencia de Unión Republicana Democrática (URD) de allí en adelante el sistema se afianzaría sobre un auténtico bipartidismo.

El bipartidismo establecido en Venezuela dio a AD y COPEI grandes concesiones, tales como el control y dominio del ámbito político, y una intervención directa y continua en el campo social. En pocas palabras, dichos partidos coparon las instituciones y los poderes, y dejaron muy poco espacio al resto de los partidos que le hacían oposición. Pero a pesar de ello, no resistieron las presiones que trajeron consigo la modernidad y las nuevas exigencias sociales. Abonando así el camino para que los diferentes partidos minoritarios, aquellos que nunca habían podido estar en el lugar privilegiado de AD y COPEI, tuvieran mayores posibilidades en futuras elecciones.

Partidos como el MAS, Causa R, PCV, entre otros, que para muchos analistas no tuvieron un gran protagonismo en décadas, y a ser en determinados periodos colaboradores de uno que otro gobierno, la descentralización político-administrativa y liderazgos locales le permitirán, a partir de las elecciones de 1989, las condiciones idóneas para favorecer de un lado, nuevos actores y lógicas, y del otro lado, la emergencia de nuevas demandas y que por tanto pudieran acceder al poder en los noventa, sobre todo en el escenario regional o local que indudablemente oxigenaba al sistema político venezolano en su conjunto.

Debemos recordar que el proceso de descentralización político-administrativa, permitió desarrollar e incluso consolidar a pequeños partidos en el campo local o regional, que además se perfilaron y proyectaron por exitosas gestiones locales. Son los casos de partidos locales como Proyecto Venezuela (Carabobo), Un Nuevo Tiempo (Zulia), Primero Justicia (Miranda), Causa R (Bolívar) que posteriormente se convirtieron en opciones nacionales, con presencia relevante en el Congreso Nacional o incluso en la Asamblea Nacional de 1998.

El pacto institucional que le dio a AD y COPEI el control de la directiva del Congreso, parecía inquebrantable hasta finales de los noventa. La preponderancia de estos dos partidos daba pie a un sin fin de resentimientos por parte de los grupos partidistas que habían sido excluidos del poder.

Por su parte, Michael Coppedge ha observado el hecho de que: «los partidos venezolanos han logrado penetrar y obtener el control de casi todas las demás organizaciones privadas, hasta un grado inusitado en las sociedades democráticas. Todas las agrupaciones, amén de las asociaciones comerciales, la iglesia y las fuerzas armadas, son campos de batalla por el control partidista»[10]. Esta era una situación que a la larga causaría descontento y frustraciones en el seno de la sociedad civil, como ámbito y espacio en el que la forma partido copaba y absorbía el poder, el protagonismo y la participación ciudadana.

De allí que, para determinar el punto de inflexión de la sociedad civil a otras formas de hacer política, debemos analizar las diferentes etapas del sistema de partidos venezolano. En este sentido, tenemos que el sistema de partidos venezolano durante su proceso de consolidación y consiguiente transformación, ha contado con varias etapas, las cuales están bien delimitadas y cada una se encuadra dentro de un acontecimiento político específico. A saber, entre esas etapas o períodos tenemos:

Una primera etapa que se extiende desde 1958 a 1973, la cual corresponde al proceso de composición del sistema bipartidista respaldado en un alto nivel de centralización político-administrativa promovido por y desde el Estado.

La segunda etapa que abarca 1973-1988, aquí el bipartidismo se orienta hacia la instauración de un régimen partidocrático, con capacidad para contrarrestar eventuales esfuerzos de cambio internos o externos al sistema. En el año 78 «el democristiano Luis Herrera se impone sobre el candidato de AD y cuando en el 83 se impone nuevamente AD, se habla de la consolidación del sistema bipartidista, efectivamente de un bipartidismo conservador, excluyente, que se resistía a la necesaria competitividad que conlleva a todo régimen democrático»[11].

En esta etapa suceden realineamientos electorales fuertemente distantes de todo planteamiento y debate ideológico, en los dos principales partidos venezolanos se registró el abandono creciente de ideologías, programas y principios, fenómeno que incidiría en un deterioró de las posturas o etiquetas ideológicas y que, gradualmente al reducir el debate ideológico, llevarían a parecerse y coincidir cada vez más a AD y COPEI en un sinnúmero de aspectos.

Otro duro golpe que recibe en esta etapa el duopolio bipartidista, viene dado con la elección de Carlos Andrés Pérez como Presidente de la

---

10   Michael Coppedge, 1998. También consúltense las observaciones hechas por los politólogos españoles Rubén Martínez Dalmau y Roberto Viciano Pastor, 2001; Molina, 2004, 1999; Kornblith, 1998, 1995.

11   *Cf.* Ampliamente Alfredo Ramos Jiménez, 2002a: 389.

República por segunda vez, éste al ser elegido se produce un divorcio con su propio partido por la tesis tradicionales y ortodoxas que Acción Democrática proponía, y opta por la conformación de un equipo gubernamental de corte tecnocrático[12], que lo empujaría hacia la adopción de políticas económicas neoliberales y consecuentemente a una nueva escisión del partido.

En la tercera, que en términos de instituciones, gobernabilidad y procesos político electorales llamamos como etapa de crisis y cambio, focalizada a partir de 1988; comienza la desintegración del sistema de partidos, la cual persiste y se extiende décadas posteriores. Durante esta etapa, resultaba casi imposible mantener en vigencia y sin alteraciones al antiguo sistema y correlación, los partidos internamente se encontraban totalmente divididos y ciertamente disminuidos, los antiguos dirigentes entraban en disputas con los nuevos dirigentes por el acceso a las cúpulas de poder, aunado a la ausencia de agendas y propuestas que en su conjunto colocaban a los partidos en una situación jamás antes registrada en términos de pérdida de visión, posicionamiento y tribuna con relación a los ciudadanos y electores venezolanos.

Por otro lado, en el ámbito externo de los partidos, el rechazo por parte de la sociedad para con ellos se hacía cada vez más intenso, tanto en el plano nacional como regional o local. El primer ejemplo palpable del «antipartidismo» se suscita o adquiere mayor penetración en el sistema con el triunfo de Rafael Caldera, como Presidente de la República en 1993 por una parte, paralelamente, la descentralización política-administrativa impulsaba, como hemos señalado reiteradamente, nuevas lógicas y liderazgos, muchos de los cuales emergían o no pertenecían directamente a los liderazgos tradicionales de Acción Democrática y COPEI y que abrían espacio y fama por gestiones como concejales, alcaldes y gobernadores.

La cuarta etapa de desinstitucionalización, coincide con el proceso de descentralización político-administrativa (1999-2009), que impulsó como una de sus principales banderas y objetivos, la elección directa de gobernadores y alcaldes a partir de 1989, estas nuevas circunstancias y factores en su conjunto alimentaban y favorecían liderazgos de nuevo cuño, muchos de ellos de corte o extracción extra partido, y otros incluso de corte o perfil antipartido, pero que, sin duda alguna, le imprimieron una dinámica

---

12   *Cf*. Alfredo Ramos Jiménez, 1997: 101-112.

nueva y diferente al ejercicio de la política y la democracia en lo que concierne a las regiones en Venezuela y a la política regional. Es decir, los liderazgos y los partidos locales lograron cierta preponderancia frente a los debilitados partidos nacionales en franco proceso de desinstitucionalización.

Insistimos, no podemos obviar que la descentralización, aparte de develar algunas contradicciones internas en el seno de los partidos, disminuyó el liderazgo nacional tradicional del partido promoviendo en su lugar iniciativas de tipo regional y local, muchos casos incluso por fuera de los partidos, y afectando en ese mismo orden de ideas la fortaleza y preponderancia que partidos como AD y COPEI alcanzaron, tanto las lealtades partidistas como las propias correlaciones de fuerzas por décadas. Los nuevos liderazgos que se han prestado al ámbito político han contribuido considerablemente –algunos sin quererlo– al desmantelamiento del tradicional bipartidismo criollo.

Una quinta etapa de recomposición y reinstitucionalización que se desarrolla y coincide con la ilegalización de los partidos bajo la presidencia de Nicolas Maduro. Una doble sinergia por un lado el intento de relanzar a los partidos políticos los viejos y los nuevos a la cabeza Acción Democrática (AD), Copei, Primero Justicia (PJ), Un Nuevo Tiempo (UNT) y, por otro lado, un proceso de intervención de los partidos por parte del Tribunal Supremo de Justicia (agosto, 2020). Venezuela ha registrado a lo largo de más de cincuenta años cerca de cinco etapas en lo que se refiere a la estructura y al desempeño de los partidos en el funcionamiento del sistema político (TABLA 2).

En la Venezuela de los noventa se reclamaba una absoluta necesidad de modernización de los partidos políticos a los nuevos cambios, dinámicas y expectativas de la población. Las dos asonadas militares en 1992 fueron, entre otros, señales de estas necesidades. El segundo gobierno de Caldera terminó con las ilusiones de recomposición de un sistema que había significado para Venezuela el precio de la estabilidad política y una relativa paz social.

Así, el invencible y excesivo triunfo de la clase política y la autosuficiencia bipartidista, a la larga habrían de conducir al sistema a una situación de desgaste, donde ya no eran suficiente los pactos acordados, había que adaptarse a una evidente realidad, tenían que encarar los retos y desafíos de una economía más globalizada, designada por la incertidumbre y por una cultura política democrática equiparada por la exclusión y la ineficiencia institucional y cambios institucionales y generacionales.

TABLA 2
Etapas en la evolución del sistema de partidos en Venezuela
Fuente: elaboración propia

Etapa	Periodo	Definición rasgos
1ra	1958 / 1968	*Lucha y consolidación democrática* Institucionalización modernización
2da	1973 / 1988	*Bipartidismo estable* *Consolidación democrática*
3ra	1989 / 1998	*Descentralización y declive bipartidista* Intentonas 4F y 27N 1992 Triunfo de Rafael Caldera 1993 Nuevos actores locales (gob.) 1989-1992-1995 Triunfo de Chávez 1998
4ta	1999 / 2009	*Desinstitucionalización - crisis* Constitución Bolivariana de 1999 Militarización de la política Formación del PSUV
5ta	2010 / 2020	*Recomposición reinstitucionalización* Ilegalización

1.3. *Evolución del bipartidismo venezolano*

Abocarse a la dinámica política venezolana conlleva a la valoración de las interacciones y sinergias desarrollas e impuestas por los partidos políticos y, específicamente, por el bipartidismo criollo basado en el protagonismo exclusivo de AD y COPEI. En Venezuela, como en muchos otros países, los problemas tienden a cristalizarse alrededor de dos extremos, originándose el bipartidismo como una corriente casi natural del sistema político y de la sociedad venezolana de la segunda mitad del siglo XX.

Dicha noción del bipartidismo resulta abstracta en algunas oportunidades, pero en este caso nos sirve para dar cuenta de aquellas situaciones interpartidistas donde dos partidos, concretos y cardinales, han conseguido establecer gobiernos, desechando la posibilidad de que terceros partidos formen gobierno. Tal es el caso de Venezuela, donde el espectro político electoral estuvo limitado a dos primeros partidos, desde 1958 hasta 1988, que alternaron en el poder y la conquista de la presidencia de la República, logrando además una estabilidad democrática a lo largo de varias décadas.

En Venezuela alternaban con absoluta normalidad y de manera efectiva en el poder AD y COPEI (hasta 1993), tal hegemonía no impedía que otros partidos (pequeños en su gran mayoría) formaran o colaboraran con el gobierno, y más aún, que le hicieran oposición o crearan una coalición. La alternancia de los partidos mayoritarios, el control oligopólico del poder y la influencia y control de los sectores sociales más preeminentes se mantuvo en Venezuela, sin grandes inconvenientes, hasta las elecciones de 1998, justamente en las que triunfa Chávez Frías, en medio de un proceso de declive y pérdida de protagonismo de AD y COPEI en relación a los electores venezolanos, que castigaron a dichos partidos y votaron por los factores de poder que apoyaban e Chávez como expresión de ruptura y la promesa de cambio radical.

Los partidos políticos se encargaban de canalizar y hacer cumplir a través de las instituciones que controlaban o por sí mismos, las diversas expectativas y demandas de variados grupos sociales, las cuales eran solventadas gracias a los ingresos que ofrecía la renta petrolera pero, además, las organizaciones partidistas de alguna u otra manera trataban de servir y encauzar parte de las demandas de los venezolanos.

Los dos partidos populares que se alternaban en el poder pertenecían, como ya comentamos antes, a la misma familia política (social demócratas y socialcristianos). En estos casos, el bipartidismo se mantiene más estable, pero al mismo tiempo va a estar condicionado por la alternancia. Caso contrario, cuando el bipartidismo se da entre familias políticas distintas[13], como por ejemplo el caso argentino (Peronistas y Derechistas) inclinados hacía la reorientación neoliberal del gobierno de Carlos Menem y, por otro lado, los radicales apoderados de las posiciones centristas, dejando hacía la izquierda pequeños partidos sin capacidad de intervenir en la formación de gobierno. Entonces, el bipartidismo alimenta la polarización y tiende a consolidarse tanto más que no descarta la práctica de la alternativa[14].

En Venezuela, al igual que en Costa Rica, se dio un bipartidismo netamente orientado hacia las posiciones de centro. En ambos países, la alternancia entre social demócratas y democristianos, ha resultado ser el cimiento de una larga estabilidad; Venezuela logró escapar de las revueltas militares que afectaron América Latina en los setenta, y que nuevamente

---

13   Véase Alfredo Ramos Jiménez, 2001a: 316.
14   Véase Alfredo Ramos Jiménez, 2001a: 315.

quisieron perturbar nuestro país en los noventa (durante el segundo mandato de CAP). El hecho de que en Venezuela los dos grandes partidos pertenecieran a una misma familia política, reducía un poco la generación de conflictos. En tal sentido, se han consolidado las pautas de competitividad menos polarizadas, debido a la oposición leal al sistema. Y la neutralización de las fuerzas de la izquierda socialista, minoritarias dentro del sistema, ha alejado las posibilidades de una inserción significativa de la misma en el sistema[15].

En tal sentido, la oposición se realizaba invariablemente del mismo lado: del centro a la derecha y del centro a la izquierda[16]. En este sentido, la polarización resulta considerablemente reducida y la relación de fuerzas hegemónicas un tanto más flexible para la negociación democrática. La izquierda en nuestro país[17] ocupa en los noventa un lugar poco privilegiado, claro está que, en el caso del MAS, este partido se ha ido incorporando de manera paulatina al funcionamiento del sistema. Con la descentralización, se abre paso en Venezuela a la formación de nuevas fuerzas políticas a la ya tradicional oposición partidista.

La existencia y formación de multiplicidad de partidos, algunos de ellos muy activos dentro del sistema político, otros viejos pero que ahora comenzaban a tener mayor renombre e importancia en el escenario político, y sobre todo en la contienda electoral, serán claves en la estabilidad o inestabilidad, en la gobernabilidad o ingobernabilidad del sistema político.

1.4. *De la consolidación a la crisis de los partidos políticos venezolanos*

En Venezuela se produce un cambio apreciable en las décadas de los 90 y siguiente, época en la cual los dos principales partidos del status, AD y COPEI, son desplazados en un primer momento (cambio moderado) en las elecciones de 1993, ratificándose dicho fenómeno (cambio radical o acentuado) en las elecciones de 1998. Merece destacarse que hay una estrecha correspondencia y relación en los años noventa entre el deterioro de la expectativas de los venezolanos, la crisis económica, los problemas

---

15   Véase Alfredo Ramos Jiménez, 2001a: 319-320.

16   Véase Alfredo Ramos Jiménez, 2001a: 319.

17   Véase al respecto la propuesta de Teodoro Petkoff, 2005.

de gobernabilidad, el deterioro de los partidos, e incluso los aspectos referidos a la participación, la abstención y la inferencia como parte de la cultura política del venezolano, todos en su conjunto sufren procesos de transformación de una cierta estabilidad o solidez a un estado de cambios cualitativos y cuantitativos apreciables, y en ciertos casos no solo cambios sino profundas crisis.

El declive de los partidos puede constatarse incluso en el campo local y regional en la pérdida de gobernaciones, alcaldías e incluso consejos municipales (TABLA 3). En los últimos comicios que Venezuela celebró en el siglo XX, tanto en el ámbito nacional como el ámbito regional o local, los partidos tradicionales (AD y COPEI) son consiguientemente desplazados del escenario político y del mapa político electoral con el triunfo de Hugo Chávez y sus candidatos a gobernador y demás cargos de elección popular.

Thais Maingon, ha precisado que la crisis de representatividad del sistema de partidos trajo, como consecuencia, el surgimiento de otras organizaciones y movimientos políticos que fueron ocupando los espacios, otrora ocupados por los dos partidos tradicionales[18].

TABLA 3

Gobernaciones obtenidas por partidos en Venezuela. Etapa de descentralización político-administrativa (1989-2008)

Fuente: Rivas Leone, 2008

Partidos	1989	%	1992	%	1995	%	1998	%	2000	%	2004	%	2008	%
AD	11	55,00	7	31,82	12	54,55	7	31,82	3	13,04	1	4,34	1	4,34
COPEI	7	35,00	11	50,00	3	13,64	5	22,73	1	4,55			1	4,34
MAS	1	5,00	3	13,64	4	18,18	3	13,64	3	13,04				
MVR							4	18,18	12	52,17	21	91,30		
PSUV (2006)													18	78,30
LCR	1	5,00	1	4,55	1	4,55								
PRVZL							1	4,55	1	4,55			1	4,34
PJ													1	4,34
Convergencia					1	4,55	1	4,55	1	4,55				
UNT											1	4,34	1	4,34
Otros					1	4,55	1	4,55	2	9,10				
Total	20		22		22		22		23*		23		23	

%= mínimos y máximos por partido político; * en 1999 se crea el estado Vargas

---

18   *Cf.* Thais Maingon, 2007, 2009.

En las elecciones de 1993, el sistema bipartidista es puesto a prueba con el avance sostenido de terceras fuerzas. El mismo pierde aún más su centralidad, hecho que se manifiesta en la pérdida de cohesión del electorado y su disgregación en varios frentes, además del aumento de la abstención electoral. En tales elecciones, llega Caldera a la presidencia, quien había abandonado el partido fundado por él (COPEI), años atrás, pasando a formar un nuevo partido (Convergencia), que reunió en su seno trece (13) pequeños partidos y organizaciones. La política extra partido cobra fuerza, puesto que buena parte del éxito electoral de Caldera se apoyaba en un discurso netamente antipartido e igualmente sucedió, posteriormente, con la candidatura y liderazgo de Hugo Chávez[19].

El evidente rechazo hacia los partidos políticos tradicionales favoreció, sin duda, el surgimiento de nuevos líderes, tanto dentro de los partidos como fuera de estos. El regreso al multipartidismo era inseguro, el mismo se mantenía inconsistente e incierto. Dentro de los partidos políticos que surgieron durante la ruptura del bipartidismo el único que continuaba con cierta representación en el sistema era el MAS, debido al apoyo que da al gobierno de Chávez. El cambio que se produce en el fin de siglo en Venezuela no tiene precedentes y debido a su desarrollo paulatino es en cierta forma inesperado. En el año 83, la abstención no alcanzaba el 10%, y diez años después, en el año 93, llegó a ser de un 40% en las elecciones nacionales y 60% en las locales del mismo año. Nuestro país había perdido, entonces, ese lugar privilegiado de países con mayor índice de participación electoral a nivel latinoamericano y mundial[20].

En el escenario político venezolano aparecen nuevos partidos y organizaciones que buscan remplazar y responsabilizar a los partidos tradicionales, que durante cuatro décadas ocuparon todos los puestos relevantes de la vida política. Las nuevas organizaciones emergentes en Venezuela, que buscaran capitalizar el descontento hacia AD y COPEI, serían entre otras, en un primer momento o etapa, Convergencia Nacional (CN), Movimiento al Socialismo (MAS), la Causa Radical (CR) y, en un segundo momento, el Movimiento Quinta República (MVR), Partido Patria Para Todos (PPT), Partido Proyecto Venezuela (PV), el Movimiento Electoral del Pueblo (MEP), el Partido Alianza Al Bravo Pueblo (ABP), Partido Un Nuevo Tiempo (UNT), Partido Primero Justicia (PJ), entre otros.

---

19   Véase Rivas Leone, 2002a, 2002b.

20   Véase Luis Montilla, 2007: 93-123.

Hemos señalado, en nuestro tratamiento y abordaje del fenómeno partidista en Venezuela, que la crisis y agotamiento de los partidos y del sistema de partidos en nuestro país, obedeció a un deterioro y abandono en lo que respecta a las funciones de los partidos, este último aspecto los afectaría en su conjunto y marcaría una etapa de inestabilidad y desencuentros, incluyendo una insatisfacción generalizada, rechazo y antipartidismo por parte de la población, expresada a partir de los años noventa en un cambio en el propio comportamiento electoral de venezolano (TABLA 4).

TABLA 4
Evolución del comportamiento electoral en Venezuela
Fuente: elaboración propia

Etapa	Periodo	Comportamiento electoral
1ra	1958 / 1989	*Estabilidad / consenso* Alta participación
2da	1989 / 1998	*Inestabilidad / cambio* Abstencionismo Despolitzación
3ra	1998 / 2008	*Realinamiento* Repolitización Participación
4ta	2009 / 2020	*Inestabilidad /abstencionismo* Desconfianza

Si bien es cierto que los elementos desencadenantes de la crisis eran perceptibles desde finales de los ochenta, resultaba muy aventurado plantearse en una hipótesis de trabajo una crisis terminal de los partidos hasta hace unos pocos años[21]. La necesidad de una reorientación del bipartidismo ya era evidente en diciembre de 1990, cuando se firma el «Pacto para la reforma»[22], dicho pacto es suscrito por la mayoría de los partidos políticos con representación parlamentaria.

---

[21]   Véase Alfredo Ramos Jiménez, 1999: 39.

[22]   *Cf.* Ampliamente Alfredo Ramos Jiménez, 1999: 38-39. Este «Pacto para la reforma», además de estar suscrito por la mayoría de los parlamentarios, estaba también suscrito por el presidente Carlos Andrés Pérez, por los presidentes y secretarios de los partidos AD, COPEI y el MAS, Nueva Generación Democrática, URD, ORA y MIN. Aquí se pactaba entre otras cosas, una aprobación para la Ley de Partidos Políticos, dirigida a regular la democracia interna de los partidos y mejorar la supervisión sobre las contribuciones financieras a las campañas electorales.

Desde sus comienzos, siguiendo a Ramos Jiménez, asumimos que... «el proceso electoral de 1998 ya anunciaba que buena parte de lo viejo iba dejando su lugar a lo nuevo. Lo viejo era seguramente la experiencia política de los cuarenta años de democracia bipartidista. Y, lo nuevo, estaba conformado por la promesa antipartidista que se autoproclamaba, sea como plataforma de relevo generacional (estrategia que adoptó la candidata Irene Sáez en 1998, y que la mantuvo en la delantera durante un buen período), o bien, como una propuesta de la reformulación de la república (estrategia adoptada por Hugo Chávez)»[23].

Lo que no podemos desconocer, dentro de nuestro análisis alrededor del derrumbe del sistema de partidos en Venezuela, fue el hecho de que el teniente coronel Chávez comenzó a gozar, paralelo al desprestigio de los partidos, de altos índices de popularidad, la opinión pública se ensañó contra los partidos del sistema y se planteó de inmediato la imperiosa necesidad de reformar el sistema y fundamentalmente la Constitución de 1961, como bandera del presidente Chávez, materializada en 1999 en la convocatoria de la Asamblea Nacional Constituyente y la posterior aprobación de la Constitución Bolivariana de Venezuela de 1999.

El electorado venezolano mostraba en los noventa cierta fatiga e incluso rechazo hacia los actores tradicionales, fundamentalmente hacia el tradicional bipartidismo. Tanto es así que en los distintos comicios se produjo en general un vuelco en las preferencias electorales, que se expresó concretamente en el proceso regional de 1992 y 1995, y nacionalmente en las elecciones presidenciales de 1993 y 1998 respectivamente, cuando surgieron infinidad de pequeñas agrupaciones políticas que trataron de capitalizar la nueva situación de descontento hacia la política tradicional.

En la evolución del proceso político en Venezuela se ha podido observar un cierto anquilosamiento y agotamiento de sus principales actores políticos, tanto partidos (nivel macro), como clase política (nivel micro), que por varias décadas gobernaron nuestra democracia. La paradoja venezolana está en que la salud y fortaleza de los partidos políticos, de las primeras décadas de la democracia, no se corresponde con la fragilidad o debilidad institucional a la hora de dar respuestas a los requerimientos y demandas de la población en general, y de otros sectores de la sociedad en los noventa.

---

23   *Cf.* Alfredo Ramos Jiménez, 1999.

Indudablemente, han sido las condiciones generadas por un profundo disfuncionamiento de la clase política y partidos tradicionales, lo que parece favorecer el ascenso de alternativas un tanto autoritarias, antipolíticas y extra partido, que se proponen como opción válida para superar el desequilibrio político, planteándose como objetivo la movilización del vasto sector social desencantado con la «democracia bipartidista», haciendo énfasis en los sectores más marginales y excluidos de la sociedad.

Ante el surgimiento de tales alternativas extra partido, Luis Madueño, afirmó oportunamente: «parece indudable, que estamos frente al retroceso de las instituciones y el avance de la política sin referentes y preinstitucional»[24]. En tales condiciones asistimos en Venezuela, siguiendo a Gilberto Quintero Lugo, a una desviación, tergiversación o transmutación de la acción natural de los partidos y de los políticos profesionales, de sus funciones y objetivos propios, todo ello fue abonando el terreno para el ascenso de nuevos protagonistas. Se trata de una «nueva generación» de actores políticos, sin carrera o con muy poca experiencia en la política, que siguen fielmente a su líder formando una clase política sometida a sus decisiones.

Elena Martínez Barahona, en un trabajo pionero de hace unos años, señaló entre sus conclusiones un amplio análisis que elabora sobre «La formación de una nueva clase política en Venezuela», precisa que la configuración en Venezuela de una «clase política nueva sin claros antecedentes políticos, con un alto grado de renovación parlamentaria, si se tiene en cuenta el alto porcentaje de diputados que manifiestan haber sido elegidos por primera vez y con una escasa trayectoria partidista y política»[25].

Esta transformación de la clase política, responde a la necesidad de los ciudadanos de tener un símbolo que pudiese evaluarse como la encarnación de la protesta y el reclamo contra la práctica política alienante, excluyente, corrupta y demagoga, que protagonizaron en ciertos momentos los partidos políticos y sus principales dirigentes en el gobierno, pues la democracia de partidos había generado mucha desigualdad e injusticia social entre la población[26], los partidos se transformaron, en los noventa, en estructuras inútiles y desgastadas para enfrentar los retos del presente.

---

24 Luís Madueño, 1999: 56.
25 Elena Martínez Barahona, 2002: 159.
26 Véase Gilberto Quintero Lugo, 2000: 150-151.

Tendríamos así, la emergencia de una etapa, actores y un aparente nuevo orden, que es asumido de entrada como un cambio en las reglas del juego, en las actitudes, prácticas y acciones políticas, dentro de un ámbito donde reina la dificultad e imposibilidad para reproducir viejas prácticas, símbolos y rituales propios de la democracia representativa. Por lo cual, es posible reconocer que las instituciones políticas tradicionales «parecen haber perdido su potencialidad para introducir, conducir y/o reproducir los cambios sociales. Esta situación está en el origen de una pérdida creciente de centralidad de la política tradicional»[27]. En pocos años, incluso la cultura participativa electoral que fue siempre bastante alta disminuye drásticamente, lo cual constituye un indicador de que está ocurriendo una fuerte desafección hacia la política y todo lo que ella significa, que se traduce en una suerte de «fatiga cívica»[28].

La crisis política en Venezuela en el final del siglo XX, se traduce en una «crisis de hegemonía y legitimidad», en la cual los gestores de la democracia tienen la mayor parte de responsabilidad, con lo cual pierden protagonismo y terreno en la escena política contemporánea de Venezuela, y cuya expresión está en que los espacios, que tradicionalmente ocuparon los partidos y clase política tradicional, comenzaron a ser copados y sustituidos por fuerzas, actores, formas y estilos diferentes a la democracia de partidos. Tal pérdida de protagonismo de las estructuras partidistas, Peter Mair, la entiende como el declive de la «época dorada» de los partidos políticos que reinó durante el siglo XX, lo cual responde, según sus criterios, a dos procesos distintos.

En primer lugar, los partidos políticos se distanciaron de la sociedad, prefiriendo monopolizar la esfera del Estado y el gobierno. Los partidos dejaron de ser actores sociales representativos, para convertirse en actores estatales más cercanos al Gobierno que a los ciudadanos. Es decir, se encargaron de abrir aún más la brecha entre el Estado y los ciudadanos, «con la consecuente erosión de los antiguos vínculos sociales y de las lealtades partidistas entre los ciudadanos».

En segundo lugar, cambia la naturaleza interna de los partidos políticos, estos dejaron de identificarse por ideologías, valores, principios y programas propios, por el contrario, cada vez más mostraron si no un

---

27   Rosaly Ramírez Roa, 2002: 163.
28   Véase Luís Madueño, 1997.

nulo o escaso nivel ideológico, sí una difusa ideología, además no existían grandes diferencias entre uno y otro partido. Así la proximidad ideológica, organizativa y estratégica entre los principales partidos trajo, como consecuencia para los electores, un mercado político con muy pocas opciones o alternativas[29].

La erosión y desconfianza dejada por los partidos políticos en los ciudadanos y electores en Venezuela es lo que explica parte de los cambios y mutaciones en las percepciones, actitudes, y en la propia cultura política de los venezolanos. El resultado global de estos cambios, en cuanto a los actores, funciones y evaluaciones de los ciudadanos y electores, se expresa en la Venezuela contemporánea con el triunfo de Hugo Chávez Frías, como manifestación del agotamiento y crisis de la hegemonía del bipartidismo que había caracterizado la política venezolana durante más de veinte años. Rafael Caldera, veterano caudillo de COPEI que se había separado de esa organización y que, en su célebre discurso en el antiguo Congreso Nacional, había manifestado cierta simpatía por los móviles esgrimidos por los golpistas, distanciándose así de los dos partidos del sistema, ganó las elecciones de 1993 con el 30% de los votos válidos con una neta orientación antipolítica. De manera que, en la década de los noventa, el discurso y práctica antipartido y antipolítico dio frutos en Venezuela, tanto a Rafael Caldera en 1993 como a Hugo Chávez Frías en 1998.

El partido que formó Caldera para concurrir a las elecciones, Convergencia Nacional, y que aglutinó a diversas formaciones de la izquierda (chiripero), grupos provenientes de COPEI e independientes, logró una votación algo menor para el congreso; el resto casi en partes iguales se repartió entre los partidos AD, COPEI y La Causa R. Ciertamente, Convergencia Nacional fue un partido que surgió vertiginosamente como una alternativa al deterioro de la política tradicional, enarbolando posiciones radicales al cuestionar al bipartidismo y otras no muy definidas ideológicamente, pero que insistían en la participación, la lucha contra la corrupción y un planteamiento vagamente socializante en materia económica. La desconfianza en los partidos políticos, sin embargo, permaneció firmemente anclada en el electorado, razón por la cual en estas elecciones de 1993 se registró un porcentaje de abstención de casi el 40%, algo sin precedentes en nuestra historia político electoral.

---

29   Véase ampliamente Peter Mair, 2004.

Ante el descrédito de los partidos políticos tradicionales, el estancamiento o disminución del apoyo a las nuevas formaciones y el hecho de que no haya surgido, naturalmente, ninguna alternativa a los partidos como polo de nucleamiento de la participación ciudadana, se abriría, naturalmente, un vacío en el sistema político con las consecuencias que todos sabemos en el sistema político venezolano a partir de 1998, donde se radicaliza la intensión de búsqueda de un cambio, de apoyo a actores no tradicionales y de castigo a todo aquello que en un momento dado era percibido o evaluado con el pasado.

CAPÍTULO II

GOBERNABILIDAD *e* INGOBERNABILIDAD *en* VENEZUELA

2.1. *Introducción*

Alrededor de la política y la democracia venezolana han surgido variados estudios, explicaciones alrededor de sus líderes, etapas, actores y demás. Sin embargo, hay una enorme coincidencia en señalar que la crisis de la gobernabilidad en Venezuela se evidencia como una crisis de la política, de los políticos y de lo político. En este sentido, el deterioro de la calidad de la política, de las funciones de los partidos políticos se traduce en ineficiencia y falta de efectividad, tanto en el interior de la sociedad, como en la producción de un gobierno efectivo y de calidad. En tal sentido, una de las explicaciones plausibles sobre la llamada ingobernabilidad[30] está dada como la situación y estadio en la que al Estado se le hace prácticamente imposible dar respuestas eficientes a las demandas y exigencias de la ciudadanía, generándose una sobrecarga de estas últimas, traduciéndose en una crisis de gobernabilidad, que incluye o supone una crisis de gestión y, en algunos casos, el evidente colapso del sistema político con una deslegitimación del gobierno y autoridades en ejercicio.

Desde una perspectiva amplia, asumimos que la cuestión de la crisis de gobernabilidad se manifiesta como discontinuidades en los flujos normales de rutinas y cambios políticos, que se producen en los procesos de conducción política, propios del ejercicio de gobierno en sus distintos niveles y esferas. Las discontinuidades imponen la necesidad de diferenciar entre coyunturas rutinarias y coyunturas críticas. Mientras que en las primeras se producen alteraciones propias del desgaste natural de las instituciones y no afectan el funcionamiento del aparato gubernamental, en las segundas se producen perturbaciones que aceleran el desgaste de

---

30   *Cf*. Pasquino 1995. Además, Norberto Bobbio, 1996; Alcántara, 1995; Arbos y Giner, 1993; Rivas Leone, 1999b; Madueño, 1997.

las instituciones o provocan su fractura, afectando de manera relevante la función gubernativa[31].

Como coyunturas críticas, las crisis de gobernabilidad se desarrollan en tres momentos distintos y bien definidos de acuerdo a los planteos desarrollados por parte de la ciencia política contemporánea[32]:

— **La crisis de gobernabilidad como crisis de legitimidad**
Está referida al momento en que las acciones y decisiones gubernamentales pierden pertinencia, y la correlación de fuerzas políticas, que en principio puede ser favorable al gobierno, se vuelve en su contra produciendo bloqueos importantes en la agenda gubernativa. Es la coyuntura en que se resquebraja la viabilidad política de las acciones y decisiones gubernamentales y se activan las tensiones y conflictos de mediana intensidad conflictiva. Se produce ingobernabilidad desde el momento en que los actores en el gobierno pierden reconocimiento y aprobación hacia su gestión por parte de la ciudadanía.

— **La crisis de gobernabilidad como crisis de conducción política**
Hace alusión a la perdida de viabilidad política del gobierno, y al incremento de las tensiones y conflictos en el seno de la sociedad, haciendo que los gobernantes pierdan la dirección, curso y toma de decisiones del gobierno y sobre los gobernados. Es la coyuntura en que se fractura la viabilidad política de las acciones y decisiones gubernamentales, y se activan las tensiones y conflictos de alta intensidad conflictiva que pueden desembocar en protestas, paros nacionales e incluso alteraciones.

— **La crisis de gobernabilidad como crisis del Estado**
Es el momento de la fractura total. Sin referencia a ningún tipo de control gubernamental, la crisis lleva a una fractura del Estado y su régimen político. Es la coyuntura en que ya no hay ninguna viabilidad política de las acciones y decisiones gubernamentales, y se pierde el control de las tensiones y conflictos de la sociedad, produciéndose, incluso, situaciones de golpe de Estado.

---

31 En nuestra América Latina encontramos algunas propuestas alrededor de las crisis de gobernabilidad concebidas desde múltiples perspectivas. Para una mayor profundización pueden verse los trabajos clásicos de Manuel Alcántara Sáez, 1995; Antonio Camou, 1995; César Cansino, 2005; 2007; Pedro Medellín Torres, 2003; José Antonio Rivas Leone, 2000b.

32 Véase Pedro Medellín Torres, 2003.

La crisis de gobernabilidad puede ser abordada desde varias perspectivas o planos. Creemos e insistimos que las mismas pueden ser vistas y abordadas como un declive de la calidad de la política, de la gestión, de los actores, y por ende de la democracia en su conjunto. La ingobernabilidad se produce y está presente, fundamentalmente desde el momento en que las principales organizaciones e instituciones que tienen las democracias (desde los partidos, pasando por los sindicatos, asociaciones diversas, los poderes públicos hasta la clase política) no contribuyen con su acción al buen funcionamiento de esta última y a la satisfacción de los requerimientos mínimos de la ciudadanía, respectivamente.

2.2. *Gobernabilidad, gobernanza e ingobernabilidad*

Una democracia que no garantiza seguridad social, económica, pues es difícil que garantice ciertos niveles de desarrollo, progreso, estabilidad y seguridad política. De manera que, la presencia de ingobernabilidad, puede ser la expresión de una falta e ineficiencia del gobierno, aunado a factores diversos desde la escasez de recursos económicos y financieros, pasando por la ausencia de asesoría experta y de punta, gestión, eficiencia y logros.

En opinión de Ramos Jiménez[33], tendríamos que partir de la premisa según la cual la gobernabilidad democrática está representada por la democracia en su funcionamiento. Es decir, la gobernabilidad democrática se va estableciendo como la capacidad institucional para asegurar el ejercicio de la ciudadanía social, económica y política.

No debemos perder de vista que, si bien el problema de la gobernabilidad es un fenómeno multidimensional, no es menos cierto que de acuerdo a los planteamientos del neoinstitucionalismo, los actores más relevantes y a tomar en cuenta son el Estado en un nivel macro por un lado, y por supuesto los partidos políticos y la clase política en un nivel micro, por el otro.

La gobernabilidad democrática dentro del funcionamiento del Estado, hace alusión a una situación en la que, de acuerdo a Manuel Alcántara Sáez[34], concurren un conjunto de condiciones favorables para la acción de gobierno de carácter medio ambiental o intrínsecas a este; es decir, un

---

33 Véase Alfredo Ramos Jiménez, 2001.
34 Alcántara Sáez, 1995: 39-40.

estado o situación en la que quedará asegurada en la medida en que un gobierno pueda simultáneamente mantener legitimidad y promover al mismo tiempo desarrollo socioeconómico. Por su parte la socióloga dominicana Rosario Espinal[35], sostiene que la gobernabilidad refiere a la capacidad del gobierno de mantener un determinado orden político con un nivel aceptable de legitimación. Para Victoria Camps[36], la gobernabilidad significa la capacidad fáctica de gobernar, independientemente de cuál sea la actuación del gobierno o cuáles los elementos que tenga en su mano para no perder el poder adquirido.

Por otra parte, y apoyándonos en la propuesta de Gúnther Maihold (1995), tendríamos que el énfasis que hoy en día se le da a la discusión de la gobernabilidad ya presenta un avance en las agendas nacionales, al aceptar los gobiernos que su propio quehacer y devenir, no solamente puede descansar en la legitimidad electoral alcanzada con el voto popular, sino que se necesita sustentar de forma permanente y quitar cada día de nuevo en la base en planteamientos y políticas originadas cada día de nuevo con base en planteamientos y políticas originadas en acuerdos de mayor profundidad con la sociedad civil y de manera particular en las diversas instituciones publicas y privadas en acciones comunes.

La gobernabilidad democrática representa a la democracia en funcionamiento, la misma se planteará como la matriz social de la ciudadanía. Es decir, la gobernabilidad democrática se va estableciendo como la capacidad institucional para asegurar el ejercicio de la ciudadanía. Inequívocamente, la gobernabilidad, por unanimidad de los autores y estudiosos de la cuestión, se constituye y conforma gracias a la acción desarrollada por los partidos y naturalmente por parte del Estado. De allí la importancia de las agendas, el desempeño del gobierno en función de unos resultados.

Asumimos que la gobernabilidad, como situación y condición real de nuestros gobiernos, se torna como un fenómeno problemático debido, en gran medida, a los factores que intervienen en la conformación de una cierta legitimidad, que sumada a un determinado nivel de efectividad por parte del gobierno nos permite hablar de gobernabilidad, orden y buen funcionamiento del Estado, sin olvidar que no podemos limitar o reducir la discusión en torno a la gobernabilidad exclusivamente al puro aspecto de un conjunto de reglas del juego formales (TABLA 5).

---

35 Véase Rosario Espinal, 1995: 267.
36 Victoria Camps, 1996: 45.

TABLA 5
Dimensiones de la gobernabilidad democrática
Fuente: elaboración propia

Dimensión	Elementos	Caracterización
Subjetiva (*ideal*)	Legitimidad Credibilidad Apoyo al sistema	Es un rasgo y atributo de la democracia política, en tanto es el resultado de la renovada aceptación por parte de las mayorías substantivas de ciudadanos hacia la titularidad y ejercicio del poder del, elegido este último conforme a reglas.
Objetiva (*real*)	Eficacia Efectividad Eficiencia	Es una cualidad que está referida al desempeño de las instituciones, poderes y gobierno, a la calidad instrumental y técnica, a la rendición de cuentas y logros de metas reales y palpables.

Señala Gianfranco Pasquino que «un régimen como el democrático es justamente por ser democrático vulnerable. Cuando muchos son los protagonistas, muchas las estructuras, muchos los procesos que deben actuar y ser democráticos, su sintonía no siempre es fácil y su armonía no se da jamás por descontado. Siendo así, tendríamos que en la democracia es siempre posible que alguna cosa no vaya por el camino indicado»[37].

La democracia por su misma dinámica, esencia y régimen de libertades tiene fallas e imperfecciones, que la hacen ser vulnerable e ingobernable, más todavía, si aceptamos que las decisiones y gestiones no se imponen, y más aún, en su puesta en acción incurren múltiples aspectos, variables, recursos y demás. Sin embargo, la democracia permite perfectibilidad en sus procedimientos, autoridades y demás, sin perder de vista que la gobernabilidad está planteada dentro de la democracia, y no dentro de la dictadura o regímenes no democráticos que simplemente imponen y no deliberan, si buscamos que la democracia sea eficiente una dictadura pudiese incluso serlo más.

Gianfranco Pasquino (1995) sostiene que actualmente se usa más el término Ingobernabilidad, para referirse en forma negativa a la crisis de gobernabilidad, frente a esto encontramos tres posiciones y aspectos:

---

[37]   Gianfranco Pasquino, 1997c: 101. Véase la propuesta de César Cansino, 2005, 2007 sobre la democracia real e ideal y la calidad democrática.

1. La ingobernabilidad es producto de una sobrecarga de demandas a las que el Estado responde con la expansión de sus servicios e intervenciones, en esa forma se provoca una crisis fiscal.

2. La ingobernabilidad no es solamente ni principalmente un problema de acumulación y distribución de recursos, bienes y servicios a los ciudadanos sino, más bien, un problema de naturaleza política: el de la autonomía, complejidad, cohesión y legitimidad de las instituciones.

3. La ingobernabilidad es el producto del conjunto de una crisis de gestión administrativa del sistema y de una crisis de apoyo político de parte de los ciudadanos hacia las autoridades y gobernantes.

Gianfranco Pasquino insiste que las características atribuidas al fenómeno actual de la ingobernabilidad no son elementos nuevos, entre ellos se encuentran:

1. Crisis fiscales de los Estados.
2. Falta de institucionalización de las organizaciones y procesos políticos.
3. Colapso de los aparatos administrativos.
4. Falta de legitimidad de las estructuras políticas.

Es decir, dichos elementos y situaciones se han producido en todo tiempo y lugar, y han llevado a revoluciones, guerras civiles y golpes de Estado. La crisis actual de gobernabilidad, de cualquier forma que se interprete, tiene como telón de fondo una serie de acontecimientos de carácter político en sentido amplio. La situación de crisis de gobernabilidad revela ante todo un deterioro de la dinámica del juego democrático incluyendo actores, tejido institucional y expectativas[38].

Por otra parte, es importante, sin embargo, dejar claramente establecida la diferencia entre la noción de «gobernabilidad» y la categoría de «gobernanza», cuya vecindad semántica puede inducir en error. Es así como lo que se señala en ambas nociones son reglas del juego, las que a su vez sirven de arquitectura institucional para la acción de los actores (comúnmente definidos como estratégicos) en el marco de los sistemas de interacción que ellos conforman.

---

[38] América Latina es rica en ejemplos de inestabilidad y crisis de gobernabilidad finalizando el siglo XX y en las primeras décadas del siglo XXI.

La diferencia radica en la dimensión multinivel del problema, más agregado en el caso de la noción de «gobernabilidad», y por tanto más desagregado en el caso de la categoría de «gobernanza». Es a eso a lo que se refiere Prats, al intentar diferenciar ambas nociones, cuando este autor señala: «si entendemos por gobernanza, la interacción entre actores estratégicos causada por la arquitectura institucional, entonces, la gobernabilidad debe entenderse como la capacidad que dicha interacción proporciona al sistema político para reforzarse a sí mismo» ... concluyendo tendríamos que «la gobernabilidad responde a un equilibrio, no siempre rígido, sino cambiante, donde los actores pueden modificar las reglas del juego a través de su interacción estratégica»[39].

Así, entendida, la noción de «gobernabilidad» puede resultar útil para dar cuenta de los problemas que se pueden producir a nivel de la gobernanza transfronteriza en los sistemas políticos de dos o más países. En efecto, pudiendo existir un problema o un denominador común (pongamos por caso una misma etnia, o una misma lengua) entre dos o más países, el tratamiento nacional que los respectivos sistemas políticos le confieren puede diferir de una frontera a otra; por ejemplo, modos diferentes de integración, instituciones distintas y otros.

La noción de gobernabilidad puede, entonces, ayudar a identificar las presiones que experimentan distintos sistemas políticos sobre un mismo problema, y a su vez sugerir reglas del juego más armónicas en ese nivel. Justamente, cuando se producen desequilibrios, alteraciones y malos desempeños por parte del entramado institucional-gubernamental, se afecta la legitimidad (dimensión subjetiva) y la eficacia (dimensión objetiva), produciéndose en su conjunto problemas de gobernabilidad e ingobernabilidad.

2.3. *La crisis de gobernabilidad y vulnerabilidad de la democracia en Venezuela*

Debemos puntualizar en primer lugar, que abordar la discusión alrededor de la llamada crisis de la democracia como crisis de gobernabilidad, implica de entrada establecer una periodización de la evolución de nuestra democracia en estos últimos años y del papel interventor del Estado, por ser este el actor principal de estabilidad y desarrollo de la democracia y de la propia ciudadanía.

---

39   Prats, 2003: 245-246.

Más aún, en el caso particular de Venezuela donde tradicionalmente desarrollamos y practicamos un capitalismo de Estado, el papel de este último, como principal productor de programas y políticas públicas, es altamente significativo, el Estado venezolano desarrolló y adoptó una fisonomía muy *sui generis*, el Estado se convirtió en productor, accionista, prestamista, planificador y en un sin fin de ocupaciones y roles que generaban ciertamente una situación de bienestar social y económico en cuanto a la distribución de la renta y bienes hacia el colectivo en parte gracias a la renta petrolera. Es decir, el Estado en Venezuela, en buena medida, será el principal actor y variable productora de «gobernabilidad».

En segundo lugar, paralelamente al estudio y análisis del papel del Estado en la conformación de un ambiente de estabilidad, desarrollo y gobernabilidad democrática, merece una especial atención e insistimos sobre el papel y funciones cumplidas tradicionalmente por los partidos políticos, como organizaciones que cooperaron y co-gobernaron en un principio con el Estado y que en un primer momento fueron fundamentales para la transición, democratización, profundización de la democracia, y en segundo momento en la propia gobernabilidad.

De manera que, si se quiere entender el carácter específico que adquiere hoy en día el Estado en su dinámica compleja junto al problema de gobernabilidad en nuestros contextos políticos, debemos antes que nada adoptar una postura crítica, objetiva y amplia en torno al hecho, y no limitarnos a establecer juicios de valor o, más aún, abordar la discusión del Estado, de la democracia y de la llamada crisis de gobernabilidad desde el puro aspecto formal y normativo.

Ciertamente, los problemas y retos tanto de Venezuela como de otros países de la región en materia de gobernabilidad, de modernización y reforma del Estado, de progreso, y desarrollo son bajo todo punto de vista muy complejos y de envergadura, más, si asumimos que nuestros gobiernos se les hace muy cuesta arriba introducir cambios e innovaciones en el sistema (producto de las condiciones impuestas por los grandes centros económicos) y mantener al mismo tiempo la legitimidad obtenida de origen a través del ejercicio o gestión (con unos partidos en franca decadencia) en un clima de incertidumbre, corrupción y agotamiento institucional.

Siendo así, tentativamente introducimos la hipótesis según la cual los problemas de gobernabilidad que enfrentan nuestros gobiernos y la vulnerabilidad de la democracia en Venezuela, tienen su origen, en buena medida, en la llamada crisis de los partidos políticos, evidenciada desde el momento en que dichas organizaciones dejaron de dar respuestas eficientes y procesar las demandas de la sociedad hacia el Estado. Por ello mismo, abordamos nuestra discusión bajo los lineamientos y presupuestos del enfoque y/o perspectiva neoinstitucional que, sin duda, nos aporta luces y planteamientos donde privilegiamos el estudio y relación de las estructuras, instituciones, agencias y el comportamiento.

Dentro del enfoque neoinstitucional, al cual nos acogemos, destacamos particularmente los presupuestos y aportes del neoinstitucionalismo sociológico a través de los trabajos de autores como James March y Johan Olsen, así como de Peter Hall y Rosemary Taylor, para los cuales los cambios institucionales son producto y se anteceden de un cambio en los actores, y particularmente una modificación del medio ambiente, en la socialización y en la propia cultura (tradiciones y valores)[40].

Por su parte el neoinstitucionalismo económico, del cual es tributario Ayala Espino[41], también nos aporta luces al respecto en relación al papel y centralidad de las normas e instituciones y su desempeño, produciendo fracaso o éxito en el modelo o sistema económico, sin perder de vista que el desempeño económico no puede jamás limitarse a la sumatoria de los factores de producción, sino que intervienen otros procesos e instituciones, que producen certidumbre, cohesión, prosperidad y costos menores de transacción y que determinará dinámicas, conductas y resultados.

Ahora bien, el planteamiento a destacar está en el énfasis que, dentro de esta corriente neoinstitucionalista, se le concede a la interacción y relación institución-ambiente para explicar tanto la estabilidad, como el cambio institucional. En este sentido planteamos dentro de esta perspectiva, que los cambios institucionales que estamos registrando no son sino la consecuencia de una modificación pausada, pero constante de nuestros marcos de referencia (procesos cognitivos) que, al fin de cuentas, determinan nuestro comportamiento y disposición a votar o en su defecto a abstenerse. Por consiguiente, hay tres variables que conforman e integran el planteamiento del institucionalismo sociológico: las instituciones o agencias, el medio ambiente y los procesos de socialización y, naturalmente, el individuo.

---

40 Sobre este interesante e innovador enfoque neo institucional y particularmente del llamado neoinstitucionalismo sociológico destacan los planteamientos de James March y Johan Olsen, 1997; Peter Hall y Rosemary Taylor, 1994, 1996; Además Ira Cohen, 1996.

41 *Cf.* José Ayala Espino, 1999.

Sin duda, intentar explicar la cuestión de la ingobernabilidad de nuestra democracia junto a otros fenómenos y trastornos, compromete significativamente el estudio del Estado y de los partidos políticos e incluso el desempeño de la clase política venezolana, tanto de la llamada cuarta república (1958-1998), como de la quinta república (1998-2020). Partiendo de que la crisis de gobernabilidad se gesta, desarrolla y sobreviene desde el momento en que dichas instituciones no cumplen a cabalidad con sus funciones, y si a esto le agregamos los déficit del Estado en lo que tiene que ver con las políticas públicas y su precario desempeño, el aumento considerable de la corrupción, su corolario se expresa en el deterioro general de nuestras instituciones y de nuestros niveles de vida y de expectativas.

Por otra parte, el problema (y es allí donde se demanda una labor de reingeniería política) no está en que a finales de la década de los 90 el sistema político venezolano ciertamente manifiesta problemas y trastornos en su funcionamiento, además comienzan a producirse cambios notables en nuestras instituciones, actores y fuerzas políticas, sino que, hasta qué punto de vista los emergentes actores, prácticas y escenarios garantizan un mínimo de funcionamiento, permanencia y desarrollo de la democracia en condiciones de gobernabilidad[42], y promuevan un proyecto societal e institucional viable, más aún, si partimos de la pérdida creciente de credibilidad en nuestros actores e instituciones democráticas en este fin de *siècle,* la gobernabilidad democrática se constituye en una variable y realidad compleja.

2.4. *Partidos en crisis y democracia ingobernable en Venezuela en los 90*

Retomando nuestro planteamiento inicial, diremos que si bien es cierto, los partidos políticos han sido los grandes constructores de la democracia y los actores protagónicos de los más significativos cambios ocurridos en la política latinoamericana, no es menos cierto, que desde hace tiempo las estructuras partidistas comenzaron a ser disfuncionales, en el sentido de que buena parte de sus roles se deterioraron y mermado notablemente, tanto es así, que comenzó a hablarse con gran insistencia de la presencia

---

42   Alrededor de este debate véanse los planteamientos ampliamente desarrollados por Manuel Alcántara Sáez, 1995; José Antonio Rivas Leone, 1999a, 1999b; Alfredo Ramos Jiménez, 1998; Gianfranco Pasquino 1997c y Luis Madueño 1997. José Ayala Espino, 1997.

de una crisis de dichas estructuras (principalmente crisis de identificación y representación), para algunos autores lo que registramos fueron «transformaciones orgánicas y funcionales de los partidos»[43].

Además, dichas estructuras en estos últimos años se han mostrado incapaces de dar respuesta a las demandas y expectativas del colectivo de nuestros países, los problemas que registran nuestros partidos y que ciertamente contribuyen negativamente a la gobernabilidad, no constituyen en lo más mínimo un problema aislado de la realidad venezolana, sino que se presenta como un fenómeno casi generalizado de las nacientes democracias latinoamericanas.

De acuerdo con Gabriel Murillo Castaño[44], tendríamos que, la importancia de los partidos políticos en el proceso de gobernabilidad política, se soporta en tres ejes temáticos principales, a saber:

— **El político**, mediado por la legitimidad y la credibilidad del conjunto de las instituciones del Estado de derecho.
— **El económico**, basado en la eficacia y la eficiencia, lo cual implica articular claramente la definición precisa de las metas de gobierno y la canalización de los recursos materiales requeridos para su logro.
— **El social**, relacionado con la activa participación e intervención de la sociedad civil, en el entendido de que este componente fundamental del proceso político deberá dejar atrás su parsimonia para asumir un mayor compromiso con la búsqueda de soluciones a los problemas de desarrollo.

En el caso particular de Venezuela hemos insistido que, sobre la merma y agotamiento de los partidos y del propio sistema de partidos, se expresa fehacientemente a partir de los comicios electorales de 1993, en los que los partidos tradicionales AD y COPEI son vencidos por el naciente partido Convergencia Nacional (que postulaba al fundador de COPEI y expresidente Dr. Rafael Caldera) en los comicios presidenciales de diciembre de 1998 el fenómeno de desplazamiento y reestructuración del sistema de partidos, es ratificado con el triunfo del *outsiders* y líder exgolpista de la intentona militar de febrero de 1992, el Tcnel. Hugo Rafael Chávez Frías.

---

43   Véase los comentarios desarrollados por Juan Carlos González, 1997; Alfredo Ramos Jiménez, 1997; José Antonio Rivas Leone, 1999a, 1999b.

44   Gabriel Murillo Castaño, 1995: 290-292.

Ambas elecciones aparte de revelar la fragilidad de nuestro Estado (con limitaciones en términos de ofertar políticas públicas de calidad en materia de salud, educación, seguridad, etc.), evidenciaron la perdida de convocatoria de los partidos tradicionales junto a la profundización de la crisis de gobernabilidad de la democracia venezolana, al extremo de permitir el triunfo del *outsiders* Chávez, algo jamás pensado dentro de unas de las democracias y sistemas de partidos más consolidados y disciplinados como el venezolano que no logró reformarse y mantenerse.

En este sentido, intentamos desarrollar una aproximación al estudio de la gobernabilidad en Venezuela partiendo desde el estudio de la llamada crisis del Estado (crisis institucional donde este se muestra incapaz de dar respuestas eficientes a las demandas, además de no contar con los suficientes recursos), considerando de antemano que el problema de la gobernabilidad y de la llamada crisis (inoperancia) del Estado, constituye sin lugar a dudas un tema de gran interés para la ciencia política latinoamericana, además, dicho fenómeno, repetimos, no es exclusivo de Venezuela, sino que se presenta como un denominador común en muchas de nuestras democracias vecinas.

Ahora bien, la cuestión a distinguir y explicar con respecto al resto de países, viene dada por la singularidad que presenta Venezuela de contar tradicionalmente con un Estado aparentemente fuerte (ingresos altos) y unos partidos hasta hace poco disciplinados y consolidados, factores ambos que pudiesen explicar en parte la etapa de estabilidad, desarrollo y plena gobernabilidad democrática durante varias décadas (1960-1990).

Autores que, entre ellos Michael Coppedge, han venido estudiando desde hace algunos años la cuestión democrática en Venezuela, son partidarios que nuestra democracia y régimen como tal constituyen un caso excepcional, refiriéndose al ciclo de oro de nuestra democracia y señala concretamente «el régimen democrático instaurado en 1958 ha sobrevivido a la insurrección de la guerrilla en los años sesenta, a la oleada de regímenes autoritarios que sacudió el continente en los sesenta y los setenta y, al menos hasta el momento, a la crisis de la deuda de los ochenta[45].

Además, conviene señalar que los problemas de gobernabilidad se agravaron, concretamente a partir de finales de los ochenta, época en la cual el Estado comenzó a endeudarse y a convertirse en un Estado defici-

---

45   Véase Michael Coppedge, 1998: 335-370.

tario e ineficiente, con ciertos problemas para solventar las demandas en cuanto a salud, educación, seguridad, empleo, entre otros; aunado a los primeros incrementos en la inflación, el aumento de déficit fiscal, el deterioro de nuestra productividad y otros indicadores socioeconómicos, entre otros factores que revelaban la crisis de gobernabilidad y de funcionamiento del Estado y sus actores políticos[46].

Es decir, el malestar y deterioro en los niveles de vida del venezolano generado por los fenómenos antes mencionados erosionó directamente la legitimidad y el apoyo al sistema (actores) por parte de los electores que comenzaron a mostrar actitudes de cuestionamiento, indiferencia y abstencionismo (TABLA 6) que junto a otros aspectos y variables producirían situaciones de ingobernabilidad[47].

La crisis de gobernabilidad del Estado venezolano se expresó, entre otras cosas, en la pérdida del poder de convocatoria por parte de los partidos políticos, lo cual se evidenció en el aumento constante de la abstención a partir de las elecciones de 1988, dicho fenómeno expresaba un deterioro de la legitimidad y del apoyo al sistema y más específicamente a la democracia de partidos[48]. Más aún, la relevancia en el aumento en los niveles de abstención radica precisamente, en que la abstención no había sido una constante en el comportamiento político del venezolano.

---

46   La crisis venezolana tiene su expresión en una serie de fenómenos, que van desde problemas de representación, ingobernabilidad, nuevas actitudes políticas, indiferencia, abstención entre otros. Sobre esta problemática véase los trabajos y planteamientos de Rivas Leone, 2002a, 2002b, 2004.

47   Elisabeth Ungar sostiene que en situaciones de crisis de gobernabilidad o mejor dicho Ingobernabilidad es común observar en nuestros países una fragmentación del sistema político, que se manifiesta en fenómenos como la pérdida del monopolio legítimo de la fuerza por parte del Estado. La disgregación de los partidos políticos y la pérdida de su capacidad de convocatoria y de movilización entre otros (*Cf.* Ungar, 1993: 13). Creemos que los indicadores propuestos por Elisabeth Ungar en su trabajo sobre la gobernabilidad en buena medida se relacionan y están presentes en el contexto político venezolano contemporáneo.

48   Manuel Alcántara Sáez, 1995: 152... sostiene que el grado de confianza se expande o se constriñe en función de que la sociedad colme y satisfaga o no sus expectativas y necesidades con lo que percibe del régimen político. Precisamente si extrapolamos dicho planteamiento al caso venezolano encontraremos que a finales de los años 80 y principios de los 90, el régimen político y principalmente los partidos políticos a duras penas daban respuesta a las demandas básicas de la población, lo cual comenzó a generar un clima de frustración y desencanto que se materializó entre otras cosas en el aumento constante de la abstención desde 1988 hasta nuestros días.

TABLA 6
Abstención electoral nacional 1958-2018
Fuente: CNE

Elecciones	Inscritos	Ausentes	Abstención %
1958	2.913.809	228.852	6,6
1963	3.369.967	310.552	7,8
1968	4.134.926	233.241	3,3
1973	4.737.126	164.695	3,4
1978	6.223.903	774.113	12,4
1983	7.777.892	952.712	12,2
1988	9.185.647	1.660.887	18,1
1993	9.688.795	3.859.579	39,8
1998	10.627.560	4.120.014	36,2
1999	19.940.596	6.041.743	55,6
2000	11.718.043	5.129.082	43,8
2006	15.784.777	3.994.380	25,3
2012	18.854.935	3.678.682	19,5
2013	18.904.364	3.944.734	20,3
2018	20.527.571	11.394.916	46.1

Los problemas de gobernabilidad sobrevienen y se acentúan cuando el Estado y la sociedad difícilmente pueden en su conjunto, introducir ajustes e innovaciones y dar respuesta a las demandas, de allí que en Venezuela en los inicios de los años noventa los problemas de gobernabilidad se profundizan, precisamente porque el Estado no logró articular las demandas e introducir los cambios bajo un *clima de aceptación y legitimidad*, la crisis de gobernabilidad se evidenció fehacientemente en 1992[49], año en el cual se registraron en el país dos intentonas golpistas.

Otro factor y variable interviniente y condicionante en el deterioro de la gobernabilidad en varios países latinoamericanos, y en menor medi-

---

[49] Rafael de La Cruz sostiene en primer lugar que las intentonas de golpe de Estado en Venezuela registradas en 1992, revelan el alejamiento progresivo entre la sociedad y el mundo político, además se trata de una crisis política y social que a su juicio se expresa como crisis de legitimidad de las instituciones públicas, y particularmente de la élite política. Para una mayor profundización véase el trabajo de Rafael de La Cruz, 1992: 21-30. Además, Michael Coppedge, 1994.

da en Venezuela, ha sido la aplicación en los años 80 y 90 de un conjunto de planes, programas y medidas de ajuste eminentemente de corte «neoliberal»[50], que apuntaron a una reforma radical del Estado, donde este último reduce su margen de actuación a un mero papel de observador, lo cual implica que deje de prestar un conjunto de funciones rectoras y promotoras en lo que se refiere a servicios y asistencia en materia de salud, educación, empleo seguridad, entre otros.

Es decir, pareciera que durante esta década algunas de nuestras instituciones democráticas que forman el Estado fallaron en su objetivo básico, como fue, de acuerdo con Rosario Espinal[51], la de «atender las necesidades socioeconómicas de las grandes mayorías mediante una cierta redistribución de la riqueza» ya no sería el objetivo y papel fundamental del Estado.

América Latina registró en la década de los ochenta y parte de los noventa la aplicación de medidas de ajuste económico, aparte de que contó con el apoyo de los distintos organismos internacionales, prácticamente se dio en casi la totalidad de países de la región, sometiendo a los mismos a procesos de reestructuración económica de tipo *shock* y no en forma gradualista. Según Espinal, «la ofensiva neoliberal consistió en replantear el papel del mercado y del Estado en la economía, asignándole preponderancia al mercado, se planteó conjuntamente la crítica al Estado como estructura ineficiente en la distribución de recursos y en la regulación de las relaciones económicas y sociales».

Hemos señalado e insistido que parte de las distorsiones que acusan el funcionamiento de la democracia en Venezuela se debieron a la acción nociva de los partidos políticos, dichas organizaciones lejos de generar procesos de apertura y democratización, se convirtieron en pulpos que lograron instalarse y tener injerencia en toda la red de organizaciones que conformaba la sociedad civil (asociaciones, sindicatos, gremios, ONG, entre otros) lo cual, en palabras de Luis Madueño[52], llevó a una desintegra-

---

[50] A juicio de Manuel Antonio Garretón, la solución neoliberal ha planteado, no solo desde la teoría, sino desde la aplicación de políticas radicales, un desmantelamiento y jibarización del Estado, lo cual evidentemente a juicio del autor conduce a un importante vacío para reorientar el crecimiento y avanzar en una estrategia de desarrollo, en la cual el Estado debe recuperar su rol protagónico. *Cf.* Garretón, 1998.

[51] Espinal, 1995: 274.

[52] Luís Madueño, 1997.

ción y desarticulación del orden civil... Sin duda, la crisis de los partidos políticos en Venezuela, la crisis económica de los años ochenta, la introducción de elementos neoliberales en el cambio del modelo económico, produjeron cambios tanto en los partidos como en nuestros mapas cognitivos que marcaron una ruptura y generaron problemas de gobernabilidad, que conformaron los antecedentes del fenómeno Chávez.

Indiscutiblemente, la estabilidad y gobernabilidad de la democracia en Venezuela tuvo un ingrediente fundamental, aparte de que logramos consolidar un Estado (aparentemente fuerte), y fue el que pudimos fraguar e institucionalizar una «partidocracia» que para muchos ha sido objeto de críticas, pero que, sin duda, produjo estabilidad y sirvió para establecer las bases y condiciones de la gobernabilidad democrática. De allí que podamos explicar parte de los problemas de gobernabilidad e inestabilidad en los 90, desde el momento en que el pacto alcanzado entre partidos se deteriora en sus bases programáticas por disfunción de los propios partidos y dirigencia, se producen las condiciones para una ruptura o cambio, concretamente en 1993, donde una tercera fuerza u opción al bipartidismo obtiene la primera magistratura, dicho hecho se ratifica en 1998 con el triunfo de Chávez como expresión del desdibujamiento de AD y COPEI, paralelamente el avance de nuevas figuras y agrupaciones: partido Patria Para Todos (PPT), Movimiento V República (MVR)[53].

La situación que comienza a vivirse en nuestro país desde 1993, como ya hemos dicho anteriormente, configura un ambiente totalmente nuevo para la mayoría de los venezolanos. Desde finales de la década de los 50 y principios de los 60, los venezolanos estaban acostumbrados a vivir

---

[53] De acuerdo a Alfredo Ramos Jiménez, en su análisis sobre el ocaso de la democracia bipartidista en Venezuela, tendríamos que «La campaña electoral presidencial no se planteó en otros términos que en los de la confrontación según la lógica amigo/enemigo, reñida con la tradicional política de adversarios, predominante en los cuarenta años del período democrático. El realineamiento electoral obedecía entonces al impulso de quienes optaban por el cambio «popular y revolucionario» de Chávez o por el cambio en la continuidad de Salas Römer. De modo tal, que la opción por el cambio recogería todo el «voto castigo», que para la ocasión se expresa dentro del nuevo clivaje: democracia partidista/democracia antipartidista. El crecimiento del bloque antipartidista que reúne, además del MVR, a partidos minoritarios (MAS + PPT + PC: 14%) entra en una aritmética electoral que va más allá de las cifras manejadas por las principales empresas encuestadoras, puesto que habría que agregar el voto «adecopeyano» que terminaría desplazándose hacia Chávez (alrededor del 12%)», *Cf.* Ramos Jiménez, 1999a: 40-41.

en un país con tendencia netamente bipartidista, y con una presencia casi exclusiva de AD y COPEI; en el campo político estábamos en plena época de oro de los partidos y de la democracia respectivamente.

En los 90 el respectivo desprestigio de ambos partidos los condujo a su fracaso, siendo execrados de los puestos privilegiados que detentaban en la vida política venezolana (no queriendo decir que los mismos hayan desaparecido, solo que ahora tienen menos injerencia dentro del gobierno), lo que dio pie a que «nuevas organizaciones» partidistas se plantaran en nuestro escenario político (unas con mayor éxito que otras), desplazando a los partidos tradicionales y creando espectros más amplios en las elecciones. No obstante, como se explicó anteriormente, Venezuela siempre había contado con la presencia de varios partidos, pero es solo hasta las elecciones de 1993 donde llegan a obtener cargos relevantes y dejan de ser simples opositores y actores coyunturales, para formar parte del quehacer político del país. Primero, Convergencia Nacional de Rafael Caldera, luego vendría el Polo Patriótico hasta llegar al nacimiento del Partido Socialista Unido de Venezuela (PSUV) de Chávez.

La crisis de hegemonía de los partidos en nuestro país, no se constituyó de un momento a otro, la misma tiene sus bases en el deterioro paulatino (o déficit constante de los partidos tradicionales a la hora de cumplir con sus funciones y responsabilidades) ante la sociedad, haciendo difícil la vigencia, permanencia y el auge de estos partidos tradicionales. Los venezolanos demostraban constantemente que ya no querían a sus partidos tradicionales, entre otras cosas, porque los mismos no satisfacían las demandas y expectativas que los ciudadanos esperaban, expectativas estas que en el pasado eran medianamente satisfechas. Los 90 serán los años de la antipolítica.

Todas esas transformaciones en el poder de decisión de los partidos se deben específicamente, como lo señala Rivas Leone[54], a la disminución de las funciones de movilización, participación, legitimidad y socialización. La crisis de los partidos en nuestro país, se acentuaba cada vez más, y la mejor manera de demostrar el descontento, era a través del rechazo en las elecciones, bien sea regionales, municipales o presidenciales y de allí el fenómeno en *in crescendo* de la abstención. Desde 1947 hasta 1993, el sistema de partidos venezolano sufrió una importante depresión en sus

---

[54]   Véase José Antonio Rivas Leone, 2002a y 2002b. Alcántara Sáez, 1997.

apoyos. El modelo de gobierno de Punto Fijo decae, como consecuencia del descontento en el desempeño de los partidos, la falta de representación de estos últimos en la relación Estado-sociedad, las medidas económicas adoptadas por Carlos Andrés Pérez, el debilitamiento de las instituciones, en fin, su crisis se encuentra en su interior. Pero, a pesar de todos estos eventos críticos, la mayoría de la población seguía apuntando al régimen democrático.

En el debate alrededor del funcionamiento del sistema político venezolano en los noventa, destacaba la fuerte insistencia de importantes sectores de la sociedad de reducir la injerencia de los partidos, y específicamente del sistema bipartidista, en su lugar se impulsaban movimientos políticos y sociales y nuevos partidos, además, valga señalarse que la desmovilización y abstención mostrada por la ciudadanía en Venezuela no eran una constante, todo lo contrario se convertía en un síntoma e indicador de la crisis y de la fatiga del sistema político.

De forma encadenada tendríamos una situación de rechazo a los partidos, promoción de la descentralización político-administrativa y fortalecimiento de los liderazgos locales, aunado a la implementación de programas de gobierno reformistas que erosionaban naturalmente la imagen y protagonismo a los partidos y que, más aún, desencadenaron una ola de inestabilidad, conflictos y protestas como el «Caracazo» de febrero de 1989, seguido de las dos intentonas golpistas de febrero y noviembre de 1992, como fiel indicador del panorama de ingobernabilidad, descontento y rechazo hacia los partidos y clase política tradicional como fenómenos emblemáticos en pleno auge de la antipolítica en países como Bolivia, Ecuador, Perú y Venezuela.

2.5. *Nuevos actores políticos en Venezuela: el fenómeno Chávez*

En las últimas elecciones presidenciales del siglo XX venezolano (1993 y 1998), se conforma un gobierno altamente personalizado y extra partido, constituyendo una oposición con un marcado contenido antidemocrático, que amenazó con hacer desaparecer a los partidos políticos, desconociendo la competición interpartidista como elemento fundador de la democracia, como también lo hicieron AD y COPEI con el denominado «Pacto de Punto Fijo».

Con los nuevos actores emergentes de vocación popular, irrumpen en el escenario político los rostros y prácticas en las que parece predominar «nuevas generaciones» en el liderazgo político. Se trata de un liderazgo enmarcado dentro de lo que se ha denominado «neopopulismo», el cual «distorsiona el carácter democrático de las fuerzas políticas organizadas como partidos en el gobierno»[55].

Estamos hablando de un tipo de personaje que, según la concepción clásica dada por Norberto Bobbio, se ha de entender que «son líderes los que dentro de un grupo detentan tal posición de poder que influye en forma determinante en las decisiones de carácter estratégico, poder que se ejerce activamente y que encuentra una legitimación en su correspondencia con las expectativas de grupo»[56]. Este nuevo poder adquiere características mesiánicas y de exaltación del líder, al cual se le ve como un héroe o salvador providencial, el cual se presenta como un «liderazgo desarticulador del pasado político y articulador de un 'nuevo' comienzo»[57]. El carácter providencial del líder es tan excepcional, que la inexperiencia política no parece constituir un obstáculo en la promoción de todos aquellos recién llegados al escenario político a fines de los 90[58].

Este tipo de liderazgo político neopopulista, que dirige el Estado y la política venezolana, recurre a una «doble legitimación: al mecanismo del voto popular y a la cualidad 'histórica' superior del líder que excede a la democracia representativa»[59].

El advenimiento de este tipo de liderazgo constituye uno de los retos y obstáculos más difícil de superar para la democracia de partidos, en torno a estos se crea una imagen satanizada cuyo propósito es anularlos, mediante un discurso antipartido, incluso, antipolítico que propugna una democracia sin partidos políticos. Así, ha de entenderse que «con el disfuncionamiento de la democracia de partidos, son otras fuerzas las que se hacen presentes en las luchas por el poder y el control del Estado»[60], las cuales canalizan los intereses de una gran parte de la población desencantada con la política tradicional.

---

55   Alfredo Ramos Jiménez, 1997a: 92.

56   Norberto Bobbio, 1988: 949.

57   Alfredo Ramos Jiménez, 2002: 16.

58   Véase Alfredo Ramos Jiménez, 1997a: 98.

59   René Antonio Mayorga, 1997: 143.

60   René Antonio Mayorga, 1997: 106-110.

Al respecto, conviene señalar que, de acuerdo con la propuesta de March y Olsen, «los resultados de los procesos políticos [disfuncionamiento de los partidos políticos y la clase política tradicional] modifican las reputaciones de poder, que a su vez modifican los resultados políticos»[61], resultados que han sido desfavorables para las instituciones políticas de la democracia representativa, pues todos los desacuerdos y conflictos en su entorno han ofrecido una base para que los ciudadanos exploren nuevas alternativas (Caldera y Chávez), liderazgos y gobiernos que terminaron siendo dos remedios más perversos y peores que la propia enfermedad.

En relación a Venezuela, el problema a dilucidar radica en que los nuevos actores en el ejercicio del poder desde 1998, fueron incapaces de generar un clima de gobernabilidad y estabilidad para nuestra democracia, y al mismo tiempo introducir un conjunto de cambios y de innovaciones en el sistema. Hoy, posterior a dos décadas de desgobierno, corrupción y gravísimas distorsiones los venezolanos seguimos esperando materializar un cambio que no fue producido ni por Chávez ni por Maduro.

La incertidumbre que ronda en Venezuela y, particularmente, a su sistema político, es que si paralelo a la regresión institucional de las dos últimas décadas (2000-2020), con indicadores devastadores en materia económica, social y política, cabría preguntarnos si después de presenciar el país su peor crisis política en toda su historia, definida por el colapso casi terminal de su sistema de partidos, la ausencia de una vanguardia o élite de relevo, serios problemas de gobernabilidad y la imposición de una democracia plebiscitaria, que raya en el autoritarismo (cuestionamiento radical de las instituciones democráticas, desconocimiento de la norma y violación del Estado de derecho) y la militarización de la política venezolana, el sistema tendrá las capacidades para promover una recuperación y refundación institucional-funcional, que evite cualquier tipo de ruptura.

2.6. *Conclusiones*

El disfuncionamiento y crisis de los principales actores del juego democrático en Venezuela, principalmente los partidos políticos, aunado a un cierto rechazo de parte del colectivo, la ineficiencia de la gestión pública, la deslegitimización de los liderazgos tradicionales y la presencia de la corrupción

---

61   James March y Johan Olsen, 1997: 257.

como vicio y distorsión de la democracia, conformaron los grandes marcos y variables explicativas de la crisis de gobernabilidad democrática registrada en Venezuela en las tres últimas décadas. Tanto así que el gobierno de Chávez y posteriormente Maduro han reproducido exponencialmente las distorsiones, carencias y errores imputados a los partidos y actores tradicionales que antecedieron a la Revolución Bolivariana.

La descentralización político-administrativa que promovió liderazgos locales, por un lado, aunado al debilitamiento de los partidos como estructura nacional, conformarían la principal explicación de transformación del sistema de partidos y, por ende, la sustitución de estas formas institucionalizadas por nuevos actores políticos y liderazgos altamente personalizados, autoritarios y plebiscitarios que tienen su expresión en la elección de Rafael Caldera en 1993 (Convergencia), posteriormente y de manera más acentuada de Hugo Chávez Frías y Maduro (Movimiento V República y PSUV) en 1998 y 2013, con un rasgo persistente como lo constituye (desde la salida y destitución del presidente Carlos Andrés Pérez, mayo de 1993) la presencia de crisis sociales, económicas, políticas e ingobernabilidad por varias décadas.

El agotamiento de los partidos que hasta hace una década daban respuesta, arrastran e involucran a otras instituciones y ámbitos de la vida política y de la sociedad civil respectivamente, muy disminuidas en la actualidad. Incluso, buena parte de los cambios registrados en la cultura política y en la participación política, obedecerían y tienen su origen en el proceso de desanclaje partidista y de agotamiento de las agencias. De manera que pretendemos, a la luz de una perspectiva crítica e institucional, la imperante necesidad de reexaminar la nueva dimensión de la política y, principalmente, lo referido al rol de los partidos y su reacomodo institucional en Venezuela como elementos y factores de producción de gobernabilidad, tras el fracaso rotundo de la Revolución Bolivariana.

la ANEMIA DEMOCRÁTICA: ANTIPOLÍTICA *y* POPULISMO AUTORITARIO *en* AMÉRICA LATINA, 2000-2020

3.1. *La involución política en América Latina*

Abordar la involución de las democracias latinoamericanas compromete inequívocamente el estudio de sus instituciones, de los procesos, la gobernabilidad, el tejido institucional, la cultura política y naturalmente de lo que corresponde al populismo como ideología, práctica, categoría, forma y discurso presente a lo largo de nuestra historia contemporánea, sea bajo rótulos tradicionales (populismo) o nuevos rótulos, reelaboraciones y estilos (neopopulismo, autoritarismo electoral, neocaudillismo, populismo autoritario, etc.), todos tienen en común el elemento de confrontación, una suerte de bipolaridad, dualismo o códigos binarios honestos-corruptos, amigo-enemigo, patriotas y oligarcas. Lo cierto del caso es que el populismo y su reelaboración, el neopopulismo, se presenta y emerge cuando los partidos y las propias democracias padecen de fallas que producen descontento en los ciudadanos y el germen para su resurgimiento en nuestra contemporaneidad[62].

De tal manera que no podemos prescindir del estudio de las instituciones en razón de sus fortalezas y debilidades, de los liderazgos sean estos personales o institucionales, civiles o militares, y por ende, de las condiciones propias y calidad de las democracias, como variables y parámetros para explicar el resurgimiento con cierto éxito y fuerza de liderazgos populistas y neopopulistas y de la propia antipolítica, que en el caso venezolano pareciera que llegó para quedarse hace más de dos décadas.

En tal sentido, insistimos que el avance del neopulismo y la propia antipolítica tendrán, sin excepción, su caldo de cultivo y esencia en el agotamiento de la forma partido de hacer política en la precariedad social, en

---

62   Véase ampliamente el estudio comparado de César Ulloa, 2017: 7-44.

la exclusión, en la pobreza y marginalidad. Paradójicamente, una vez en el gobierno, las experiencias en América Latina han sido nefastas y han terminado reproduciendo las fallas y distorsiones que tanto le señalan e imputan a la democracia representativa y a los partidos tradicionales.

Acertadamente Carlos de La Torre precisa que «el populismo es anti-institucional, se basa en las construcciones de un enemigo y una lógica de equivalencias, en las que un significante vacío que, en nombre del líder, expresa la ruptura del sistema de diferencias que no puede procesar las demandas del sujeto popular. Los sectores excluidos y marginados buscan representar a toda la comunidad y lo hacen articulando demandas que no se pueden satisfacer dentro de un orden hegemónico sino a través de la ruptura populista»[63].

El franco deterioro de las formas y actores tradicionales, no es en lo más mínimo un hecho aislado, sino que tiene su impacto en los ciudadanos, en nuestra cultura política y en el propio funcionamiento de la democracia, en la que observamos el surgimiento de nuevas formas de acción colectiva[64] que surgen y se articulan, con el fin de subsanar los problemas de representatividad y canalización de ciertos intereses y demandas de un colectivo insatisfecho, que ha comenzado a cuestionar a la política tradicional, es decir, aquella política desarrollada únicamente por medio y a través de la forma partido como tipo de mediación y organización.

De manera que, si aceptamos que la principal agencia que tiene la democracia y la política moderna o contemporánea ha entrado en una fase de agotamiento, cuestionamiento, pérdida de poder y gravitación en nuestras nacientes democracias latinoamericanas, y particularmente en lo que se refiere a la experiencia venezolana, tendríamos que aceptar que junto a este fenómeno y situación la democracia igualmente atraviesa problemas de institucionalización de las prácticas político electorales que las han sustentado. Una de las constantes en la emergencia de populismos en América Latina, han sido las condiciones de precariedad y fragilidad institucional, tanto así que, en aquellos países donde hay una cierta institucionalidad unida al desarrollo económico, progreso social y satisfacciones ciudadanas, no se han dado la emergencia y triunfo de liderazgos populistas y antipolíticos.

---

63   *Cf*. Carlos de la Torre, 2008: 28-29.

64   *Cf*. Norbert Lechner, 1996a. Además, Juan Carlos González, 1997: 36.

En ciertos contextos donde no escapa el caso venezolano, cabría preguntarse ¿cómo construir un modelo de democracia estable y viable, si los principales actores y protagonistas de la democracia atraviesan procesos de descomposición y desinstitucionalización? ¿Son proclives los nuevos actores a profundizar la institucionalización de la democracia? ¿La recuperación de la institucionalidad democrática pasa, en el caso de Venezuela, por la observancia y vigencia de la actual Constitución de 1999, y naturalmente el surgimiento de nuevos partidos con nuevas lógicas, ofertas, dinámicas y programas en función de unas demandas y expectativas ciudadanas pendientes o no satisfechas? Estas preguntas recogen en gran parte las inquietudes y los lineamientos teóricos-prácticos alrededor del contexto sociopolítico venezolano contemporáneo que gravita entre la presencia de la figura de Chávez Frías, Maduro y Guaidó.

En los últimos años las funciones de socialización, movilización, participación y de legitimación se encuentran en el seno de los partidos políticos muy agotadas. Lo cual ha producido un proceso de deslegitimación creciente de los actores políticos, que desemboca y genera, de acuerdo a la profundidad, en una eventual crisis de gobernabilidad[65] en la medida en que estos últimos dejan de formar y crear ciudadanía, pero además, buena parte del discurso populista en la región latinoamericana tiene viabilidad y aforo justamente en la incapacidad del liderazgo tradicional y de los partidos, que han sido con y sin razón señalados como los grandes responsables de la hecatombe social y económica que han registrado países como Bolivia, Ecuador, Perú y en parte Venezuela.

El problema de la degeneración y deterioro de los roles y funciones de las organizaciones partidistas, desde el punto de vista institucional, de-

---

[65]   Véase Alcántara Sáez, 1997: 49. Además véase Rivas Leone, 1999b «Gobernabilidad, democracia y partidos políticos: Ideas para un debate», en donde se expone con detenimiento el peso y relevancia de los partidos políticos en la conformación y desarrollo de escenarios de gobernabilidad y, por ende, de estabilidad de la democracia, asimismo, relaciono el problema del deterioro de la democracia y la gobernabilidad con el disfuncionamiento de la forma partido y el deterioro de sus funciones. Rivas Leone, 2000b. Sobre este mismo debate de la gobernabilidad y una explicación sobre la fenomenología de la crisis véase las consideraciones expuestas por Enrique Neira, 1999, 1998. Por su parte, dentro de este debate, el politólogo italiano Angelo Panebianco sostiene que la crisis de los partidos coincide con el auge de los síntomas definidos como ingobernabilidad y crisis de legitimidad. *Cf.* Panebianco, 1990, específicamente el cap. 14 «Los partidos y la democracia: Transformaciones y crisis»: 487-512.

viene del ejercicio dirigido hacia la formación de prácticas políticas cívicas, donde esta última tiende cada vez más a relegarse a mero pragmatismo, instrumentalización de la política y de la propia toma de decisiones, sin reflexión, proyecto y contenidos ideológicos y programáticos mínimos.

Esta falta de contenido en la política explica parte de los cambios que asume la democracia en Venezuela en las tres últimas décadas. No perdamos de vista que en varios países latinoamericanos y especialmente en Venezuela, en estos últimos años las prácticas políticas de los ciudadanos han tendido a apoyarse dentro de un fondo cultural místico-religioso, en la medida que los individuos esperan soluciones de líderes carismáticos movidos por un aura mesiánica[66].

3.2. *Decadencia partidista y antipolítica*

Intentar analizar y dar cuentas de los cambios que se han sucedió en algunos países latinoamericanos, en los cuales en los años noventa la promesa de la antipolítica y posteriormente el populismo, bajo distintas formas y rótulos, triunfó y desplazó a los actores tradicionales, implica asumir y analizar el declive sostenido de estos últimos como vertebradores de la ciudadanía y el Estado, particularmente en países como Venezuela, donde difícilmente se podría haber pensado en conquistar la presidencia de la república sin el apoyo de alguno de los dos partidos fundantes de la democracia en Venezuela, como fue AD y COPEI.

---

[66] Véanse las condiciones y las realidades en los años 90 en las que triunfan Alberto Fujimori en el Perú, posteriormente la llegada de Abdalá Bucaram, Lucio Gutiérrez o Rafael Correa en el Ecuador, Evo Morales en Bolivia y por supuesto Hugo Chávez Frías y Nicolás Maduro en Venezuela, dentro de los casos más emblemáticos de debilidad partidista, precariedad institucional y crisis económica. Conforman casos en los que registramos, por un lado, un deterioro generalizado del sistema de partidos y de las condiciones de vida, acompañado por la desconfianza hacia la política institucional e instituciones propiamente dichas (parlamento, corporaciones, sindicatos y naturalmente partidos políticos) sustituyendo el apoyo a estas organizaciones y agencias por la emergencia y apoyo de liderazgos mesiánicos de corte neopopulista. Un rasgo definitorio de los populistas latinoamericanos de viejo y nuevo cuño, es justamente proponer relaciones estrechas sin mediaciones institucionales o partidistas, con presencia importante de los medios de comunicación en medio de fuertes polarizaciones y antagonismos, politizando fundamentalmente las desigualdades e instrumentalizando los recursos en el liderazgo redentor de figuras como Hugo Chávez Frías, Rafael Correa o Evo Morales.

Venezuela registró en los años noventa ciertos cambios en las actitudes, pautas y en los actores políticos, esas nuevas pautas oscilaron desde el apoyo a organizaciones de diversa índole, tanto movimientos como nuevos partidos, pasando por la exaltación y apoyo de liderazgos y proyectos netamente antipartidistas como una suerte de nueva política que, en América Latina y en Venezuela, tuvo gran receptividad por parte de la población y ciudadanía insatisfecha con la política tradicional o partidista[67].

La antipolítica como nueva política incursionó y avanzó en muchos de nuestros países, aprovechando la situación de cuestionamiento y descredito de los partidos por la ciudadanía. La llamada antipolítica está referida a grandes rasgos, de acuerdo a María Funes Rivas, Carlo Morgardini y otros autores, a todas aquellas prácticas y mecanismos que manifiestan vocación de actividad pública, de intervención y redefinición de los espacios políticos, es decir, la antipolítica hace alusión a toda movilización que en procedimientos o contenido actúa en una línea diferente de la marcada por la política institucional[68].

René Antonio Mayorga[69], acertadamente señala que la antipolítica se desarrolla paradójicamente como una forma de hacer política que pretende no sólo prescindir de los partidos políticos, sino también poner en cuestión las pautas predominantes del quehacer político (representación e intermediación) de los partidos políticos y gobiernos democráticos.

Por otra parte no debemos perder de vista que en países como Bolivia, Perú, Brasil y Venezuela el surgimiento de candidatos *outsiders* o extra-partido y el impacto de estos en la nueva política y/o juego democrático, ha coincidido reiteradamente con situaciones de crisis económica, serios problemas de gobernabilidad y de cuestionamiento de las élites políticas que han gobernado, y donde el avance de la llamada antipolítica como nueva política o modalidad coincide con una suerte de fatiga cívica de nuestros electores, estos últimos tentados y seducidos por nuevos actores y liderazgos.

---

67   Véase los casos de Rafael Caldera y Hugo Chávez Frías en Venezuela, Carlos Saul Menem en Argentina, Alberto Fujimori en el Perú y Abdalá Bucaram en su corto periodo en Ecuador, o más recientemente Evo Morales en Bolivia o Rafael Correa con su revolución ciudadana en el Ecuador, entre los casos más ilustrativos de la región.

68   *Cf.* María Funes Rivas, 1995: 122.

69   *Cf.* René Antonio Mayorga, 1995a: 33.

En tal sentido, Eduardo Ulibarri[70] precisó, hace algunos años, que el surgimiento de los *outsiders* en casi toda la región se dio en un espectro político caracterizado por la confusión, el descrédito de los partidos políticos y el agotamiento de las instituciones. Sin duda, ha sido común denominador en la emergencia de liderazgos populistas, autoritarios y altamente plebiscitarios en situaciones de crisis, agravamiento económico, malestar social, incertidumbres y demás que conforman una amalgama sobre la cual ha operado la antipolítica antes y ahora.

Es decir, el avance de estos fenómenos nos revela bajo todo punto de vista la transformación de la política, y pudiésemos asomar la emergencia de una nueva cultura política, donde la política como instancia privilegiada de representación y coordinación de la vida social se ha vuelto problemática y, por ende, la política como instancia común tiende a desvanecerse dejando abierta la emergencia de otros actores y pautas[71]. Por consiguiente, creemos que este último fenómeno implica necesariamente un replanteamiento de lo público y lo privado, y por sobre todo demanda la necesidad de repensar la política, de retomar y reexaminar sus contenidos y de los propios elementos y factores que definen la democracia en nuestros países latinoamericanos[72].

En este sentido, nuestro planteamiento gira en torno a los temas y procesos que estamos experimentando en la democracia latinoamericana con presencia de variados fenómenos, algunos novedosos y otros de vieja data. Lo cierto del caso es que en la política, hace ya un tiempo, su mediación dejó de ser ejercida en países como Bolivia o Venezuela únicamente a través de instituciones, partidos y liderazgos institucionales, y en su lugar encontramos la presencia exacerbada de liderazgos altamente populistas

---

70   *Cf.* Ulibarri, 1993.

71   Véase Alfredo Ramos Jiménez, 1999a; Norbert Lechner, 1996a, 1996b, 1996c; José Antonio Rivas Leone, 2000c; José Ramón Recalde, 1995.

72   Valga señalarse que no solo la política es objeto de controversias en nuestra América Latina, sino también en otras latitudes y sociedades en las que la política deviene en una instancia combatida y polémica, caracterizada por una diversidad de posiciones que tienen en común poner en entredicho el lugar y centralidad de la política, y con ella sus centros explicativos como el Estado, la cultura, la democracia y sus instituciones entre otros. La política democrática debe ser repensada radicalmente, y no solo reinterpretada a la vista de las circunstancias actuales. Sobre este debate véase ampliamente Roberto Esposito, 1996: 13-37. Además, José Antonio Rivas Leone, 2004.

y personalistas, cuyo discurso y práctica es atentatoria contra la institucionalidad, al propio Estado de derecho y ciertas libertades ciudadanas que han sido afectadas en las gestiones del presidente Evo Morales y Hugo Chávez Frías en Bolivia y Venezuela, respectivamente.

Recapitulando, tendríamos que la antipolítica es un fenómeno relativamente reciente, que engloba un conjunto de prácticas políticas que se caracterizan ante todo, por una ruptura con las prácticas políticas tradicionales desarrolladas principalmente a través de los partidos políticos y los políticos profesionales, de allí su cuestionamiento y descalificación como elemento común en el discurso y en el accionar de Evo Morales, Alberto Fujimori, Rafael Correa o el propio Hugo Chávez Frías[73], por ello, en gran medida observamos el apego a prácticas y conductas de corte antipartido, y en algunos casos de corte antisistema, desarrolladas por los *outsiders* y los nuevos caudillos de la política andina.

3.3. *Antipolítica y neopopulismo*

La antipolítica y el neopopulismo de diverso cuño, insistimos, irrumpen y se crecen justamente en sistemas desinstitucionalizados de partidos y democracias frágiles, difícilmente pueda verse a la antipolítica y el neopopulismo como amenazas en países con sistemas institucionalizados y de cierta fortaleza democrática como Colombia, Chile, o Uruguay. Es decir, encontramos a la antipolítica como un modo alternativo de hacer política que en algunos países andinos se manifiesta principalmente a través del cuestionamiento de los actores tradicionales, inclusive, asumiendo en algunos casos posiciones antisistémicas al cuestionar a la propia democracia, en otros contextos como el europeo, la antipolítica se expresa de forma

---

[73] María Funes Rivas (1995), sostiene que uno de los caracteres que definen todas estas manifestaciones diversas que aquí calificamos de antipolítica o nueva política, es que precisamente se articulan tomando como referente negativo a la política convencional, fundamentalmente la política de partidos ... por otra parte la crítica a la actividad tradicional, clásica y/o forma convencional de hacer política a través de los partidos no es necesariamente la única, también la antipolítica cuestiona a otros actores de la política entre ellos la clase política y los anteriores movimientos sociales y políticos. A juicio de Cesar Cansino (1997), la antipolítica, más que un descontento con la política institucional, se refiere a un rechazo de la política institucional en la medida en que esta niega a los ciudadanos la discusión, el debate y su participación en el espacio público-político.

más enérgica a través de los movimientos separatistas, movimientos de extrema derecha, movimientos neonazis y a través del resurgimiento de los nacionalismos beligerantes entre otros[74].

Precisamente, uno de los indicadores que revela un cambio en los estilos, pautas y orientaciones es la emergencia de actores ajenos a la política tradicional, capaces de reemplazar antiguos proyectos, modelos, estilos y abrirse paso en la historia y en el nuevo contexto latinoamericano, donde los *outsiders* y la antipolítica hacen de las suyas y tienden a consolidarse como una tendencia a tomar en cuenta, y que presupone un reto a la propia institucionalidad democrática[75].

Además, el discurso político antipolítico y neopopulista de los nuevos actores se caracteriza por un fuerte contenido emotivo y mesiánico[76], así como también una posición netamente de crítica y cuestionamiento de la institucionalidad tradicional, no olvidemos que una de la funciones de dicho discurso es la polarización de la gente con respecto a la política establecida, asimismo, establecer una estrecha relación entre los actores emergentes y el colectivo, que aprovechando el desencanto hacia las estructuras partidarias, se presentan los *outsiders* como una alternativa con cierta aceptación y viabilidad[77].

Tendríamos entonces, que la antipolítica se presenta como la nueva política o política revisionista, en el sentido de proponer y perseguir transformaciones y cambios en las formas tradicionales de hacer política, lo cual implica el cuestionamiento de dichas formas. Por ejemplo, en Venezuela Chávez dedicó su campaña y parte de su gobierno a desmontar la democracia representativa y proponer una democracia participativa y protagónica[78]. En América Latina, en los 90, pudimos constatar que los

---

74 Véase María Funes Rivas, 1995; René Antonio Mayorga 1995a, 1997: 125-144.

75 Sobre esta discusión en torno a los nuevos actores, proyectos, modelos y estilos dentro del análisis del discurso político y de una perspectiva histórica en la experiencia latinoamericana, véase los planteamientos de hace un par de décadas expuestos por Hugo Zemelman, 1989: 95-195.

76 Véase ampliamente el reciente ensayo de César Ulloa, 2020.

77 A juicio de Marcos Novaro, en América Latina en la mayor parte de los casos, los nuevos líderes de la región no se destacan por su vocación para crear y fortalecer instituciones, todo lo contrario, dirigen fuertes críticas hacia estas y en algunos casos apuntan a una disolución. *Cf*. Novaro, 1996.

78 En estos años debido a que, entre otras cosas, los partidos han entrado en un estado de cierto rechazo y deslegitimación, podemos afirmar, coincidiendo con Enrique Zuleta

nuevos caudillos y líderes antipolíticos, aparte de cuestionar duramente a los partidos políticos y la clase política del «*establishment* tradicional», no contaban con el apoyo de verdaderos partidos, a lo sumo de pequeños movimientos que en su mayoría nacen en plenos procesos eleccionarios, como de hecho sucedió con el PRN (Collor de Melo) en Brasil, Convergencia (Caldera), el MVR y Polo Patriótico (Hugo Chávez Frías) en Venezuela, Condepa (Palenque) en Bolivia o Perú Posible (Alejandro Toledo) en Perú.

De acuerdo a Carlos Vilas, observamos que entre la democracia y el neoliberalismo desarrollado en la gran mayoría de nuestros países latinoamericanos en plena década de los 90, se tuvieron las condiciones para el surgimiento de líderes políticos con discursos emocionales, muy críticos de las instituciones políticas tradicionales, y que movilizan porciones altas del sufragio, al mismo tiempo que promueven programas de gobierno de tipo liberal, es decir, tendríamos en los llamados nuevos liderazgos[79] la encarnación de los «caudillos electorales de la posmodernidad»[80], de tal manera que la presencia del elemento reformista y neoliberal es justamente una de las mayores diferencias entre el populismo clásico o tradicional y el neopopulismo latinoamericano de los noventa[81].

Ciertamente, el desfase entre los «nuevos» actores sociales y los «viejos» actores políticos favorece en los primeros, la práctica de una política de la antipolítica, será una constante la escenificación de una política caracterizada por la desconfianza en lo tradicional y particularmente hacia la clase política; es decir, los políticos, los partidos políticos, las burocracias, los dirigentes partidarios y sindicales, a los que acusan de corrupción, compromiso con el sistema y traición al mandato popular[82].

Por otra parte, prácticamente sin excepción, tendríamos que debido a la propia situación de cuestionamiento y rechazo de las formas tradicionales de la política, junto a la situación de contracción y agravamiento econó-

---

Puceiro (1995), que asistimos a un tiempo en donde observamos que se rinde culto descarnado a la acción directa, el individualismo posesivo y la política-espectáculo, en una suerte de democracia directa sin estructuras ni mediaciones, en las que los individuos se imponen por sobre la cáscara vacía y sospechosa de las instituciones.

79 A juicio de Carlos Vilas, tendríamos que la distinción entre lo «nuevo» y lo «viejo» no tiene una delimitación tajante, más que nada observamos en los nuevos liderazgos la actualización de los estilos políticos de cierta duración en nuestra región. *Cf.* Vilas, 1994.

80 *Cf.* Vilas, 1994: 323.

81 Véase ampliamente Carlos de la Torre, 2008.

82 *Cf.* Vilas, 1994: 331.

mico de muchas de nuestras economías, conformaron el caldo de cultivo y la situación propicia para que el nuevo caudillo y unos cuantos generales sin tropa, como los llama Giovanni Sartori (líderes sin partido), incursionaran en la política andina y, más aún, sean legitimados por buena parte del colectivo descontento con los actores tradicionales, estos últimos responsabilizados de no haber satisfecho las demandas y expectativas ciudadanas. Alfredo Ramos Jiménez ha precisado que «el surgimiento de candidatos extra-partido y el impacto, un tanto sorprendente de los *outsiders* que incursionan con cierto éxito en el terreno de la política, ha sido en nuestros países la respuesta a una suerte de 'fatiga cívica', que se ha ido extendiendo como producto del desencanto provocado por la promesa incumplida de la democracia»[83].

Además, los *outsiders* en casi toda la región surgieron en un espectro político caracterizado por la confusión, el descrédito de los partidos y el agotamiento de las instituciones[84]. En América Latina encontramos ejemplos bastantes representativos que ilustran el panorama de cambio y, sobre todo, la emergencia y éxito de los *outsiders*[85] con sus respectivos movimientos, los cuales se presentan como un gran desafío en la forma de hacer política frente a los partidos.

Buena parte de América Latina, por excelencia registró la tendencia hacia lo que Carina Perelli denominó «la búsqueda de hombres providenciales y de liderazgos fuertes basados en características personales del dirigente es una de las respuestas a las nuevas formas de hacer política»[86]. Así llegaron al poder estos políticos «antipolíticos», sembradores de promesas, además de mensajes desideologizados, un tanto vagos y al mismo tiempo reformistas y modernizantes.

---

83   *Cf.* Alfredo Ramos Jiménez, 1999: 201-230; y ampliamente 2016: 187-202, 219-240.

84   *Cf.* Ulibarri, 1993.

85   La nueva política se caracteriza por la innovación en cuanto a los líderes, prácticas y mecanismos, junto a los líderes nacidos de las convulsiones de partidos tradicionales –Menem– o de la quiebra de las oligarquías patrimonialistas –Collor–, surge un nuevo tipo de protagonistas nacidos de la emergencia política de organizaciones sociales. Observamos que sindicalistas como Walesa o Lula, figuras del espectáculo como Reagan, Berlusconi, Palito Ortega o Reutemann, intelectuales como Vargas Llosa, diplomáticos como Pérez de Cuellar, entre otros, son el resultado y expresión de procesos de personalización y espectacularización de la política, surgidos de la primacía de las nuevas formas de comunicación e información y del empleo eficaz de tecnologías sofisticadas que intervienen en la política. *Cf.* Zuleta Puceiro, 1995.

86   Perelli, 1995: 185.

Del mismo modo, merece ser señalado que los nuevos actores políticos no cuentan con un respaldo partidario amplio y estructurado y que, por ende, recurren a la formación de movimientos políticos y sociales como plataformas electorales de acción política que giran en torno al caudillo y que por ser temporales están condenadas a desaparecer con el caudillo, son los casos de Convergencia Nacional (Caldera) y el MVR (Chávez) en Venezuela, Condepa (Carlos Palenque), la UCS (Max Fernández) en Bolivia, Cambio 90 (Fujimori) la UPP (Pérez de Cuellar) en el Perú, el Movimiento Papá Egoró (MPE de Rubén Blades) en Panamá.

La antipolítica se presentó como la alternativa y respuesta en América Latina por parte de grandes segmentos de la sociedad, sumergidos en un clima de desencanto democrático y desafección política. Sin embargo, la antipolítica, hemos insistido, prosperó más justamente en esos contextos de precariedad social, declive partidista y agotamiento del liderazgo tradicional, no así en sociedades y sistemas con cierta institucionalidad y por ende estabilidad en los términos de Scott Mainwaring. La antipolítica y los *outsiders* como encarnación de esta, representan para la democracia un reto e incertidumbre, es decir, la antipolítica se ubica entre el neopopulismo y un modelo de democracia corporativa, que tiende más hacia una forma de ejercer el poder personalizado apegado a veces a criterios no institucionales, desconociendo incluso el pluralismo y el propio estado de derecho[87].

La antipolítica y el neopopulismo se conciben y se desarrollan ya no a nivel de instituciones y organizaciones, sino a nivel de individuos y personas. La llamada personalización del poder y de la política se desarrolla en un contexto caracterizado por[88]:

---

[87]   En la Venezuela, bajo la presidencia de Hugo Chávez Frías (1998-2012), se han observado en numerosas oportunidades el irrespeto a los procedimientos, la violación de ciertos derechos y libertades, incluso, principios contenidos en la Constitución Bolivariana de Venezuela de 1999. Dentro de los exabruptos figuran invasiones de tierras y fundos, ocupaciones y confiscaciones de empresas y fábricas sin causa de utilidad pública, el cierre de emisoras radiales, suspensión de concesiones a televisoras, la persecución y criminalización de la disidencia donde la justicia no ha sido expedita, equitativa, independiente, imparcial e idónea, irrespetando el debido proceso en lo que refiere a garantías, juicios y penas, pasando por la promulgación de leyes de diversa naturaleza que violan el Estado Federal Descentralizado, autoridades electas, retención de recursos a los poderes regionales (gobernaciones y alcaldías) y otros más, contradiciendo expresamente la letra y espíritu de la Constitución Bolivariana de Venezuela de 1999, siendo por consiguiente leyes, mandatos y actuaciones inconstitucionales. Véase ampliamente el trabajo oportuno y pionero de Nelson Socorro, 2009: 43-68.

[88]   Dicha propuesta y/o tipología fue elaborada por Carina Perelli, 1995: 192.

---

1. Crisis del partido por falta de representatividad ciudadana o pérdida de su identidad.

2. Desconfianza en el viejo liderazgo que aparece desacreditado por diversas razones.

3. Necesidad, en buena parte de la población, de un mensaje de esperanza y de cambio.

4. Existencia de una persona dispuesta a encarnar el liderazgo sin demasiadas ataduras que pueda tener una fácil comunicación con las masas.

5. Propuestas de acción vagas que implican substancialmente la realización de una actividad simbólica tendiente a tomar en cuenta los intereses populares.

Además, la informalización y personalización de la política y del poder revela un «desbordamiento institucional»[89], la política rebasa así a las instituciones y de esa forma se instala en redes informales (líderes, pequeños grupos y organizaciones, etc.) lo cual pone de manifiesto que la toma de decisiones ya no radica únicamente en el seno de las instituciones (corporaciones, partidos, etc.), sino que transciende a esferas muy reducidas e individuales.

Unos cuantos autores han sostenido expresamente que actualmente la política no solo pierde su lugar central, la informalización deja a la política extrañamente fuera de lugar, en todos lados y en ninguna parte. De tal modo que la situación ha coincidido con un clima de desarraigo, desorientación, apatía y confusión de lo político, que para algunos es un rasgo distintivo de la llamada postmodernidad y época post Covid-19.

Aceptémoslo o no, la representación de los diversos sectores del demos se lleva a cabo mediante la acción de los partidos políticos y la clase política, por tanto, desde el momento en que los partidos entran en una situación de agotamiento, merma y declive de sus funciones políticas, aparte de generar un vaciamiento del funcionamiento político de la democracia en su conjunto, se produce un vacío en cuanto a la representación política, que genera per se la búsqueda de otros actores y organizaciones. De esta manera, la representación política, como realidad inseparable y definitoria de las democracias modernas (representativas) ha sufrido, de acuerdo

---

89   Norbert Lechner, 1996: 12.

a muchos autores, tales desajustes y transformaciones que ha provocado serias dificultades en la buena marcha y funcionamiento de nuestras nacientes democracias[90].

Los problemas que genera el vacío de representación, han afectado el desarrollo y conformación de una cultura política democrática produciéndose actitudes de indiferencia, abstencionismo y otras, lo cual ha sido aprovechado por diversos actores que no promueven civismo, ciudadanía y una cultura democrática, siendo clasificados, así, como antipolíticos y neopopulistas[91].

3.4. *Antipolítica y populismo radical (el fenómeno Chávez)*

En Venezuela, apuntaremos que, la crisis que afectó a los partidos llama la atención más que en ningún otro sistema, dado que, si algo caracterizaba a nuestro país y a su democracia, era precisamente la estabilidad de su sistema de partidos y democracia respectivamente. Más que en ningún otro contexto, nuestros partidos pasaron de un gran éxito político a un estado

---

90 De acuerdo a los trabajos e ideas de Manuel Antonio Garretón, alrededor de la conflictividad que caracteriza hoy en día el funcionamiento de la democracia y la cuestión de la representatividad, donde lo partidos tienen una importante responsabilidad, el autor señala que, independientemente de su calidad y de su funcionamiento, los partidos políticos buscaron representar grandes opciones históricas en América Latina ... Actualmente no existe una correspondencia estructural entre economía, política, cultura y organización social lo cual nos invita a redefinir y reconstruir espacios. *Cf.* Garretón, 1998: 20-22.

91 Alrededor de la crisis de representación como distorsión generada por un disfuncionamiento de nuestras organizaciones partidistas, encontramos interesantes propuestas y debates en los trabajos de politólogos latinoamericanos donde destacan Manuel Antonio Garretón, 1998; Alfredo Ramos Jiménez, 2016; José Antonio Rivas Leone, 2008; Además, Norbert Lechner, 1996a, 1996b; Juan Rial, 1995; Carina Perelli, 1995. En relación con los trabajos clásicos más acabados sobre el debate de la representación en el ámbito de Europa, véase principalmente los de Bernard Manin, 1992; Antonio Porras Nadales, 1996; Javier Franzé, 1996; Pierre Avril, 1985; Bernard Denni, 1985; Hanna Pitkin, 1985; Francois D'Arcy, 1985. En relación con la llamada antipolítica y la cuestión de neopopulismo, véase ampliamente a César Ulloa, 2020, 2017; Mayorga, 1995a, 1995b, 1997; Quijano, 1998; Burbano de Lara, 1998; Novaro, 1996, 2000; Laclau, 2005; Rivas Leone, 2002, 2008; Perelli, 1995; Ramos Jiménez, 1997; Romero, 1997; Madueño, 1999; De la Torre, 2008. Sobre los problemas de representación en América Latina, véase la investigación comparada de Scott Mainwaring, Ana María Bejarano y Eduardo Pizarro, 2008.

de perplejidad política. Aunque hay quienes señalan que no podemos explicar su fracaso y salida en la actual configuración, sin tomar en cuenta factores económicos, institucionales y hasta culturales que influyeron notablemente en su evolución y que explican su estado actual de agotamiento y receso[92].

Asimismo, y corroborando nuestra argumentación, cuando los partidos comenzaron a evidenciar síntomas de crisis a finales de los años 80[93], etapa donde se registran cambios importantes, particularmente a partir de las elecciones de 1993 donde se aprecia que el porcentaje tradicional de votos obtenidos por nuestras dos principales organizaciones política (AD + Copei) se reduce sustancialmente y logran apenas obtener, entre ambos, alrededor del 45% de votos.

De acuerdo al análisis llevado a cabo, finalizando el siglo XX venezolano, por Daniel Levine y Brian Crisp, tendríamos que la crisis que experimenta hoy el país se gesta tiempo atrás y tiene como indicadores «la devaluación de la moneda en 1983, el crecimiento inexorable de la desigualdad en los ingresos, bajos niveles de vida, instituciones estatales que se mostraron incapaces de ofrecer los servicios básicos a la población, decrecimiento de indicadores de sociedad y servicios sociales, el desarrollo de la corrupción a gran escala, el aumento de la abstención electoral, surgimiento de movimiento e iniciativas ciudadanas reformistas, manifestaciones diversas, apoyo a las conspiraciones militares sin éxito, así como a partidos nuevos y líderes políticos con campañas basados en plataforma antipartidistas»[94].

Tendríamos así que, tanto el descenso en los niveles de participación, como el apoyo a nuevos actores políticos, conforman vectores que ayudan a entender el descontento y cuestionamiento hacia las formas tradicionales de hacer política. Estos fenómenos tomaron relevancia para nuestros análisis, en la medida que ellos no eran parte de nuestra realidad política y actitudinal y de la propia cultura política venezolana.

De manera que, en lo que respecta tanto a Venezuela como a otros países de la América Latina, la nueva ola de liderazgos personalistas se desenvuelve bajo una suerte y estilo que combina la antipolítica y el

---

92   *Cf.* Manuel Hidalgo Trenado, 1998, 2000.

93   Véase a Luis Montilla, 2001; Simón Rosales Albano, 1997; Además, véase el trabajo pionero de Arístides Torres, 1985: 52-64.

94   Véase Daniel Levine y Brian Crisp, 1999: 5-23.

neopopulismo. Frente a este fenómeno, Alfredo Ramos Jiménez precisa que: «el nuevo liderazgo populista, que cuenta con un aparentemente sólido apoyo electoral, carece de una concepción general de la política que sirva de soporte a líneas de acción efectivas en el mediano y largo plazo. Más bien ha cedido hasta aquí a una suerte de pragmatismo desideologizado que se alimenta con el desencanto democrático de los excluidos del juego político y, por lo mismo, promueve el «retorno del líder» en la política como la solución alternativa o el anuncio del comienzo de una política libre de corruptelas. Así, la denuncia y condena de la corrupción de los gobiernos de partidos precedentes, refuerzan la legitimidad provisional de los gobiernos neopopulistas, tanto más que se presentan como los legítimos portadores de la reivindicación popular latente en la masa despolitizada. De aquí que el así llamado «bloqueo institucional» constituye un prerrequisito de la política neopopulista, que se adapta mejor a formas de representación menos institucionales y más personalizadas. Sus efectos dependerán siempre de la solidez de las instituciones políticas y de la fortaleza de la sociedad civil[95].

La dinámica y lógica de estas «nuevas formas de hacer política» se orienta naturalmente como todo populismo hacia la «reconstrucción» de la política democrática en términos de campos antagónicos y excluyentes, prescinde de la intermediación partidista, sustituyéndola con el nexo directo del líder con la masa popular.

En el avance y triunfo del fenómeno Chávez en Venezuela se dan una serie de elementos y de características, que lo conforman ciertamente como un fenómeno «*sui generis*» donde encontramos una mezcla de «bolivarianismo, religiosidad, mesianismo, autoritarismo y populismo». Para algunos el fenómeno Chávez es la encarnación del descontento de gran parte de la población y principalmente de los sectores desposeídos o desmejorados hacia lo que se ha denominado la IV República (asociada con la corrupción y gestiones ineficientes por parte de Acción Democrática y COPEI durante algo más de cuarenta años), sectores estos que bajo la influencia de un discurso altamente emotivo, mesiánico y antipartido, aunado al elemento mediático, han terminado optando por la promesa y opción de cambio radical encarnada en el nuevo caudillo Hugo Chávez Frías y su

---

95   *Cf.* Alfredo Ramos Jiménez, 1999a. Véase ampliamente Ramos Jiménez, 2016: 207-218; Felipe Burbano de Lara, 1998.

Polo Patriótico, esta última coalición integrada principalmente por el Movimiento V República (MVR), el Movimiento al Socialismo (MAS), el Partido Patria Para Todos (PPT), entre otros.

Lo cierto del caso es que la estrategia de Chávez fue la movilización de las grandes sectores populares, estructurados en torno a la personalidad antipartidista y al discurso prometedor y redentor de una reconstrucción nacional y una «Revolución Pacífica», las cuales se llevarían a cabo a través de una convocatoria de una Asamblea Nacional Constituyente, encargada esta de redactar un nuevo texto y marco constitucional, que en el discurso del presidente sería el principal pivote y medio para la transformación de la república.

Finalmente, encontramos que posterior a más de dos décadas de la elección de presidente Chávez, persiste una serie de deficiencias y de problemas en el seno del sistema político venezolano, incluso el país, en opinión de muchos analistas e informes, ha retrocedido y los problemas se han agravado hasta alcanzar niveles nunca antes registrados, tanto así que en el 2019 Venezuela fue cataloga de «crisis humanitaria compleja».

Una buena parte de los análisis realizados sobre el sistema político venezolano y el fenómeno Chávez en la actualidad, están orientados a la imperante necesidad de recuperar la institucionalidad democrática y, por sobre todo, revalorizar a las instituciones políticas frente a las tendencias personalistas, militaristas y antipolíticas, representadas tanto por Chávez y posteriormente Maduro como por las organizaciones que les respaldan.

3.5. *Populismo y neopopulismo en América Latina (Bolivia, Ecuador y Venezuela)*

Si algo caracteriza la llamada personalización de la política en nuestra región, en la cual el caso peruano, argentino y venezolano despuntan, es el apego a discursos emotivos que tienden a criticar las instituciones democráticas establecidas, al mismo tiempo promueven programas de gobierno de tipo liberal, estos rasgos constituyen una característica distintiva del populismo tradicional, por eso ha sido definido como «neopopulismo»[96],

---

[96]   Véase las propuestas de Cesar Ulloa, 2017; René Antonio Mayorga, 1995b; José Nun, 1998; Marcos Novaro, 1998; De la Torre, 2008, 2000; Fernando Mayorga, 1998; José Antonio Rivas Leone, 1999, 2004.

en estos nuevos liderazgos, ciertamente, «encontramos la encarnación de los caudillos electorales de la posmodernidad»[97].

Por otra parte, apoyándonos en los tipos de ideales propuestos por Max Weber[98], alrededor de los tipos de autoridad-legitimidad y específicamente la autoridad carismática, debemos partir, antes que nada, que Weber entiende por carisma la cualidad que pasa por extraordinaria (condicionada mágicamente en su origen, lo mismo si se trata de profetas que de hechiceros, árbitros, jefes de cacería o caudillos militares) de una personalidad, por cuya virtud se le considera en posesión de fuerzas sobrenaturales o sobrehumanas –o por lo menos, es específicamente extra cotidianas y no asegurables a cualquier otro– o como enviados de Dios, o como ejemplar y, en consecuencia, como jefe, caudillo, guía o líder.

Tanto en el caso de Alberto Fujimori (Perú), como el de Carlos Saúl Menem (Argentina) y Hugo Chávez Frías (Venezuela), encontramos que surgen y se presentan como mesías y salvadores de sus respectivos países y contextos, en tal sentido, constituyen y expresan de acuerdo a Felipe Burbano de Lara «la crisis de representación provocada por la llamada posmodernidad. La posmodernidad daría espacio a formas de representación menos institucionalizadas y más personalizadas»[99]. Estos tres casos irrumpieron en plenas crisis como auténticos redentores

En su gran mayoría los discursos populistas de liderazgos como los de Correa, Morales o Chávez tienen en común la politización y enfrentamiento de dos grandes campos o sectores políticos irreconciliables que expresan dos visiones, dos modelos, dos órdenes de corte antagónico. Sin embargo, en América Latina hemos tenido una amplia gama de populismos en sus versiones clásicas y de populismos de nuevo cuño en la última década del siglo XX y las dos primeras décadas del siglo XXI (TABLA 7).

En lo que a Venezuela se refiere, está demostrado el choque y confrontación entre la llamada cuarta república (1958-1998) y la quinta república (1998-2020), entre un orden tradicional sustentado en instituciones (fundamentalmente partidos políticos) y la emergencia de un nuevo orden informal, mítico, personalista y plebiscitario que encabezado por el liderazgo de Chávez persigue no solo detentar el poder, sino además, la gene-

---

97   *Cf.* Vilas, 1994: 323-24.

98   Max Weber, 1992: 193.

99   *Cf.* Felipe Burbano de Lara, 1998: 18.

TABLA 7
Clasificación de los populismos latinoamericanos
Fuente: elaboración propia

Tendencia	Representantes	Periodo	Rasgos
Populismo tradicional o clásico	Juan Domingo Perón (Argentina) Getulio Vargas (Brasil) Lázaro Cárdenas (México)	1930 / 1950	Altamente movilizador. Obreros-campesinos (como fuente de apoyo). Pueblo oligarquía. Modelo de desarrollo hacia adentro y redistributivo. Sociedades rurales tradicionales.
Neopopulismo	Carlos Saul Menen (Argentina) Alberto Fujimori (Perú) Fernando Collor De Mello (Brasil) Abdalá Bucaram (Ecuador)	1990 / 2000	Anti-*establishment*. Neoliberal y privatizante. Reformista (sacrificios, medidas y paquetes). No movilizador ni integrador de masas. Vaciamiento de contenido y debate ideológico. Antipolítico. Sociedades urbanas.
Populismo radical o revolucionario	Hugo Chávez Frías (Venezuela) Evo Morales (Bolivia) Rafael Correa (Ecuador)	2000 / 2020	La redención de los excluidos. Promotores de una democracia participativa (antirepresentativo). Liderazgo carismático paternalista personalista y mediático. Propulsores de un nuevo orden constitucional (Asamblea Nacional Constituyente). Discurso confrontacional. Modelo presidencialista voluntarista y decisionista. Instrumentaliza problemas económicos y sociales. Uso discrecional de los dineros públicos (asistencialista). Discurso y retórica nacionalista, antioligárquica, anticapitalista y antiimperialista. El pueblo como sujeto y poder soberano. Gobiernos plebiscitarios y reeleccionistas. Revaloriza el debate ideológico socialismo del siglo XXI.

ración y construcción de vínculos e identidades en medio de un clima de polarización política que ha sido la constante en el país y sociedad, incluso posterior a Chávez.

No perdamos de vista, siguiendo a Carlos de la Torre, que «el populismo politiza las humillaciones cotidianas a las que son sometidas las poblaciones, transformando los estigmas que son nombrados para ser administrados por las agencias estatales y no gubernamentales, en fuentes de dignidad»[100]. Chávez, en Venezuela, ha dirigido su prédica, mensaje y campaña a los supuestos marginados, informales, excluidos y en general a los pobres, que su gobierno prometió incorporar y tomar en cuenta, no solo glorificando su condición de pueblo, sino promoviendo programas asistencialistas (misiones), que si bien es cierto no han solventado los graves problemas de salud, educación, empleo y alimentación, al menos han sido un paliativo que, además, produce réditos electorales.

Categóricamente el populismo supone como forma de hacer política aparte del carácter movilizador, un estilo y quehacer que cada vez más tiende a ser desarrollado, ya no a nivel de instituciones y organizaciones, sino a nivel de individuos y personas. Por lo tanto, el populismo en sus distintos tipos y estilos supone como condición o prerrequisito la exacerbación del líder y la consecuente personalización del poder y de la política respectivamente. En el caso particular de Venezuela, registramos un populismo radicalizado, revolucionario y militarista, que su propia naturaleza y origen pretoriano se sustenta no solo en la personalidad militar del presidente Chávez, sino en toda esa suerte de andamiaje militar que desde 1999 comenzó a instaurarse para suplir las deficiencias en materia de institucionalidad, equipos, asesores y, fundamentalmente, la presencia de un partido ausente en ese momento y un sólido programa de gobierno. La Fuerza Armada Nacional Bolivariana (FANB) han sido el sostén fundamental de la Revolución Bolivariana no solo con Hugo Chávez Frías (1998-2012), sino con Nicolás Maduro (2013-2020).

Felipe Burbano de Lara de forma precisa señala, en relación al populismo, que «se trata de una forma de liderazgo muy personalizada que emerge de una crisis institucional de la democracia y del Estado, de un agotamiento de las identidades conectadas con determinados regímenes de partidos y ciertos movimientos sociales, de un desencanto general fren-

---

100   *Cf.* Carlos de la Torres, 2008: 40.

te a la política, y del empobrecimiento generalizado tras la crisis de la década perdida»[101].

Kurt Weyland, define al populismo «como una estrategia política para llegar o ejercer el poder en que líderes buscan el apoyo directo, no mediado ni institucionalizado, de un gran número de seguidores»[102].

Es aceptado por todos que dentro de las variables definitorias del populismo latinoamericano y particularmente venezolano está la del empleo de una retórica fragmentada, maniquea en el campo político entre pueblo y oligarquía, discursos moralistas y reivindicativos (posturas morales y éticas irreconciliables), sobre las cuales precisamente se diseñan las estrategias para motivar, encantar y naturalmente encuadrar a las masas con el caudillo de turno.

El populismo sería la expresión de las inconformidades de sectores excluidos, y al mismo tiempo de la radical politización de las exclusiones. Asimismo, sobresale en lo que concierne a la Venezuela contemporánea, su incompatibilidad con los compromisos y arreglos institucionales exigidos por las democracias liberales o modernas. De allí el atropello a toda la institucionalidad, producto y herencia del Pacto de Punto Fijo y, por ende, el frecuente desarrollo de formas delegativas, personalistas y arreglos plebiscitarios que muchas veces desconocen la institucionalidad y el Estado de derecho[103].

Caracterizando el discurso y las prácticas políticas o decisiones del presidente Hugo Chávez Frías, resumiríamos parte de su discurso y acciones en ciertos rasgos emblemáticos, y además, puestos en escena desde su llegada al poder en 1998 hasta su fallecimiento, entre ellos destacan:

1. Discurso exacerbado antiimperialista y anti Bush.
2. Marcado nacionalismo de corte patriotero y chauvinista.
3. El uso indiscriminado y mal empleado del ideario bolivariano de forma acentuada, y posteriormente ya no de promoción del Bolivarianismo (América Latina), sino del socialismo del siglo XXI (el mundo entero).
4. Anticapitalista y Antioligárquico (el capitalismo y la oligarquía son los grandes responsables de las crisis nacionales y mundiales).

---

101 *Cf*. Felipe Burbano de Lara, 1998: 10.

102 *Cf*. Kurt Weyland, 2004.

103 El populismo en donde ha triunfado no ha solucionado los problemas de la democracia, todo lo contrario, ha puesto en peligro sus logros. Ver ampliamente el ensayo de Fernando Vallespin *et al*., 2017.

5. Discurso polarizante, excluyente y antagónico (pobres versus ricos; pueblo versus élite; participación versus representación; izquierda versus derecha; el pasado versus el futuro; el neoliberalismo versus el socialismo del siglo XXI; etc.).

6. Presencia exacerbada del estamento militar en los asuntos públicos e instituciones civiles (una suerte de populismo con uniforme o militarismo populista).

7. Presidencialista (acentuación del presidencialismo con tendencia caudillista, voluntarista, delegativo y de marcada concentración de poder).

8. Intervencionista e imperialista (exportación de la revolución e intromisión en países como Cuba, Nicaragua, Bolivia, Colombia, Ecuador y otros).

9. Mediático e histriónico (una de las formas de mayor presencia y penetración es el evidente uso de los medios de comunicación social y fundamentalmente la videopolítica o televisión).

10. Liderazgo carismático (paternalista y mesiánico al presentarse como el salvador de la patria).

11. Vocación reeleccionista y de refundación de la república (convocatoria a una Asamblea Nacional Constituyente en 1999 y promulgación de un nuevo ordenamiento jurídico, la Constitución de la República Bolivariana de Venezuela de 1999).

Estamos de acuerdo con Felipe Burbano de Lara, cuando expone que «si bien es cierto el populismo se vio como una forma de ensanchar los límites de participación impuestos por los regímenes oligárquicos, y en ese sentido se le atribuyó efectos democratizadores, siempre generó graves tensiones e inestabilidades políticas, que a la postre volvieron dudosos sus efectos reales»[104].

En los planteos de algunos autores latinoamericanos, y especialmente en la propuesta de Fernando Mayorga[105], tendríamos que la definición de neopopulistas, la emplearíamos para calificar y definir a los nuevos actores políticos que han surgido en la democracia latinoamericana, y que se sustentan en liderazgos cuyo vínculo con el electorado está mediado por un prestigio social obtenido al margen de la política, a través de una labor

---

104 *Cf.* Felipe Burbano de Lara, 1998: 11. Además, Carlos de la Torre, 2008; Fernando Vallespín, 2017.

105 Véase Fernando Mayorga, 1998: 119.

asistencialista desplegada por medios no convencionales, una precariedad ideológica sustituida por la imagen pública del caudillo, y el claro predominio de la dimensión simbólica de la representación política (carisma) respecto a la dimensión institucional (partido).

El populismo, en su versión revolucionaria o radical (Chávez, Morales o Correa), se define básicamente por presentarse como una conducta y actitud confrontacional y de ruptura de un liderazgo, unas masas, unos determinados movimientos que se oponen radicalmente a la institucionalidad, al *status quo* que, naturalmente, instrumentalizan para ellos la crisis, la problemática social, la exclusión y la precariedad de grandes segmentos de la población. Esta versión del populismo supone no solo movilizaciones, conflictividad, sino el desconocimiento del orden, instituciones, canales, lapsos y formas.

En algunos casos estas movilizaciones implican situaciones donde se desborda el orden y la legalidad, y consecuentemente ocurre la violación del Estado de derecho que unido a la precariedad institucional desemboca en golpes de Estado, como pasó en Ecuador en abril del 2005 con el presidente Lucio Gutiérrez, o posteriormente en Bolivia en junio del 2005 con el presidente Carlos Mesa.

Prácticamente no hay excepción en lo que nuestra América Latina exhibe, nos referimos a la combinación de exclusión social y fragilidad institucional que configuran, sin duda, una estructura de oportunidades políticas favorable para el resurgimiento de populismos de variado cuño, en la última década del siglo XX y las dos primera del siglo XXI, etapa en la que el liderazgo, como el de Hugo Chávez, apela a la noción de pueblo con el único fin de activarlo a su favor y convertirlo en sujeto político de su propuesta de cambio y revolución, respectivamente.

Podemos afirmar, sin temor a equivocarnos, que la personalización de la política y el auge de populismos y neopopulismos en nuestra región latinoamericana, de acuerdo a Norbert Lechner[106], revela una situación de «desbordamiento institucional» situación esta en la que la política rebasa así a las instituciones y se instala de esa forma en redes informales (líderes, pequeños grupos, organizaciones, etc.), lo cual pone de manifiesto que la toma de decisiones ya no radica únicamente en el seno de las instituciones (corporaciones, partidos, etc.), sino que transciende a esferas muy reducidas e individuales.

---

106   *Cf.* Lechner, 1996: 12.

De aquí que el neopopulismo, a diferencia del populismo clásico, corresponda a: «sociedades anómicas a la merced de gobiernos autoritarios e instituciones, social y políticamente fragmentadas a la deriva, sin capacidad de representarse políticamente»[107]. En todo caso, siguiendo el debate propuesto por Ramos Jiménez, Nun, Lechner, Novaro, Mayorga, Auyero, De La Torre, Burbano de Lara y Ulloa, asumiríamos que el neopopulismo reúne elementos de dominación y de manipulación de las clases populares, combinándolos con experiencias participativas que incluyen un alto contenido identificador. Asumiríamos, por lo tanto, que en estas circunstancias el jefe siempre será «único», insustituible si no imprescindible. Su poder no se delega ni en situaciones excepcionales y su carisma representa una amenaza permanente para la democracia. Y a medida que las expectativas de la población se van despolitizando, las mismas se van disociando del ciudadano activo, en tanto sujeto comprometido con el esfuerzo de democratización de la política.

Alfredo Ramos Jiménez ha insistido que la capacidad del líder carismático para ponerse delante de una fuerza organizada (partido o movimiento) es sobrepasada con frecuencia por la identificación del primero con la masa del pueblo sin mediaciones ni intermediaciones. Tratándose de un jefe militar –desdeñoso hacia la política civil normal–, la intención permanente a concentrarlo todo, parecerá natural. Ello le da el carácter de jefe único, induciéndolo a preferir las formas plebiscitarias de la democracia[108]. En América Latina esta propensión del líder carismático ha sido canalizada hacia la reafirmación del histórico y tradicional presidencialismo, y el caso más acabado es, sin lugar a dudas, el proyecto político del presidente Chávez expresado en la Constitución de 1999 con un marcado y exacerbado presidencialismo.

Tendríamos, en ese mismo orden de ideas, que la preeminencia del presidencialismo y caudillismo tiende a entrar en conflicto con instituciones como los parlamentos, las contralorías y demás instancias que escapan a su control, cuestión esta que ha sido la fuente de unas cuantas tensiones sociales y desequilibrios que, a la larga, han sido fuente de inestabilidad político-institucional en países como Venezuela, produciéndose un conflicto de poderes al menos en la experiencia de Chávez y Maduro en el

---

107   María Moira Mackinnon y Mario Alberto Petrone, 1998: 44.
108   Véase Alfredo Ramos Jiménez, 1997, 2016.

poder. El liderazgo populista carismático resulta, por consiguiente, totalmente reacio y distante a las formas de competencia democrática y tiende siempre a personalizar todas las acciones y decisiones gubernamentales. Así, un discurso maniqueo inscrito dentro de la lógica antagónica y excluyente amigo/enemigo, divide el campo político, tanto más que las estrategias dominantes incorporan posturas morales y éticas excluyentes que van a desembocar en actitudes políticas sectarias e intolerantes que, en la experiencia de la Revolución Bolivariana de Chávez y Maduro, recurre a etiquetar de antinacionalistas, traidores y herejes a todo aquel que en su momento cuestione sus ejecutorias y decisiones.

Refiriéndose a la ambigüedad del populismo latinoamericano del siglo XX, Pierre-André Taguieff, ha advertido sobre el hecho de que el mismo: «osciló entre la demagogia y la protesta. Es este carácter bilateral el que la concepción liberal del fenómeno ignora o encubre por completo. Expresión del temor y la repulsión de las élites hacia las clases medias y agrega... temor de las élites tradicionales a la nueva alianza entre el poder irracional de las masas y el estilo groseramente personalista de ciertos líderes de tendencia demagógica»[109].

Dentro de esta perspectiva, el liderazgo de Chávez resulta más de protesta que de identidad, porque el lugar que ocupa en su mensaje, tanto el antielitismo, como el rechazo del pasado, supera ampliamente a la omnipresente invocación nacionalista. En este populismo de protesta, observa Taguieff: «El llamamiento al pueblo se propone primordialmente como una crítica o una denuncia de las élites, sean estas políticas, administrativas, económicas o culturales. Este antielitismo se encuentra inextricablemente ligado con la confianza en el pueblo, definido como los ciudadanos comunes y corrientes (...) La distinción entre las élites y el pueblo puede tomar la forma de una oposición maniquea entre «los de arriba» (el país «legal») y «los de abajo» (el país «real»): la intensidad de la protesta depende de ella»[110].

En palabras del politólogo francés Bernard Manin[111], tendríamos que los electores votan cada vez por una persona, no por un partido o por programa, y el propio Manin agrega... los partidos continúan desempe-

---

109   Pierre-André Taguieff, en F. Adler *et al.*, 1996: 47-48.
110   Pierre-André Taguieff, 1996: 63.
111   *Cf.* Bernard Manin, 1992: 29-30.

ñando un papel central, pero tienden a convertirse en instrumentos al servicio de un líder. Extrapolando un tanto la propuesta de Manin a América Latina, y específicamente al caso peruano y venezolano, diríamos que Fujimori y Chávez, principalmente, nacen encarnando un liderazgo altamente personalizado y una situación de confusión, descrédito y crisis del sistema de partidos peruano y venezolano respectivamente.

Ciertamente, en la propuesta de Manin[112], tendríamos que estos procesos de personalización de la representación y, simultáneamente, de pérdida de relevancia de los clivajes ideológicos y de las propuestas programáticas hacen que, en las explicaciones actuales del comportamiento electoral, el énfasis se desplace crecientemente de las características sociales del electorado al tipo de oferta electoral que este recibe.

Un sector importante de venezolanos, indiscutiblemente, fue seducido y encantado con las ofertas y promesas de la patria nueva, la democracia participativa y protagónica, el hombre nuevo, la incorporación de sectores excluidos a la toma de decisiones, el empoderamiento del pueblo, la creación de nuevas instancias de apoyo y vinculación, el impulso de innovadoras lógicas y dinámicas de corte popular y participativo cuya expresión aterrizó en las cooperativas, los círculos bolivarianos, los consejos comunales, sindicatos bolivarianos, misiones de diversa índole y algunas otras instancias en las que incorpora a dirigentes y seguidores del proceso y la revolución, y a través de las cuales crea la sensación de inclusión, participación y protagonismo de amplios sectores populares.

3.6. *Conclusiones*

De acuerdo a Kurt Weyland, «tanto el neopopulismo como el neoliberalismo buscan ganarse el apoyo de las masas, sobre todo entre los grupos no organizados del sector informal mientras marginan a las organizaciones autónomas de los estratos más acomodados y atacan a la clase política»[113].

Asimismo, conviene señalar que la antipolítica y el neopopulismo en la región van de la mano y ambos fenómenos tienden al desarrollo de una forma de hacer política que, en su esencia y práctica, tienden a prescindir de los partidos políticos como actores tradicionales del régimen democrático.

---

112   Véase Bernard Manin, 1992: 31. José Nun, 1998: 53.

113   *Cf.* Kurt Weyland, 1997: 7.

En tal sentido, en la comunidad científica latinoamericana, encontramos autores y científicos sociales que han dedicado buena parte de sus discusiones en torno al debate y reflexiones de la antipolítica, el populismo y el neopopulismo, destacan las propuestas de: Octavio Ianni, Gino Germani, Felipe Burbano de Lara, César Ulloa, Marcos Novaro, José Nun, Fernando Mayorga, René Antonio Mayorga, Carlos de La Torre, Alfredo Ramos Jiménez y Kurt Weyland, entre otros.

Por otra parte, muchos autores coinciden en señalar que los líderes y actores neopopulistas en América Latina emplean tácticas a nivel electoral de tipo populista, con el único fin de captar a las masas y por supuesto obtener en esa misma medida el poder, la paradoja de estos neopopulistas es que al alcanzar el poder, como sucedió en los 90 con Fujimori, Collor de Melo o Menen, dichas figuras se distancian notablemente de las propuestas y discusiones originales, pues pasan de las promesas de corte proteccionista y conservador a la puesta en práctica de programas neoliberales, además, la corrupción se ha constituido casi como un elemento definitorio de los mimos.

De acuerdo a Marcos Novaro, en un trabajo innovador, en su momento, expone bajo una perspectiva comparada el avance de estos nuevos liderazgos y sostiene que «Menen, Fujimori, Collor de Melo, Chávez y otros líderes se presentaron en distintos países de América Latina como *outsiders* de la política e iniciaron procesos de reforma e innovación en la economía, el Estado, los partidos y la vida social en general con suerte diversa»[114], lo que vale la pena destacar es el parecido estilo personalista de liderazgo, casi todos los líderes neopopulistas, a excepción de Carlos Saúl Menen, no contaban con movimientos y partidos arraigados, disciplinados y establecidos.

Igualmente los líderes neopopulistas como Bucaram, Menem, Fujimori y Chávez tienen en común el haber llegado al poder sin definir claramente como y cuál iba a ser su estrategia de gobierno, apelando a la confianza y apoyo popular, desarrollando posteriormente programas reformistas de transformación económica, con la excepción de Chávez, que siempre se proyectó en su campaña como una figura netamente de orientación estatista.

En opinión de Sánchez Parga, «el liderazgo del cacique en el neopopulismo combina un control político y un control clientelar que en parte

---

114   Véase los comentarios ampliamente desarrollados y expuestos por Marcos Novaro, 1998: 43-45.

le permite desarrollar actividades económicas, muchas veces opuestas a los intereses de sus seguidores, y en parte también y simultáneamente le permite desarrollar actividades políticas con beneficios económicos para sus seguidores»[115].

La realidad es que buena parte de estos nuevos liderazgos neopopulistas, una vez en ejercicio del gobierno, aparte de desarrollar programas de gobierno opuestos a sus respectivas campañas, tienden a la práctica de un liderazgo caracterizado por la concentración del poder, la exacerbación del estilo personalista y plebiscitario del líder, el desarrollo de una cultura patrimonialista e incluso el empleo de técnicas y métodos de gobierno, que aparte de cuestionar fuertemente la actividad y rol de los partidos políticos, de los parlamentos y otras instituciones, rayan en el autoritarismo o en lo que algunos autores han denominado una suerte de «democradura», siendo los casos más emblemáticos: Rafael Correa en Ecuador, Chávez y Maduro en Venezuela o Daniel Ortega en Nicaragua.

Indudablemente, si algo caracteriza la esfera política latinoamericana de los 90 y décadas siguientes, es la transformación de las formas de concebir y hacer política, en tal sentido, para nadie es un secreto el agotamiento de los partidos y de algunos sistemas de partidos en la región, de modo que la llamada crisis, y supuesto declive de algunos partidos en nuestros contextos, coincide con el avance de nuevos actores, liderazgos y concepciones sobre la política y, fundamentalmente, con el auge de liderazgos neopopulistas fundamentalmente en los países andinos.

Siendo así, los nuevos actores (líderes neopopulistas, *outsiders*, candidatos antipolíticos, etc.) han aprovechado la situación y circunstancia de cierto rechazo, cuestionamiento de los actores tradicionales (partidos políticos, clase política, etc.) de crisis de gobernabilidad democrática, y situaciones económicas caracterizadas por la crisis, contracción e incertidumbre para presentarse en muchos de nuestros países como alternativas de poder y de gobierno.

Asimismo, muchos de estos nuevos liderazgos apelan al discurso y práctica de la llamada antipolítica, es decir, un cuestionamiento rotundo de la institucionalidad democrática, de los partidos, de la clase política tradicional, lo cual se les traduce en apoyo electoral. La realidad es que posteriormente estos actores, además de convertirse en figuras donde todo gira

---

[115]   Véase José Sánchez Parga, 1998: 158.

en torno a ellos, desarrollan y reproducen los viejos conceptos, vicios y estilos de hacer política que tanto han cuestionado.

Esta suerte de neopopulismo, de avance de la llamada antipolítica, de cuestionamiento y rechazo de la política y de sus actores, debe llevar en primer lugar a los partidos políticos y a su dirigencia a un proceso de autocrítica, cuestionamiento y replanteamiento de las concepciones, estilos y formas de hacer política por parte de estos. En segundo lugar, por parte de los científicos sociales (politólogos, sociólogos, historiadores, etc.) a analizar e intentar producir explicaciones tentativas en torno a dichos fenómenos, con el único fin de preservar y contribuir con la democracia muy venida a menos en los últimos años.

Partimos de la idea según la cual la situación actual de crisis y transformación de la política, debe llevarnos a repensar la política, a repensar y revalorizar sus actores e instituciones, buscando con ello una mayor calidad y nivel de la política como instancia común de deliberación y conflicto. Finalmente, y en tercer lugar, partir de que una de las maneras más efectivas de brindar o vacunar (si cabe hablar) a nuestros regímenes y democracias, contra el avance de liderazgos neopopulistas y fórmulas diversas (semiautoritarismos, plebiscitarismos, mesianismos y demás), estará siempre en la necesidad de fortalecer a las instituciones, generar representación, legitimidad y elevar la calidad de la política y de los ciudadanos, respectivamente. De lo contrario siempre estarán abiertas las condiciones para la emergencia de populismos de diverso cuño, sumamente nocivos en la región para la institucionalidad democrática.

«El valor político de la nueva misión y función que, el Pacto de Punto Fijo y la Constitución del 1961, les impusieron a los militares estuvo en que favoreció su modernización y profesionalización como nunca antes en la historia venezolana y eso fue un gran avance. Sin embargo, ese proceso tuvo sus defectos y limitaciones importantes, el control civil de los militares no debe descansar principalmente en la figura del Presidente de la República, como se diseñó en ese modelo político, debe estar en manos del sistema institucional en donde el Parlamento juegue un papel decisivo. No así la implementación de la política de seguridad y defensa en donde la figura del Presidente sí debe tener un gran peso, y el Parlamento jugar un rol complementario, pero importante, sobre todo en materia del debate político, elaboración de las leyes, investigación, seguimiento y control de las relaciones civiles y militares como uno de los componentes esenciales de la política de seguridad y defensa».

— HERNÁN CASTILLO, 2014

CAPÍTULO IV

DECADENCIA *de los* PARTIDOS *y* MILITARIZACIÓN *de la* POLÍTICA *en* VENEZUELA

4.1. *Introducción*

Los noventa representan, en lo que a la Venezuela contemporánea se refiere, la década de la antipolítica y el antipartidismo, definida como un período en el cual las organizaciones partidistas tradicionales y fundacionales de la democracia desde 1958, para ese momento, entran en una fase de letargo, disfunción, agotamiento y casi disolución. En nuestro caso, el sistema manifiesta la crisis en múltiples formas, podemos afirmar que la crisis tiene una serie de expresiones, indicadores y anomalías, entre ellas, las más visibles serían una crisis de liderazgo, representación e identificación con la forma partido, frente a la cual justamente emergen liderazgos personalistas y con un discurso netamente de cuestionamiento de los partidos y la democracia representativa, primeramente en 1993 con Rafael Caldera, y posterior y radicalmente en 1998 con Hugo Chávez Frías.

Las distorsiones reiteradas por parte de los partidos en los años 80 y 90 en el funcionamiento del sistema políticos venezolano, indiscutiblemente afectó su valoración y presencia en la ciudadanía, los problemas de representación, exclusión y poca credibilidad en los noventa, explicarían el rechazo a los partidos que dejaron de ser vistos como canales legítimos de representación y expresión de las diversas demandas en Venezuela, que aunado al desarrollo del proceso de descentralización político-administrativa promovía nuevos actores, nuevas lógicas y dinámicas locales que gradualmente competirían y, en ciertos casos, desplazarían a los partidos tradicionales. Venezuela y otros países vecinos registraron la puesta en escena y avance de nuevos actores y discursos de neto corte populista.

En los vaivenes de la política y la democracia en América Latina y especialmente en Venezuela, la variable partido será determinante para explicar la estabilidad e inestabilidad, el orden y el cambio. Lo cierto del caso es que, en las dos últimas décadas y media, en relación a los partidos sin bien no podemos hablar de su desaparición terminal, no es menos cierto que en el caso venezolano, su protagonismo se encuentra en entredicho. La personalización de la política iniciada por Rafael Caldera, Hugo Chávez Frías y continuada por Nicolás Maduro, ha copado la escena político electoral y los partidos políticos viejos y nuevos no terminan de recuperar el protagonismo que otrora época lograron tener en el funcionamiento de la democracia.

Insistimos, la particularidad de Venezuela está en que, en algo más de dos décadas, el sistema político y específicamente el sistema de partidos pasaría de un estado de cierta solidez e institucionalidad que fue referente en América Latina, a un proceso creciente de debilidad y desinstitucionalización, cuya mejor expresión es que los partidos tradicionales (AD y COPEI) no sólo, más nunca, tuvieron posibilidades reales de conquistar la presidencia de la república, sino que además, perdieron gravitación y peso en la cantidad de gobernadores, alcaldes y diputados a la Asamblea Nacional[116]. Paralelo a su deterioro funcional e institucional, registraríamos el avance importante de prácticas, discursos y liderazgos netamente populistas que se crecen y conquistan el poder a partir de la polarización, la crisis socioeconómica que afecta a la Venezuela de los años noventa y siguientes, primeramente con Rafael Caldera (1993) y posteriormente con Hugo Chávez Frías (1998)[117].

De tal manera que los fenómenos asociados a esta suerte de emergencia de populismos radicales en Venezuela, acompañado de personalización del poder, militarización de la política y, naturalmente, una excesiva concentración del poder en manos del presidente Chávez a partir de 1998 y su continuidad con Nicolás Maduro en la actualidad, tienen como antecedente no solo la debilidad de los partidos sino, además, un proceso sostenido de desinstitucionalización del Congreso, poderes públicos, inobservancia reiterada de la Constitución Nacional de 1999, entre otros.

---

116   Salvo las elecciones parlamentarias de 2015, donde se registró un repunte de estos expresado en los resultados y composición de la Asamblea Nacional electa para el periodo 2015-2020.

117   Valga recordar que el país comenzó a registrar fallas en el seno de su sistema político, en la composición de sus partidos y naturalmente en lo que atañe al manejo de la economía generándose situaciones de crisis, ingobernabilidad y naturalmente las posibilidades reales y objetivas para el rechazo a los partidos políticos y el apoyo a nuevas figuras, incluso una propuesta de Asamblea Nacional Constituyente en 1999 por parte del hoy presidente Hugo Chávez Frías. Sobre este proceso véase Jesús Rondón Nucete, 2000, 2003.

La elección de Caldera, Chávez y Maduro han ratificado el proceso de agotamiento y desinstitucionalización partidista al final del siglo XX y principios del XXI en Venezuela. Dichos fenómenos han sido la expresión sistemática, en relativo corto tiempo, del grado de desinstitucionalización al que llegan los partidos tradicionales en Venezuela, como canales de mediación y articulación de demandas y que, en consecuencia, mermaron su posicionamiento y proyección como actores centrales del juego democrático[118].

Indudablemente a finales de los años 90, la desilusión generalizada produjo una considerable base de apoyo para un *outsider* político, nos referimos al fenómeno Chávez, quien para la época capturó la imaginación popular con una campaña que prometía acabar con el Pacto de Punto Fijo y reconfigurar las instituciones políticas de la nación, discursos y promesas enarboladas en medio de una descomposición institucional y la politización de las desigualdades sociales[119].

La crisis de la forma partidista de hacer política va a tener, imperantemente, un efecto e impacto sobre los procesos de participación y sobre la propia cultura política de los venezolanos, que durante varias décadas construyeron su imaginario político a partir del papel de los partidos políticos, hoy compartido con la personalización de la política, la antipolítica, el neopopulismo y el militarismo criollo. En el contexto político venezolano contemporáneo surgen algunas inquietudes que merecen nuestra atención: ¿Qué aspectos y factores nos permitirían explicar el origen o la génesis del colapso del sistema partidista venezolano, materializado en los noventa y años posteriores?, ¿Cuáles clases de observaciones descriptivas y/o medidas empíricas o estadísticas pueden usarse para hacer operacional el colapso del sistema?, ¿Qué implicaciones tiene en términos de socialización, cultura política y participación el colapso del sistema de partidos en relación a los ciudadanos y electores?

---

118 Véase ampliamente Rivas Leone, 2008: 124. Además, Silva Querales, 2007: 195-205.

119 El Pacto de Punto Fijo fue el acuerdo firmado entre los partidos de la época (AD-COPEI y URD) con intervención de la Confederación de Trabajadores de Venezuela (CTV) la Federación de Cámaras Empresariales (FEDECAMARAS), Iglesia Católica, Universidades y demás actores con el fin de fijar un programa mínimo común de gobierno y las reglas de juego que permitieran establecer las bases institucionales para el nacimiento y funcionamiento de la democracia en Venezuela tras el 23 de enero de 1958, cuando es derrocado el dictador Marcos Pérez Jiménez. Véase ampliamente Rey, 1991; Rivas Leone, 2008; Roberts, 2003. Véase ampliamente Alfredo Ramos Jiménez (editor), 2002.

En líneas generales nos interesa precisar la magnitud de la crisis que registra Venezuela en el seno de los partidos políticos. Las ondulaciones y ciertos problemas en el seno de los sistemas de partidos latinoamericanos parecieran ser una constante. Sin embargo, el grado de deterioro y casi colapso del sistema de partidos fue únicamente visible en los años noventa en Perú y Venezuela[120].

El resto de los países latinoamericanos mantienen casi intactos a sus partidos y sistemas de partidos, registrándose a lo sumo alguna modificación en cuanto a la composición y distribución interna, o en la fuerza y representación en el seno de los congresos, parlamentos o asambleas nacionales, no así el caso venezolano que, en apenas dos décadas, muestra una total transformación en los ámbitos nacionales y locales, producto justamente del antipartidismo, de la debilidad en términos organizativos en otros, y que impiden junto a otros elementos una recuperación y readecuación de las organizaciones partidistas conformadas en torno a la oposición democrática, factores y sectores que hacen un esfuerzo por recuperar desde los ámbitos locales (alcaldías y gobernaciones) los espacios perdidos, copados en la contemporaneidad de Venezuela por el llamado chavismo.

4.2. *Desinstitucionalización de los partidos en Venezuela (1998-2020)*

Una realidad indiscutible es que en varios de los sistemas de partidos en América Latina, incluyendo Venezuela, se observan situaciones que revelan su débil institucionalización y consolidación, como aspectos que indiscutiblemente inciden en la democracia, en la gobernabilidad y dejan siempre abiertas las posibilidades de surgimiento o emergencia de liderazgos y estilos no institucionalizados, altamente personalizados en la forma de hacer política, que justamente se hacen del poder por la debilidad institucional, la precariedad económica y unos electorados frustrados, estos últimos terminan siendo presa de mensajes, discursos de cambio y esperanzas que terminan en grandes engaños y estafas a la ciudadanía en nuestros países.

Hemos seguido a Mainwaring y Scully, quienes desarrollan en su propuesta la relación existente entre la consolidación de un sistema democrático y la institucionalización del sistema de partidos. Explicaríamos

---

120   Véase Tanaka, 2008.

en el caso venezolano la crisis justamente a partir del grado de deterioro, mutación e inestabilidad del sistema de partidos. La estabilidad y consolidación de los partidos es proporcional a la democracia y viceversa.

Mainwaring y Scully[121] han precisado, en su abordaje sobre la gobernabilidad y específicamente sobre la institucionalización o desinstitucionalización de los partidos políticos en América Latina, que un sistema de partidos institucionalizado posee ciertas características básicas, entre ellas figuran:

— En primer lugar, los patrones de la competencia entre partidos son relativamente constantes.

— En segundo lugar, una parte significativa de los votantes desarrolla vínculos relativamente estables con los partidos.

— En tercer lugar, los partidos adquieren legitimidad como medios para acceder al poder del Estado.

— En cuarto y último lugar, las organizaciones de los partidos logran cierta solidez, no son solamente los apéndices de líderes políticos personalistas.

No podemos perder de vista el rol que cumplen los sistemas de partidos institucionalizados al proporcionar una estructura, y por ende estabilidad a la política democrática, tanto en la arena electoral como en el poder legislativo. Los mismos partidos son los principales competidores electorales durante un período de tiempo, y esta permanencia genera una moderada capacidad de predicción respecto a cómo se comportan los actores políticos en relación con la gama de opciones de políticas. En consecuencia, es más difícil para los *outsiders* políticos antipartidos llegar al poder. La precariedad institucional de los partidos, los liderazgos y las propias reglas de juego que nuestros países exhibieron en los 90 podrían explicar el triunfo de Rafael Correa en Ecuador, anteriormente Alberto Fujimori en el Perú y, más recientemente, Hugo Chávez Frías en Venezuela.

Es tan transcendental el papel de los partidos políticos, en condiciones de institucionalidad, que cuando un sistema de partidos no está institucionalizado, los votantes cuentan con menos señales programáticas, mayor volatilidad electoral, menor identificación partidista entre los fac-

---

121   Véase ampliamente su artículo e investigación «Eight Lessons for Governance», en *Journal of Democracy*, Vol. 19. N° 3. July 2008: 113-127.

tores más relevantes que naturalmente incidirán en cualquier elección y resultado. La institucionalidad es proporcional a la estabilidad no sólo del sistema, sino incluso de los procesos electorales y la propia cultura política. Los países y sociedades con precarios o débiles sistemas de partidos tienden a contar con democracias endebles, propensas por sus propias características a la inestabilidad, la llegada de políticos informales de procedencia y ajenos a los partidos, a programas y proyectos de neto corte democrático e institucional. Los partidos imponen una institucionalidad, una disciplina y, naturalmente, aportan y contribuyen a la estabilidad o inestabilidad de todo sistema político[122].

Además, siguiendo a Mainwaring y Scully (2008), asumiríamos que en los países que cuentan con un sistema de partidos estables, estos son los actores principales del poder legislativo, y tanto este último como los partidos son generalmente más fuertes, disciplinados y estables cumpliendo una tarea como gobierno y oposición. Además de la función de control de los ejecutivos, papel este muy venido a menos en algunos países latinoamericanos y especialmente el caso venezolano, donde ni siquiera ejercen un mayor control en la rendición de cuentas del ejecutivo. De tal manera que la calidad y solidez de los partidos es proporcional a la democracia y el sistema político y viceversa.

La debilidad del sistema de partidos, su precaria institucionalización y los problemas de gobernabilidad constituyen el caldo de cultivo y el canal más expedito para la promoción de la antipolítica, de liderazgos mesiánicos, populistas y caudillismos de variado cuño como hemos visto en América Latina en las dos últimas décadas. Justamente en aquellos países con solidez e institucionalidad se hace prácticamente imposible la irrupción y surgimiento de caudillos o, peor aún, de proyectos de corte antipolítico o antiinstitucional.

En este sentido, podría argumentarse que una primera necesidad de todo sistema de partidos es la institucionalización o la congelación de una estructura determinada de clivajes, a los partidos les corresponde encarnar esas diferencias y conflictos presentes en toda sociedad, ellos son expresión de resolución pacífica e institucional de las rupturas y clivajes en los diversos sectores obreros, patronales, profesionales y demás, que integran una sociedad y comunidad. Los sistemas de partidos son, en el caso

---

122   Véase ampliamente el trabajo colectivo comparado de Mariano Torcal (coord.), 2015.

de Europa, la expresión de esos conflictos y clivajes. Sin embargo, es a la vez evidente que un sistema de partidos no resultará funcional a la calidad de la democracia si no realiza un esfuerzo importante de adaptación a los cambios sociales, y si no establece unos vínculos de identificación partidista importantes con sectores más o menos numerosos de la población.

En el estudio de los sistemas de partidos y del comportamiento político-electoral en el contexto de Venezuela, es sumamente útil para explicar los grados de estabilidad, consolidación, crisis y/o cambio, seguir de cerca las variaciones en ciertos estadísticos electorales como los grados de participación, abstención, volatilidad electoral y otros[123], que insistimos se desprenden y están mediatizados por el accionar de los partidos como generadores de estabilidad, gobernabilidad y calidad de la democracia o en su defecto inestabilidad e ingobernabilidad.

Asistimos indudablemente, en toda la década de los noventa y los primeros años del nuevo milenio en Venezuela, a un proceso sostenido de desinstitucionalización, caracterizado por la pérdida de centralidad y protagonismo de los partidos políticos tradicionales (AD y COPEI principalmente), aunado a su merma como organizaciones políticas y su capital político-electoral, es decir, en palabras de Scott Mainwaring[124], tendríamos la presencia de inestabilidad electoral; menor compenetración social en la base social de los partidos tradicionales venezolanos; pérdida de legitimidad tanto de los partidos políticos como de la clase política, junto al deterioro de su nivel de solidez organizativa como rasgos definitorios de los partidos y del sistema de partidos.

De tal manera que, en el caso venezolano, aplicando la tipología de Mainwaring, bien pudiéramos señalar que estamos en presencia de un sistema de partidos definido como débilmente institucionalizado, con alta volatilidad electoral a partir de finales de los noventa afectando la participación y la propia gravitación de los partidos políticos (TABLA 8).

Es decir, una de las explicaciones tentativas para exponer el proceso de desinstitucionalización partidista que registramos en Venezuela, a partir de los noventa, vendría dado o estaría enmarcado dentro de un proceso

---

123 Véase Juan Pablo Luna, 2015: 19-42; Además, Brian Crisp *et al.*, 2015: 43-59.

124 *Cf.* Sobre este debate, los trabajos puntuales de Maiwaring, 1995a, 1997, 2008; Molina, 2004; Rivas Leone, 2002, 2008, 2009; Maingon, 2007; Pérez, 2000; Ramos Jiménez, 2002a, 2002b, 2009; Lalander, 2004; Montero, 2007; Montilla, 2007.

TABLA 8
Rasgos del sistema de partidos en Venezuela 1958-2020
Fuente: elaboración propia

Sistema de partidos 1958-1988	Sistema de partidos 1993-2020
Baja volatilidad electoral	Alta volatilidad electoral
Alta identificación partidista-partidaria	Baja identificación partidista-partidaria
Agregación, articulación y representación de intereses generales	Agregación, articulación representación de intereses particulares
Partidocracia	Débil partidización
Participación	Abstencionismo
Politización	Despolitización
Partidismo	Personalismo
Reconocimiento constitucional	No reconocimiento constitucional
Financiamiento público	Financiamiento privado
Liderazgo institucional	Liderazgo personal (caudillismo)
Estabilidad, centralización	Inestabilidad, descentralización
Sistema de partido institucionalizado	Sistema de partido desinstitucionalizado
Bipartidismo estable (AD-COPEI)	Multipartidismo inestable (PPT-MVR PSUV)
Liderazgo y actores tradicionales	Nuevos liderazgos, actores emergentes
Menor competencia inter e intrapartidista	Mayor competencia inter e intrapartidista

de desalineamiento partidista, erosión de las lealtades y alta volatilidad[125]. En ese mismo orden de ideas, asumiríamos que el proceso de institucionalización y desinstitucionalización de los partidos y del sistema de partidos no es lineal incidiendo en la socialización, afiliación, fortaleza de las organizaciones, eficiencia de la gestión, entre otros que determinan la estabilidad e inestabilidad de los partidos, la institucionalización o desinstitucionalización de los mismos y sus divisiones.

La erosión de las lealtades se gestó, en parte, cuando el sistema político venezolano a través de sus partidos comenzó a dejar de distribuir beneficios materiales y simbólicos en forma generalizada, cuestión que limitó la capacidad tradicional de movilización de parte de los partidos y de la

---

125   *Cf.* Ampliamente Scott Mainwaring, 1995, 1997; Carmen Pérez, 2000; Kenneth Roberts, 2001.

dirigencia o *establishment* de AD y COPEI, responsablilizados de la situación de deterioro de los estándares de vida, empleo, educación, salud y demás.

En teoría, al menos, la volatilidad de los anclajes partidarios y la búsqueda de alternativas a la oferta de los partidos establecidos, pueden facilitar la adaptación del sistema político a la nueva configuración social de intereses y demandas, como de hecho comenzó a registrase en Venezuela en los años noventa. La modificación de la volatilidad electoral y el número efectivo de partidos, nos revela los procesos de mutación y realineamiento político-electoral por parte de la cultura política del venezolano, esta última incluye o agrupa la identificación partidista como elemento definitorio del apoyo al partido o, en su defecto, el apoyo a nuevos partidos y agrupaciones (TABLA 9).

TABLA 9
Volatilidad y número efectivo de partidos políticos en Venezuela, siglo XX
Fuente: elaboración propia, 2008

	Volatilidad	Electoral	Nº Efectivo	N° Partidos
Año	Presidente	Congreso	Ne	Np
1973	13.66	14.03	3.37	2.73
1978	14.13	18.02	3.15	2.66
1983	17.03	15.97	3.00	2.43
1988	9.33	13.75	3.41	2.86
1993	49.15	37.10	5.71	4.83
1998	75.03	41.01	3.80	7.60

Generalmente un cambio radical del modelo económico exige e impulsa la vía a una transformación del sistema de partidos, lo que puede traducirse en cambios en los partidos existentes, o en la aparición de otros nuevos que den expresión y soporte político electoral a los intereses y grupos que no se sienten representados por aquéllos. De hecho, la aparición de tales partidos puede ser un factor para la recuperación de la confianza en la representación democrática[126].

Una mayor competencia electoral puede acelerar, además, la adaptación de los partidos tradicionales, independientemente de que los nuevos partidos se consoliden o no, y por tanto puede tener consecuencias positivas, fue lo que aconteció en Venezuela en los años noventa, cuando

---

126   *Cf.* Listhaug, 1995.

surgen en el escenario político-electoral del país partidos regionales y nacionales como un Nuevo Tiempo, Proyecto Carabobo, Primero Justicia o anteriormente la Causa R.

De la misma forma, la disminución de la identificación política podría suponer el auge de un nuevo tipo de elector, más informado y exigente que decidiría su voto racionalmente a la vista de la oferta de los partidos, y al que llevaría a participar el deseo de afirmar su competencia política y la efectividad de su voto, lo que constituiría una segunda alternativa expresiva al voto de reafirmación de la identificación partidaria. Pero parece lógico suponer que este nuevo tipo de elector se dará sobre todo en aquellas capas sociales de niveles culturales medios y altos, que tengan fácil acceso a la información política, el interés y los recursos suficientes para recopilarla y analizarla antes de decidir.

4.3. *La militarización de la política en Venezuela (Chávez 1999-2012)*

Uno de los fenómenos registrados en la experiencia venezolana, con Chávez en el poder, es lo relativo a esa suerte de militarización de la política[127], que en Venezuela se ha expresado en la composición de la Asamblea Nacional Constituyente en 1999; el Plan Bolívar 2000[128], una importante cantidad de militares adeptos a Chávez optando por cargos de elección popular en reiteradas elecciones regionales en calidad de gobernadores y, en menor

---

127 Véase Norden, 2008: 121-143; Además, Rivas Leone, 2007; Ramos Jiménez, 2009.

128 El Plan Bolívar 2000 fue concebido por el presidente Chávez como un programa de asistencia cívico militar en el que justamente el estamento militar o Fuerza Armada Nacional (FAN) se dedicaron a construir casas, puentes, vender productos alimenticios, pintar escuelas, reparar hospitales, entre otros, manejando importantes y cuantiosos recursos financieros por parte los comandantes de guarnición militar de cada estado, quienes se constituían prácticamente como autoridades paralelas frente a los gobernadores electos. El Plan Bolívar 2000 tuvo sonadas denuncias ante la Contraloría General de la República por casos de corrupción y manejos irregulares. La creación del Plan Bolívar 2000 y la inclusión en la administración pública constituye la primera vez en la historia de Venezuela en el que un presidente coloca a las Fuerzas Armadas Nacionales en tareas distintas a la custodia y soberanía del territorio, desvirtuando su rol, misión y genuinas funciones. La experiencia venezolana con Chávez en el poder deja claro que las funciones castrenses se han reorientado cada vez menos a la defensa y más a actividades de orden político, incluyendo proselitismo y campañas electorales.

medida, alcaldes, ministros, asesores, e incluso, PDVSA y el servicio exterior o la cancillería han sido copados por hombres de uniforme.

Pero además, la clara y notoria presencia de militares en las distintas misiones que el presidente Chávez ha creado, que abarcan desde la atención primaria hasta la generación de empleos, pasando por tramitar los documentos de identificación, entre ellas[129]:

— Misión Simoncito (educación preescolar);
— Misión Robinson I y II (alfabetización y educación primaria);
— Misión Sucre (educación secundaria);
— Misión Ribas (educación universitaria);
— Misión Avispa (construcción de vivienda);
— Misión Vuelvan Caras (generación de empleos);
— Misión Mercal (alimentación);
— Misión Identidad (documentos de identidad);
— Misión Barrio Adentro I; II y III (atención primaria).

Juan Eduardo Romero, en su oportuno abordaje y análisis del fenómeno militar venezolano, señala que «la transformación de las FFAA, en un instrumento de mediación y apoyo político, para la ejecución del denominado Proyecto Bolivariano, se inició operativamente con la inserción de los militares retirados en la estructura de poder del chavismo, pero continuará a través de la reforma constituyente ejecutada desde la instalación de la ANC, y con la introducción de modificaciones en la estructura legal»[130].

Miguel Manrique precisa, frente a la reciente experiencia venezolana de debilidad de los partidos y de tendencias militaristas, que «las prácticas políticas del gobierno del presidente Chávez, permiten señalar que el sistema político venezolano se encuentra dinamizado por un proceso de incorporación de pautas de comportamiento político y administrativo propios de la institución militar ... caracterizado por el desplazamiento de funcionarios civiles del más alto nivel de la administración del Estado y sus entes descentralizados y el copamiento por militares activos y retirados de tales posiciones de poder ... se trata de un nuevo modelo de intervención

---

129   En estos años de revolución durante el gobierno de Chávez y Maduro, se han creado cerca de 36 misiones y 3 grandes misiones, que son en parte paralelismos frente al fracaso de los ministerios, además de ser claras figuras de adoctrinamiento, proselitismo y apoyo al gobierno.

130   Véase Romero, 1998, 2003.

del estamento militar en la actividad política a partir de su ascenso al poder utilizando los mecanismos del sistema democrático ... se trata de una mezcla de politización de la Fuerza Armada con su transformación en un instrumento político legitimado para la participación activa y en forma permanente en la conducción de todos los asuntos públicos»[131].

La presencia militar ha sido un rasgo definitorio que revela no sólo la propensión del régimen de militarizar lo civil, sino, la ausencia y no creencia en partidos políticos como entes de mediación, canalización, representación y ejercicio de poder y de instituciones diversas que cumplen labores de control como el parlamento, cámaras, y otros. De tal manera, que el crecimiento sostenido del estamento militar y la ocupación de espacios netamente pertenecientes al ámbito civil ocurre en detrimento de la democracia, de la Constitución en algunos casos y, claro está, de la ciudadanía.

En nuestra historia contemporánea y constitucional no cabe la menor duda que la Fuerza Armada haya sufrido un proceso de mutación, transformación y reordenamiento, entre lo que fueron las mismas a partir de 1958 y su expresión en la Constitución de 1961, y lo que han sido en la actualidad y su expresión en la Constitución de 1999 y posteriormente.

Sostenidamente registramos un fortalecimiento del sector pretoriano (militarismo de izquierda) evidenciado en las medidas anunciadas por el presidente de la república Hugo Chávez Frías a partir de diciembre de 2004 y de forma sostenida y exponencial hasta nuestros días con Nicolás Maduro, decisiones y ejecutorias que afectan la puesta en práctica de nuevos manuales revolucionarios para la FAN, la creación de las Unidades de la Reserva Nacional y Zonas de Defensa Integral (ZODI), una enorme cantidad de militares activos o en condición de retirados ubicados en cargos de altísima responsabilidad en la administración pública y el Estado, entre ellos, gobernadores, ministros, embajadores, cónsules, presidentes de institutos autónomos, corporaciones y otros.

Alfredo Angulo Rivas, recién iniciado este inédito proceso y fenómeno de militarización de la política en Venezuela, formuló que «mal puede argumentarse que la fuerza armada está siendo subutilizada en un país con graves debilidades geopolíticas, cuya vulnerabilidad externa explica por qué somos agredidos (en medio de una guerra no declarada) por el narcotráfico, la guerrilla, los secuestros, la minería ilegal, el contrabando

---

[131]   *Cf.* Ampliamente Manrique, 2001: 159-184.

de gasolina y de ganado, el lavado de dólares y la inmigración ilegal. Cabría preguntar además ¿por qué militarizar programas sociales que podrían estar en manos civiles, mientras que la enorme tarea de hacer defender nuestra frontera no se puede transferir a civiles, que no tienen el entrenamiento adecuado y para usted de contar»[132].

Allan Brewer Carias, destacado jurista y constitucionalista, haciendo una evaluación del marco jurídico refiere frente a la experiencia venezolana que «en la Constitución de 1999, en efecto se eliminó toda idea de sujeción o subordinación de la autoridad civil, dándose, al contrario, una gran autonomía militar y a la Fuerza Armada con la posibilidad incluso de intervenir en funciones civiles, bajo la comandancia general del presidente de la república»[133]. La Fuerza Armada Nacional, en la Venezuela de Chávez y Maduro, ha sido inoculada de nacionalismo, patriotismo, antiimperialismo y de una particular concepción revolucionaria. De acuerdo con Carlos Blanco «los militares siempre han sido en Venezuela el sujeto de la sedición y el objeto de la seducción. Los episodios traumáticos de cambio en la vida contemporánea de Venezuela comienzan y terminan, cuando no ambas cosas, en los cuarteles»[134].

Rafael Huizi Clavier considera que la Fuerza Armada venezolana nació como una concepción política del pueblo en armas, originada por la necesidad social de seguridad que aspira toda comunidad y sin más deberes y derechos que los asignados por las normas de su propia sociedad[135]. La Constitución de 1961 estableció una estructura fundamental que concebía a la Fuerza Armada como institución propia de un Estado democrático, creada y organizada a su imagen y semejanza. De manera que, durante el período democrático iniciado en 1958 con la transición, la Fuerza Armada alcanzó el mayor grado de preparación y apresto operacional en todos los niveles. En ese mismo tiempo y etapa la Fuerza Armada alcanzó un nivel, desarrollo y prestigio expresado entre otras cosas, que le valió para ser considerada una institución de las más valoradas en la democracia venezolana por parte de la sociedad civil. Tanto así que ocupaban los mejores puestos y ubicación en términos de credibilidad y apoyo, junto a la iglesia católica e incluso los partidos políticos en cualquier encuesta o medición que se hiciese.

---

132   *Cf.* Alfredo Angulo Rivas, 2001.

133   *Cf.* Alan Brewer Carias, 2007.

134   Véase Blanco, 2002.

135   Véase Huizi Clavier, 2001: 129-141. Además, Romero, 2005.

La necesidad de especializar a los cuadros de oficiales y suboficiales de la Fuerza Armada, surgió como respuesta al progreso y la alta tecnología incorporada a los nuevos sistemas de armas adquiridos por la institución militar a finales de los sesenta y en toda la década de los setenta. Durante las primeras décadas de la democracia alcanzó un alto grado de desempeño, apresto operacional y profesionalismo. Durante ese lapso o época de oro, la Fuerza Armada logró el mayor grado de prestigio y desarrollo institucional en nuestra historia Republicana.

Haciendo un balance y retrospectiva del desempeño de la Fuerza Armada, nacida en pleno proceso de fundación y desarrollo de la democracia a finales de los años 50, con un espíritu netamente democrático e institucional, diremos que no hay correspondencia con su grado de politización y alteración de sus funciones, misiones y roles en la actualidad, con una clara tendencia de politización y transformación en actor político, que de alguna manera secunda las acciones del presidente de la república, incluso ocupando cada vez más espacios civiles lo que denota un espíritu pretoriano por parte de Chávez Frías y Maduro Moros, respectivamente.

El fenómeno del pretorianismo hace alusión directamente a situaciones en las que el sector militar de una determinada sociedad, ejerce el poder político independiente de esta, recurriendo o amenazando con emplear la fuerza y la coerción. El militarismo supone un predominio del elemento militar o intromisión en lo civil. Pudiésemos señalar, apoyándonos en unos de nuestros mayores estudiosos del tema militar Domingo Irwin[136], que el militarismo es una doctrina, una ideología y un sistema que valora positivamente la guerra y atribuye a las fuerzas armadas primacía en el Estado y la sociedad.

En el caso venezolano es notoria la tendencia de las instituciones militares y los propios militares a ampliar su radio de acción, su presencia y participación en el gobierno civil, desplazando y sustituyendo actores, elementos y lógicas civiles por militares. Siendo así, registraríamos, según las tesis de Permultter o el propio Irwin, una suerte de pretorianismo asumido como la influencia abusiva y desmedida que ejerce en todos los campos el sector militar sobre el sector civil en una determinada sociedad. En Venezuela encontramos que militares en situación de actividad o retiro ocupan cargos como gobernadores, ministros, presidentes de institutos, embajadas y otros (TABLA 10).

---

136   Véase ampliamente Irwin, 2003, 2008.

TABLA 10
Militares en altos cargos de la política venezolana, 1998-2020
Fuente: elaboración propia

Nombre Apellido	Cargo	Periodo
Antonio Rodríguez San J.	Gobernador de Vargas	2000-2008
Wilmar Castro Soteldo	Gobernador de Portuguesa	2008-2016
Florencio Porras	Gobernador de Mérida	2000-2008
Jesús Aguilarte Gámez	Gobernador de Apure	2000-2008
Rafael Isea	Gobernador de Aragua	2008-2012
Luis F. Acosta Carles	Gobernador de Carabobo	2004-2008
Ronald Blanco La Cruz	Gobernador de Táchira	2000-2008
Marcos Diaz Orellana	Gobernador de Mérida	2008-2012
Luis Reyes Reyes	Gobernador de Lara	2000-2008
Diosdado Cabello	Gobernador de Miranda	2004-2008
Francisco Rangel Gómez	Gobernador de Bolívar	2004-2017
Jorge L. García Carneiro	Gobernador de Vargas	2008-2020
Jhonny Yánez Rangel	Gobernador de Cojedes	2000-2008
Julio León Heredia	Gobernador de Yaracuy	2008-2020
Henry Rangel Silva	Gobernador de Trujillo	2012-2020
José Vielma Mora	Gobernador del Táchira	2013-2017
Luis Alfonzo Dávila	Presidente Asamblea Nacional	1998-1999
Rafael Isea	Ministro de Finanzas	2007-2008
Pedro Carreño	Ministro de Justicia	2004-2005
Jesse Chacón	Ministro de Información	2004-2005
Jesse Chacón	Ministro de Interior y Justicia	2005-2006
Jesse Chacón	Ministro de la Secretaría de la Presidencia	2008-2009
Jesse Chacón	Ministro de Ciencia Tecnología e Industrias Ligeras	2009- 2010
Jesse Chacón	Embajador en Austria	2015-2020
Diosdado Cabello	Ministro de Información	2008- 2010
Diosdado Cabello	Ministro de Infraestructura	2003-2004
Diosdado Cabello	Vicepresidente de la Republica	2001-2002
Diosdado Cabello	Ministro de Interior y Justicia	2002-2003
Diosdado Cabello	Diputado Asamblea Nacional	2010-2015
Diosdado Cabello	Presidente ANC	2019-2020
Lucas Rincón Romero	Ministro de Interior y Justicia	2003-2004
Ramón Carrizalez	Ministro de Infraestructura	2004-2007
Luis Reyes Reyes	Ministro Secretario Presidencia	2009-2010
Ramon Carrizales	Vicepresidente de la Republica	2008-2010
Ramon Rodríguez Chacín	Ministro de Interior y Justicia	2002-2003
Jesús Mantilla	Ministro de Salud	2007-2009
Wilmar Castro Soteldo	Ministro de Producción Y Comercio	2003-2005
Wimar Castro Soteldo	Ministro del Turismo	2005-2007
Wimar Castro Soteldo	Ministro de Producción Agrícola y Tierras	2016-2020
Francisco Rangel Gómez	Presidente CVG	2001-2004
Jorge Pérez Prado	Ministro de Vivienda y Hábitat	2008-2010
Félix Osorio	Ministro de Alimentación	2008-2010
Carlos Rotondaro	Ministro de Salud	2009-2010
Francisco Uson	Ministro de Finanzas	2000-2002

Nombre Apellido	Cargo	Periodo
Isidro Rondón Torres	Ministro de Infraestructura	2007-2008
Jorge Pérez Prado	Presidente de INAVI	2006-2008
Gustavo González	Presidente Metro de Caracas	2007- 2010
Manuel Barroso	Presidente CADIVI	2008-2010
Hipólito Izquierdo	Presidente Corpoelec	2007-2010
José Cordero	Presidente del FUS	2006-2010
José Vielma Mora	Superintendente SENIAT	2000-2007
Guaycapuro Lameda	Presidente PDVSA	2001-2003
Francisco J Centeno	Director INTTT	2004-2006
Edgar Hernández B	Superintendente de Bancos	2008-2010
Alfredo Ramón Pardo	Director de ONAPRE	2005-2007
Miguel Torres Torres	Director de la DISIP	2006-2009
Giusseppe Yofreda	Presidente de INAC	2004-2006
Edgar Hernández B	Presidente de CADIVI	2005-2008
Eliezer Otaiza	Presidente del INTI	2005-2007
Rafael Da Silva Duarte	Presidente del INEA	2008-2010
Wiliams Fariñas	Presidente de FONCREI	2005-2007
Rafael Isea	Presidente del BANDES	2006-2007
Luis Pulido	Presidente de PDVAL	2007-2010
Humberto Ortega Diaz	Presidente de FOGADE	2007-2010
José David Cabello	Superintendente del SENIAT	2007-2007
Carlos Rotondaro	Presidente del IVSS	2006-2010
Ronald Blanco La Cruz	Embajador en Cuba	2008-2010
Arévalo José Méndez	Embajador en Argentina	2004-2010
Armando Laguna	Embajador en Perú	2006-2008
Raúl Salazar	Embajador en España	2002-2005
Lucas Rincón Romero	Embajador en Portugal	2005-2010
Francisco Arias Cárdenas	Embajador en ONU	2008-2010
Francisco Belisario Landis	Embajador en República Dominicana	2006-2010
Julio García Montoya	Embajador en Brasil	2005-2010
José Osorio García	Embajador en Canadá	2005-2007
Víctor E. Delgado M.	Embajador en Chile	2003-2005
Armando Laguna	Embajador en Honduras	2008-2009
Oscar Navas Tortolero	Embajador en Ecuador	2002-2006
Carlos Santiago Ramírez	Embajador en Colombia	2002-2005
Ángel Machado Almeida	Embajador en Israel	2002-2005
Gonzalo García Ordoñez	Embajador en Bolivia	2000-2002
José Sierralta Zavarce	Embajador en Suiza	2005-2007
Noel Martínez Ochoa	Embajador en Malasia	2005-2007
José Alberto Gómez	Embajador en Republica Checa	2004-2007
Francisco Ameliach	Diputado Asamblea Nacional	1999-2010
Pedro Carreño	Diputado Asamblea Nacional	2000-2005
Jesús Santiago De León	Diputado Asamblea Nacional	2005-2010
Pastor P. González	Diputado Asamblea Nacional	2005-2010
Néstor León Heredia	Diputado Asamblea Nacional	2005-2010
Edis Alfonso Ríos	Diputado Asamblea Nacional	2005-2010

En la Constitución Bolivariana de Venezuela de 1999 encontramos la semilla y modificación de los perfiles y esencia del papel de la Fuerza Armada Nacional (FAN), no solo cuando se modifica su condición de actor apolítico por el de sin militancia política, con lo cual queda abierto el activismo político. Además, los ascensos militares que hasta hace poco eran estudiados y concedidos por parte del parlamento o poder legislativo, hoy son otorgados por el presidente de la república.

Alan Brewer Carias[137], recopila una serie de distorsiones en lo que respecta a los nuevos roles y/o atribuciones de las Fuerzas Armadas en Venezuela:

1. Se eliminó la tradicional prohibición que existía en el constitucionalismo histórico respecto del ejercicio simultáneo de la autoridad civil con la autoridad militar.

2. Se eliminó el control civil parlamentario en relación con la promoción de militares de altos rangos, y que había sido diseñado por los hacedores de la república a comienzos de siglo XIX, siendo en la actualidad una atribución exclusiva de la Fuerza Armada.

3. Se eliminó la norma que establecía el carácter apolítico de la institución militar y su carácter no deliberante, lo cual abrió el camino para que la Fuerza Armada delibere e intervenga en los asuntos que estén resolviendo órganos del Estado.

4. Se eliminó de la Constitución la obligación de la Fuerza Armada de velar por la estabilidad de las instituciones democráticas que antes estaba prevista expresamente.

5. Se eliminó de la Constitución la obligación de la Fuerza Armada de obedecer la Constitución y leyes, cuya observancia debería estar siempre por encima de cualquier otra obligación como se establecía en la Constitución de 1961.

6. Por vez primera en la historia del país, se les concedió a los militares el derecho al voto, lo cual mostraba ser políticamente incompatible con el principio de obediencia.

7. La nueva Constitución estableció el privilegió de que el Tribunal Supremo de Justicia debe decidir si hay méritos para juzgar a los militares de alto rango de la Fuerza Armada, lo cual siempre había sido

---

137 *Cf.* Ampliamente Brewer Carias, 2007: 61-78.

un privilegio procesal reservado a altos funcionarios civiles, como el presidente de la república.

8. Se sujetó el uso de cualquier tipo de armas en el país a la autoridad de la Fuerza Armada, control este que antes estaba atribuido a la administración civil.

9. Se estableció la posibilidad de poder atribuir a la Fuerza Armada funciones de policía administrativa.

10. Se adoptó el concepto de la doctrina de seguridad nacional, definida de forma total, global y omnicomprensiva, conforme a lo cual, como había sido desarrollada en los regímenes militares de América Latina en los sesenta, casi todo lo que suceda en la Nación concierne a la seguridad del Estado, incluso si se trata del desarrollo económico y social.

La Fuerza Armada Nacional indiscutiblemente es objeto de críticas, además, han sido afectadas en su seno, sus objetivos, su misión y espíritu en las dos últimas décadas, trastocando su condición y tradición al tratar de imponerle un giro en sus patrones de conducta, que se contradicen con las raíces ideológicas y los valores tradicionales de la institución[138]. Se quiso hacer de la institución armada un ejército revolucionario, una institución al servicio de un proyecto político fuertemente ideologizado. Esto provocó fricciones en su seno que han lesionado gravemente los fundamentos disciplinarios y jerárquicos sobre los cuáles se fundamenta su capacidad operativa y su idoneidad para cumplir los fines que le son inmanentes, tanto en la defensa nacional como en el mantenimiento del ordenamiento social y político.

Chávez prácticamente transformó a la FAN en la base de sustentación de la Revolución Bolivariana, como estructura fundamental de poder en la columna vertebral de su propósito político. Lo registrado en la Venezuela contemporánea es inédito en lo que refiere a la Historia Militar de Venezuela y América Latina, tanto así que no hay experiencia cercana o parecida de dicha distorsión y deformación de una institución fundamental que hasta hace poco tuvo alto prestigio y reconocimiento nacional e internacional.

Desde su arribo al poder, el gobierno presidido por Chávez, desarrollará una serie de acciones destinadas a controlar la realidad política, eco-

---

138   El 30 de enero de 2020 (Gaceta Oficial Extraordinaria 6508) la espuria electa Asamblea Nacional Constituyente promulgó y aprobó la Ley Constitucional de la Fuerza Armada Nacional Bolivariana, totalmente regresiva, desfasada, ideologizada y desnaturalizada en su verdadero espíritu, misión y objetivos.

nómica y social del país. Se disuelve el Congreso, se convoca a una Asamblea Nacional Constituyente, se elabora una nueva Constitución, se eligen nuevas autoridades y nombran nuevas figuras e instancias no electas y, además, no previstas en la Constitución de 1999. Sostenidamente en dos décadas Venezuela registra una exagerada presencia y protagonismo del sector militar copando toda escena pública, civil y política deformando totalmente la concepción y funcionamiento de la democracia venezolana[139].

Uno de los aspectos que se conforma como el principal antecedente de propensión a la militarización de ámbitos civiles, lo registramos en el año 2000 con el Plan Bolívar 2000, ni hablar, posterior a esa fecha, de la cantidad de programas, proyectos y demás con una clara orientación y tendencia de militarizar lo civil.

El caso venezolano es paradigmático en el sentido de que Chávez y posteriormente Maduro han venido gradualmente transformando la misión de la Fuerza Armada Nacional, las cuales no propugnan un compromiso con el Estado venezolano, sino más bien con un gobierno en particular, con un proyecto y proceso calificado como «revolucionario». Carlos Blanco precisó acertadamente y con agudeza que «la participación de los militares en actividades propias de instituciones civiles, mediante la disposición de ingentes recursos, desplazando al liderazgo civil, forma parte de un proceso de erosión de las fronteras corporativas para el cumplimiento del ideal del ejército como pueblo en armas»[140], indudablemente el intento de perfilar o forzar unas fuerzas armadas revolucionarias y bolivarianas comprometidas con un proyecto político particular, no es compatible con las realidades vistas a escala mundial en correspondencia con una concepción de Estado, seguridad y sociedad netamente democrática.

En ese mismo orden de ideas, retrotrayéndonos un tanto, tendríamos que el principio general de la no intervención de los militares en la política y su subordinación al poder civil, era reconocido por el Derecho Constitucional venezolano anterior a la propia Constitución Bolivariana de 1999. Todas las constituciones venezolanas desde la de 1830 hasta la de 1961, con la única excepción de la de Constitución de 1953, de cuño perezjimenista, contenía la norma y regla de oro según la cual la Fuerza Armada

---

139   Sobre este proceso y fenómeno véase ampliamente Irwin y Micett, 2008. Además, Amos Perlmutter, 1980, 1981.

140   Blanco 2002: 71.

es obediente y no deliberante; y las Constituciones de 1947, 1953 y 1961 afirmaban, además, que dicha fuerza era apolítica.

Es evidente que la intervención de los militares en la política no depende de normas constitucionales, sino de las tradiciones históricas y la cultura política real del país. Por otra parte, frente a la creencia tradicional que consideraba que en América Latina existía una incompatibilidad absoluta, entre la intervención de los militares en política y la democracia, se experimentó y valoró que los militares podían ser un instrumento no solo de modernización sino, incluso, de democratización[141]. En nuestra historia nacional, en lo que a la Venezuela del siglo XX refiere, no podemos obviar que en dos ocasiones (el 18 de octubre de 1945 y el 23 de enero de 1958) un golpe militar contra la autoridad constituida inició un proceso de democratización y apertura.

Tendríamos, en opinión de Juan Carlos Rey[142], que estas experiencias históricas podrían explicar por qué la cultura política venezolana no mantiene una actitud totalmente negativa ante las eventuales intervenciones de los militares en la política, pues en situaciones en que están cerradas las vías de la democracia representativa, un golpe de Estado puede ser el instrumento para abrirlas. Sin embargo, si están funcionando instituciones democráticas, resulta difícil imaginar que se justifique acudir a tal tipo de medidas. Ahora bien, resulta desconcertante y a la vez inquietante que, de acuerdo a la cultura política desarrollada en la democracia venezolana, una gran parte de la población considera legítima la intervención de los militares en la política, frente al gobierno legalmente constituido, en varias circunstancias.

4.4. *La militarización de la política venezolana (Nicolás Maduro 2013-2020)*

La propensión de militares en la política venezolana nunca antes fue tan marcada como en el ejercicio de gobierno del presidente Chávez (1998-2012), de manera que es indiscutible «la participación de los militares en la administración pública en Venezuela que la encabeza el propio presidente de la república. En cargos públicos de niveles altos y medios se hallan va-

---

141   Véase el trabajo pionero de Edwin Liewen, 1964; Además, Johnson, 1964.
142   Véase Juan Carlos Rey, 2002.

rias centenas de oficiales activos y retirados, en áreas donde no era común el nombramiento de hombres de armas, aspecto y situación que hoy les permite el control de sectores neurálgicos de la administración pública»[143].

Más aún, paralelo a la tendencia de militarizar lo civil, el país ha experimentado un proceso sostenido de aumento en la compra de armamento militar, dispositivos y equipos, incluyendo aviones caza Sukhoi, radares, lanzacohetes, tanques de guerra, fusiles tipo Kalashnikov rusos, baterías antiaéreas, patrulleras, helicópteros de ataque, municiones, cifras estas en incremento en los últimos años que pareciera estuviésemos en plena bipolaridad o más aún en un conflicto o guerra (TABLA 11).

TABLA 11
Acuerdos y adquisición de equipos militares por Venezuela 2004-2020
Fuente: elaboración propia

País	Año	Equipos / armamentos / asistencia técnica
Rusia	2019	Centro de capacitación de pilotos de helicópteros Mi-17V5, Mi-35M, Mi-26T
Rusia	2018	Sistema móvil lanzacohetes múltiples Buk-M2E. Tanques BTR-80
Rusia	2018	Fabricación de fusiles AK-103, AK-104. Municiones tipo 7,62 x 39 mm
Rusia	2013	Sistema antiaéreo Pechora 2M
Rusia	2012 2013	Submarinos diesel Varshavianka. 92 tanques T-72 - Blindados BMP-3, 10 helicópteros Mi-28N, Aviones Patrulla, Lanza Misiles Smerch y Sistemas de Defensa Aérea
Rusia	2009	Tanques T-72 T-80 BMP3 y MPR. Misiles antiaéreos S-300. Sistema de defensa antiaéreo
Rusia	2006	24 aviones caza Sukhoi 30 MK2. Dispositivos antiaéreos portátiles IGLA-S 51 helicópteros de ataque (Mi 8, Mi 24, Mi 17 y Mi 26)
Irán	2006	Programa de construcción conjunta de aviones no tripulados. Convenio de cooperación militar e instalación de fábrica de pólvora en Venezuela con apoyo de Irán
China	2005	3 radares móviles tridimensionales de largo alcance JYL-1
Brasil	2005	20 aviones Súper Tucano (vetado por transferencia de tecnología)
España	2004	31 lanchas patrulleras (vigilancia costera)
Rusia	2004	100.000 fusiles Kalashnikov AK 103 AK 104. 6 helicópteros Mi-17 de transporte. 8 helicópteros de ataque Mi-35 - 1 helicóptero Mi-26 de transporte
España	2004	8 buques militares. 4 patrulleras de vigilancia costera. 4 patrulleras de vigilancia oceánica. 10 aviones de transporte C-295 (vetado por transferencia de tecnología). 2 patrullas marítimas CN-235 (vetado por transferencia de tecnología)

---

143 Véase Alfredo Angulo Rivas, 2001. Además, Margarita López Maya, 2007.

En la Venezuela contemporánea pudiéramos hablar de un régimen o sistema hibrido, donde convergen paradójicamente algunos elementos democráticos, otros de orden autoritario y la presencia también de elementos totalitarios, donde destacan:

1. El intento de establecimiento de un régimen de partido hegemónico en partido único.
2. La promoción de una ideología única (socialismo del siglo XXI).
3. Sobredimensión y concentración de atribuciones y funciones en manos del presidente de la república.
4. Desconocimiento de derechos elementales y garantías constitucionales (tránsito, trabajo, pluralismo, asociación, alternancia, propiedad privada, opinión y expresión, etc.).
5. Criminalización de la política y de la disidencia u oposición (represión policial, judicial y mediática).
6. Ausencia real de la división de poderes públicos.
7. No rendición de cuentas (*acountability*).
8. Culto y exacerbación a la personalidad del líder asumiendo rasgos cuasi religiosos (Chávez).
9. El ejercicio arbitrario del poder en manos de un grupo reducido (militares, miembros del PSUV, etc.).
10. Pluralismo político limitado.
11. Legitimación del poder, sistema e ideología invocando la patria, el orden, la familia, el bolivarianismo, el socialismo del siglo XXI.
12. Movilización alta, permanente y sostenida o basada a través del partido único (PSUV) y la ideología (socialismo del siglo XXI).

Durante el gobierno de Nicolás Maduro (2013-2020) la acentuación y propensión a lo militar (y por ende hablar de pretorianismo y militarismo), es un rasgo emblemático y definitorio de este ciclo o etapa, incluso dicha tendencia ha sido mayor a la del propio Hugo Chávez Frías (1998-2012) que es quien inaugura a la militarización de la política venezolana.

Sin duda, durante los años de Revolución Bolivariana bajo la presidencia de Hugo Chávez Frías y el propio Nicolás Maduro Moros, ha habido notorias y desproporcionadas conductas, acciones y decisiones para modificar y/o transformar el genuino rol y papel de la Fuerza Armada.

Insistimos, no solo registramos un marcado pretorianismo al militarizar todo lo civil, desde que Chávez sacó a los militares de los cuarteles y los puso a ejercer en una multiplicidad de funciones y ocupaciones no tradicionales (ejercidas a lo largo de nuestra historia por civiles debido a sus competencias y perfiles), dicha tarea y acción de politización e ideologización de la Fuerza Armada irá acompañada de modificación de leyes y marcos legales, como la Ley Orgánica de las Fuerza Armada Nacional (LOFAN), para intentar darle sustento institucional y legal a las diversas modificaciones que en estos años hemos registrado.

Las reformas a la LOFAN y reglamentos que rigen la materia militar han tenido fines específicos, y por supuesto privan aspectos de carácter político, ideológico y adoctrinamiento sobre los aspectos técnicos o profesionales, entre ellos, la modificación de perfiles, la creación de figuras y cargos, modificando lapsos de carrera, permanencia y jubilación, instaurando componentes, regiones de defensa integral (REDI), zonas de defensa integral (ZODI) y otros, bajo una visión reaccionaria o de claro espíritu guerrerista en pleno siglo XXI.

La militarización de la política venezolana con Nicolás Maduro contradice el recorrido o periplo natural que el siglo XXI marca y exhibe a nivel global, entendiendo que el siglo XXI está edificado sobre la democracia, los derechos humanos, la paz, la cooperación y con un papel totalmente subordinado del estamento militar a los controles y poder civil en todos los órdenes, y no a la inversa como ocurre en la Venezuela contemporánea.

Las reformas impulsadas con Chávez y Maduro obedecen a introducir variables y aspectos que persiguen un adoctrinamiento y sobre todo un control férreo de la Fuerza Armada Nacional, con una visión totalmente diferente del papel y roles a cumplir por parte de la FAN, que fue, hasta otrora cercana época, profundamente democrática, institucional, no deliberativa ni mucho menos ejerció un rol como actor político al extremo de autodenominarse Fuerza Armada Chavista, Socialista y Antiimperialista, entre otros.

En el sostenido proceso de deformación del genuino rol y funciones de la FAN, ocurre la paradoja que han ejercido una multiplicidad de funciones, roles y papeles dejando de lado su misión y función más transcendental como es el resguardo de nuestra soberanía y territorio, y la defensa sin titubeos de la Constitución Boliviana de Venezuela de 1999, continuamente inobservada y violentada en sus articulados.

La desnaturalización de la Fuerza Armada Nacional en sus propósitos, en sus acciones y procederes, bajo el ejercicio de la presidencia de la

República Bolivariana de Venezuela por parte de Nicolás Maduro, la transforma, insistimos, en un actor político más, y su accionar responde a servir no a la nación y a los venezolanos, sino a una parcialidad política, a un proyecto político ideológico especifico, algo impensable hace algunos años y jamás visto en la historia militar de Venezuela, América Latina o de Europa.

La naturaleza y misión de la FAN insistimos ha sido alterada y desnaturalizada, incluso contraviniendo el espíritu y sentido institucional y democrático recogido en la Constitución Bolivariana de Venezuela de 1999. Tanto así que encontramos denuncias en organismos internacionales por excesos, violaciones de derechos humanos, torturas, además de señalamientos de conductas y prácticas alejadas de un claro espíritu institucional, profesional y democrático. La Fuerza Armada Nacional y la creada Milicia Nacional conforman el basamento y sostén de la Revolución Bolivariana, y especialmente del gobierno de Maduro.

La presencia de Bolívar y la doctrina bolivariana será el gran trasfondo para modificar, alterar y trasformar el papel de la FAN, que en Venezuela, primero con Chávez y luego con Maduro, insistimos, fueron politizadas, ideologizadas y por consiguiente desnaturalizadas como cuerpo o institución que comenzó a girar a contravía, y que el tradicional control y subordinación a lo civil que se registra en el mundo entero, en Venezuela se invirtió.

4.5. *Conclusiones*

En nuestro contexto no nos cabe la menor duda que el sistema de partidos ha experimentado cambios apreciables en las últimas décadas, como consecuencia de la descentralización iniciada en 1989 y, naturalmente, factores de orden interno, funcional e institucional en el seno de los partidos como principales elementos explicativos del agotamiento, crisis y posterior cambio de forma moderada en 1993, y de manera acentuada en 1998, registrándose también ese proceso de crisis y cambio en el ámbito local de forma continua en las elecciones regionales en Venezuela desde 1995 hasta el 2018.

Ante el agotamiento y declive de los actores colectivos en Venezuela, emerge una nueva forma de hacer política contraria a la práctica partidista, que no cree en la indispensabilidad de los partidos, de la clase política y la alternabilidad en el poder como fuente de orden y estabilidad democrática. Asimismo, la experiencia de Chávez y Maduro en el poder deja claro la propensión y tendencia a la militarización de la política en Venezuela. Sin embargo, el avance de esta política no institucionalizada no ha favorecido en ningún aspecto la participación de los ciudadanos por igual, ni la representación del interés general.

Nuestro abordaje y análisis del fenómeno partidista en Venezuela y del sistema de partidos respectivamente, deja claro que este último asume una serie de facetas y etapas, de tal manera que el sistema de partidos fundado a partir de la transición pos-autoritaria de 1958, difiere del sistema de partidos consolidado en los setenta y ochenta, y más aún del actual que exhibe entre otros rasgos: débil institucionalización, escasa identificación partidista, alta volatilidad electoral, baja legitimidad, débil organización, un liderazgo personalizado y no colectivo e institucional a partir de 1993 y acentuado en 1998, entre otros.

La realidad nos induce a pensar que se requieren nuevas formas organizacionales que modifiquen las estructuras, la participación y el discurso de los partidos con la finalidad de recuperar el estatus de representación política y de mediación entre el Estado y la sociedad, hoy disminuido. Se demanda organizaciones y partidos más abiertos a los ciudadanos, menos preocupados por demostrar qué tan distintos son del resto y más comprometidos con un proyecto social y cívico. La nueva clase dirigente resultante desde las elecciones de 1998 y comicios siguientes compuesta por gobernadores, diputados, alcaldes y demás, salvo honrosas excepciones, no parece estar conformada por políticos capaces y eficientes, necesarios para ejercer el control y dirección del Estado, ni mucho menos para revalorizar las funciones que le son encomendadas como actores principales de la democracia, en otras palabras, no han cumplido el rol y funciones básicas que le corresponde a toda estructura de gobierno, viciando aún más el sistema democrático.

Es así como el avance de esta política no institucional, caracterizada especialmente por la personalización de la política, ha demostrado ser más nociva para el sistema, por su carácter eminentemente antidemocrático y antipolítico en los países andinos. Por tal motivo, en las democracias actuales, cargadas de incertidumbre, se demanda gobernantes capaces y eficientes para el manejo del entramado institucional, que le devuelvan al ciudadano la confianza en la política institucional, cuestión que exige contar con sólidos partidos políticos como elementos fundamentales de intermediación, canalización de demandas, representación y estabilidad del sistema político.

El ejercicio del poder, por parte de Hugo Chávez Frías, ha implicado desde 1998 hasta la fecha de su fallecimiento el desconocimiento, irrespeto y violación de procedimientos, valores, derechos y garantías democráticas y ciudadanas. De tal manera que la titularidad y el ejercicio del poder político en Venezuela, bajo Chávez y posteriormente Maduro, constituye un proceso, etapa y fenómeno regresivo de personalización del poder y de la política, desinstitucionalización creciente de los partidos, clase política e instancias de representación.

Podemos señalar que Venezuela se configura en un sistema, ideología y modelo que privilegia cada vez más el aspecto del mando, la concentración del poder en un hombre o grupo, el ejercicio arbitrario del poder no sujeto ni siquiera a la Constitución Bolivariana de 1999, desconocimiento de la disidencia y oposición, exacerbación radical del liderazgo de Chávez asumiendo un carácter exagerado y cuasi religioso, implementando no sólo una ideología como el socialismo del siglo XXI, sino además, una suerte de régimen de partido hegemónico encarnado en el Partido Socialista Unido de Venezuela (PSUV) en relación a PODEMOS, PPT, PCV, organizaciones que en parte fueron afines y/o que apoyan a Chávez, a lo cual se le suma las ideas vagas del Bolivarianismo. El PSUV se constituyó a partir del 2006 en una marcha forzada de una cierta unidad por parte del archipiélago de ideas, visiones y liderazgos alrededor de Chávez, con una clara visión monolítica y excluyente donde no está permitida la crítica, la duda y la disidencia.

El fortalecimiento del Poder Ejecutivo, en el modelo delegativo venezolano bajo Chávez y Maduro, puede interpretarse como una recentralización del poder del Estado y como una continuación y una reprofundización de la tradición centralista. En las democracias delegativas latinoamericanas un fenómeno común en los procesos de toma de decisiones ha sido el decretismo, lo que significa que el presidente legisla por decreto, evitando así el proceso legislativo parlamentario. De hecho, Chávez ha sido envestido como muchos otros presidentes venezolanos por Ley Habilitante, con la salvedad de que el gozo de una envestidura para redactar decretos con fuerza de ley en una multiplicidad de materias y por una extensión de tiempo, jamás antes vista en la historia contemporánea de Venezuela.

Los últimos años del gobierno de Chávez se caracterizaron por un vaciamiento de los elementos definitorios del entramado democrático, la aprobación forzada y sostenida del Proyecto de Reforma Constitucional del presidente Chávez, que fue negado el 2 de diciembre de 2007, y que en el año 2009 fue retomado, impulsado y aprobado gradualmente por parte de la Asamblea Nacional del momento bajo leyes orgánicas y otros instrumentos inconstitucionales, entre ellos, la Ley Orgánica de Educación (LOE), la Ley de Procesos Electorales (LPE), Ley de Reforma Parcial de la Ley Orgánica de Descentralización, Delimitación y Transferencia de Competencias del Poder Público, la Ley Especial sobre la Organización y Régimen del Distrito Capital o incluso la Ley Orgánica para la Planificación y Gestión de la Ordenación del Territorio, que introduce figuras y autoridades impuestas y no electas, designadas por parte del Poder Ejecutivo, afectando mandatos populares, competencias, recursos y trastocando una arquitectura de poder local, aunado a un deterioro del Estado de derecho, y de la propia descentralización política administrativa y poderes locales, que en su conjunto se traduce en una postración del sistema político democrático.

Asimismo, el marcado militarismo y pretorianismo con Chávez y Maduro ha conllevado a cinco reformas de la Ley Orgánica de la Fuerza Armada (LOFAN), y más reciente, la aprobación ilegal, espuria e inconstitucional por parte de la Asamblea Nacional Constituyente de la Ley Constitucional de la Fuerza Armada Nacional (Gaceta Oficial Extraordinaria 6508 del 30 de enero de 2020) totalmente regresiva, desfasada, ideologizada y desnaturalizada en su verdadero espíritu, misión y objetivos.

CAPÍTULO V

ASEDIO *y* TRANSFIGURACIÓN *de la* DEMOCRACIA *en* VENEZUELA

5.1. *Preliminares*

Abordar el devenir y contemporaneidad de la democracia en Venezuela, implica necesariamente decantar los elementos, variables y rasgos presentes y relevantes que motivan la llegada en 1998 del fenómeno Chávez y, fundamentalmente, comprender el deterioro en términos institucionales que ha sufrido la democracia en sus contenidos, procedimientos y valores, la propia constitucionalidad, el Estado de derecho, el sistema de partidos, gremios y demás en las dos últimas décadas, lapso en el que se aprecia el socavamiento y deterioro exponencial de los elementos definitorios del entramando democrático, el régimen de libertades y el Estado de derecho.

La democracia no registra su mejor momento. Basta echar una mirada no solo a la región latinoamericana afectada por numerosas dificultades, sino particularmente la experiencia de Venezuela para comprender que nos debatimos entre modelos democráticos afianzados en instituciones y procedimientos, populismos de diverso cuño con tendencia autoritaria, la emergencia de una suerte de socialismo *sui generis* etiquetado de «socialismo del siglo XXI» y la militarización de la política venezolana por parte del Chávez y Maduro, respectivamente.

Es decir, analizar la realidad actual venezolana compromete el estudio de las formas de gobierno, tanto de los elementos que caracterizan las formas democráticas como las no democráticas. Creemos que estamos en presencia de una degeneración de la democracia, en su dimensión real y procedimental hacia un híbrido que cada día exhibe menos elementos democráticos, y cada vez más registramos la incorporación peligrosa y sostenida de pautas y elementos no democráticos.

El ejercicio del poder por parte de Hugo Chávez Frías implicó, desde 1998 hasta su fallecimiento en 2013, el desconocimiento, irrespeto y violación de procedimientos, valores, derechos, garantías democráticas y ciudadanas. De tal manera que la titularidad y el ejercicio del poder político en Venezuela, bajo la presidencia de Chávez Frías, constituye un proceso, etapa y fenómeno regresivo de personalización del poder y de la política, desinstitucionalización creciente de los partidos, clase política e instancias de representación. Nunca perdamos de vista que el triunfo de Chávez fue producto, no solamente de la antipolítica, sino además del desencanto democrático y la frustración de las expectativas de los venezolanos. Su llegada, permanencia y continuidad en la figura de Nicolás Maduro, son la expresión más auténtica de la precariedad institucional y del deterioro democrático nacional.

Podemos señalar que Venezuela se configura en un sistema, ideología y modelo que privilegia cada vez más el aspecto del mando, la concentración del poder en un hombre o grupo, el ejercicio arbitrario del poder no sujeto ni siquiera a la Constitución Bolivariana de 1999, el desconocimiento de la disidencia y oposición, exacerbación radical del liderazgo de Chávez asumiendo un carácter exagerado y cuasi religioso, e implementando no solo una ideología como el socialismo del siglo XXI, sino además, un régimen de partido único encarnado en el Partido Socialista Unido de Venezuela (PSUV) a lo cual se le suma las ideas vagas del Bolivarianismo y un recorrido exponencial hacia la militarización de Venezuela.

Estamos de acuerdo con la caracterización que se hace del funcionamiento del régimen venezolano en estado de franco deterioro, en el sentido de que en lo que respecta al Estado de derecho, la confiscación que el chavismo ha llevado a cabo de los poderes públicos, afecta el funcionamiento independiente de cada uno de estos en menoscabo de la institucionalidad democrática, registrándose una intervención y afectación total de la vida política cuando se suspenden elecciones, se afectan mandatos populares y destituyen gobernadores y alcaldes, se imputan delitos y apresan diputados, dirigentes, estudiantes y otros.

Las organizaciones de la sociedad civil, como las empresariales, sindicales, las universidades, la iglesia católica y otros, se han visto cada vez más diezmadas y afectadas por parte del régimen. La fractura del sistema político precedente derivó en una sociedad política opositora débil, la cual, amén de sus propios errores políticos, se ha visto aún más debilitada en virtud de la confiscación de espacios institucionales y de disidencia por parte del Gobierno[144].

---

144   Véase Nelly Arenas, 2007: 52.

Ciertamente, y de acuerdo con Felipe Burbano de Lara[145], se trata de una forma de liderazgo muy personalizada que emerge de una crisis institucional de la democracia y del Estado, de un agotamiento de las identidades conectadas con determinados regímenes de partidos y ciertos movimientos sociales, de un desencanto general frente a la política, y del empobrecimiento generalizado tras la crisis de la década perdida.

La exacerbación de la personalidad de Chávez, el culto a la persona y al líder tal vez solo tenga antecedentes en Venezuela en los liderazgos y casos de Guzmán Blanco o Juan Vicente Gómez, ambos circunscritos a la segunda mitad de siglo XIX y primera mitad del siglo XX[146].

En Venezuela tiene más que nunca cabida la tipología y reflexiones del politólogo argentino Guillermo O'Donnell, sobre el hecho de que las democracias delegativas se fundamentan en una premisa básica o tesis según la cual el que gana una elección presidencial está autorizado a gobernar al país como le parezca conveniente y, en la medida en que las relaciones de poder existentes lo permitan, hasta el final de su mandato.

Apoyándonos en O'Donnell tendíamos que Chávez se asume como el presidente y encarnación de la nación, el principal fiador del interés nacional, lo cual cabe a él definir. Esta suerte de populismo y personalismos naturalmente se autodefine como una figura paternal, mítica y casi sobrenatural que tiene y le corresponde cuidar el conjunto de la nación.

Venezuela en estas dos últimas décadas ha puesto de manifiesto e implementado un modelo de Democracia Delegativa, en los términos propuestos por Guillermo O'Donnell, con presencia de ejecutivos fuertes, tendencia a la delegación y concentración de poderes, poder y autoridad en manos del presidente quien abiertamente su actuación raya el autoritarismo, con desconocimiento reiterado de algunas normas, instancias y lógicas democráticas.

Recordemos que, en los años 90, Guillermo O'Donnell propuso el concepto de Democracia Delegativa cuya premisa radica en que cualquier candidato que gane una elección presidencial sería titulado para gobernar prácticamente según sus propias preferencias personales en contextos de

---

[145]   *Cf.* Felipe Burbano De Lara, 1998: 10.

[146]   Sobre el culto a la personalidad, el culto a Bolívar y fundamentalmente esta suerte de mesianismo, militarismo y política cuasi religiosa véase Elías Pino Iturrieta, 2004; Manuel Caballero, 2000; Carlos Blanco, 2002; Enrique Krauze, 2008; Alfredo Ramos Jiménez, 2009.

débil institucionalización, abstencionismo y alta concentración de poder y atribuciones en el poder ejecutivo, fenómenos además presentes y justamente exacerbados en países con tradición presidencialista.

Según los presupuestos de la Democracia Delegativa los típicos candidatos presidenciales se presentan como en una posición sobre los intereses organizados y de los partidos políticos[147]. Hay una estrecha correspondencia en el contexto de Venezuela, entre debilidad o precariedad de las instituciones, agotamiento de los partidos e instauración de un modelo de democracia altamente personalista, caudillista, plebiscitaria y delegativa. En el modelo de Democracia Delegativa o pasiva, los ciudadanos colocan su esperanza, confianza y apoyo a veces irrestricto en las manos de un líder político, quien concentra y monopoliza la representación, la toma de decisiones y demás.

El fortalecimiento del Poder Ejecutivo, en el modelo delegativo venezolano, puede interpretarse como una recentralización del poder del Estado, y como una continuación y reprofundización de la tradición centralista tanto criticada a etapas anteriores. En las democracias delegativas latinoamericanas un fenómeno común en los procesos de toma de decisiones ha sido el decretismo, lo que significa que el presidente legisla por decreto, evitando así el proceso legislativo parlamentario y los respectivos controles. De hecho, Chávez fue envestido como muchos otros presidentes venezolanos por ley habilitante, con la salvedad de que él gozó de una envestidura para redactar decretos con fuerza de ley en una multiplicidad de materias, y por una extensión de tiempo jamás antes vista en la historia contemporánea de Venezuela.

De tal manera que la concentración de poder por vía del modelo de democracia Delegativa, leyes habilitantes y demás, se presentan lógicamente como los mayores obstáculos frente a descentralización eficiente y efectiva que Venezuela venía desarrollando, e igualmente constituyen un retroceso en términos de profundización del modelo democrático, y de los propios liderazgos locales o regionales que junto a la cultura política democrática el país acrisoló en las últimas décadas. En su lugar se registra un proceso sostenido de concentración de poder y recursos, militarización de la política y desconocimiento reiterado de la Constitución Bolivariana de Venezuela de 1999, impulsada por el propio Chávez.

---

147   O'Donnell, 1994: 59-60.

5.2. La transfiguración de la democracia en Venezuela

En el laboratorio en que se ha convertido Venezuela, múltiples fenómenos hemos venido observando y registrando. Uno de esos tiene que ver con la transformación y alteración de su democracia, del Estado, de las lógicas, modos y formas de gobernar. Es por ello que hablamos de una transfiguración de la democracia en un modelo híbrido, que agrupa o alberga elementos democráticos, autoritarios y totalitarios, y que hacen de Venezuela un modelo un tanto *sui generis* o, hasta cierto punto de vista, incatalogable en función de las tipologías clásicas.

El ejercicio del poder por parte del presidente Chávez ha supuesto no solo una vocación desmedida de poder, una carrera sostenida de concentración de poder a lo largo de su mandato por década y media, con mayor cantidad de funciones y atribuciones reunidas en el Poder Ejecutivo, incluyendo ley habilitante para legislar y dictar decretos con fuerza de ley en una larga lista de materias y áreas además extensas en el tiempo que tuvo para legislar.

Valga señalar que a la ciencia política le corresponde el abordaje y tratamiento de las formas de Estado y formas de gobierno, cuestión que compete el análisis y comparación de las formas no democráticas y formas democráticas. En lo que respecta a la democracia, nos corresponde recurrir y apoyarnos en unas de las más amplias y completas tipologías. Nos referimos a los rasgos o elementos definitorios de la democracia procedimental, en términos de la propuesta de Robert Dahl, sobre la poliarquía como son:

1. Cargos electivos para el control de las decisiones políticas.
2. Elecciones libres, periódicas e imparciales.
3. Sufragio inclusivo.
4. Derecho a ocupar cargos públicos en el gobierno.
5. Libertad de expresión.
6. Existencia y protección por ley de variedad de fuentes de información.
7. Derecho a constituir asociaciones u organizaciones autónomas, partidos políticos y grupos de intereses entre otros, son elementos que definitivamente no son muy visibles y están del todo presentes en la realidad política venezolana actual.

El militarismo criollo se ha transformado no solo en una doctrina política, sino además, en una forma de gobierno, con natural predominio del elemento militar sobre el elemento civil dentro de un Estado desdibujado (calificado, según nuestra Constitución Bolivariana de Venezuela de 1999, como Estado democrático y social de derecho y de justicia) en el que sobresale abiertamente la tendencia a concentrar poder, decisiones y someter a la sociedad civil venezolana a las ejecutorias del poder y régimen militar, con la notoria y masiva participación de militares, sean estos activos o jubilados en cargos claves en el ejercicio de la función pública, y el desconocimiento de derechos y la propia Constitución y, por ende, la violación de derechos humanos como constante de los regímenes autoritarios.

La democracia se basa indiscutiblemente en procedimientos, lapsos, instituciones y, por supuesto, en limitaciones en el ejercicio del poder. Asumiríamos casi una regla de oro según la cual en aquellos países donde las instituciones son sólidas, en esa misma medida, la democracia es sólida y queda prácticamente poco espacio y oportunidades para personalismos, populismos, mesías y liderazgos autoritarios de distinto cuño y procedencia. La emergencia de populismos autoritarios y de mesías ocurre justamente en países con precariedad institucional. Siendo Venezuela una de las mayores expresiones de tal anomia y fenómeno.

De tal manera que, en aquellos contextos con precariedad institucional, deterioro de la representación, agotamiento y desinstitucionalización de los partidos, aunado a procesos de deterioro de la calidad de vida y pobreza, quedarían abiertas las posibilidades para liderazgos fuertes, sean estos últimos de procedencia civil o militar.

La experiencia de Chávez en el poder (1998-2012) y su continuación en el gobierno de Nicolás Maduro (2013-2020), supone una tendencia cada vez mayor de concentración de poder y competencias alrededor del poder ejecutivo, asimismo una influencia desmedida de este último frente al resto de los poderes, instancias y órganos diversos, dejando prácticamente sin efecto la normal y vital división y autonomía real de los poderes públicos, y la limitación de todas las actuaciones a la Constitución Bolivariana de Venezuela, hoy inobservada y por ende violentada en sus preceptos, principios y articulados.

En la tipología de las formas de gobiernos no democráticos se suele llamar autoritarios a los regímenes que privilegian el aspecto del mando y menosprecian de forma radical a la democracia como tipo de gobierno, concentrando el poder político generalmente en manos de un hombre, órgano o grupo.

El autoritarismo, aparte de concentrar el poder, niega la igualdad de los hombres, privilegia las jerarquías y mandos y exalta la personalidad autoritaria. El pensamiento autoritario y el autoritarismo conforman un sistema moderado de control y concentración de poder. Podríamos afirmar que utilizando como argumento la unidad del Estado, con ciertas actitudes intelectuales y valores nacionalistas, el autoritarismo apela a los sentimientos y fanatismos dejando de lado la razón y el juicio bajo un grado de elaboración ideológica e intentando un control de la sociedad.

Mario Sttopino[148] define a los regímenes autoritarios como aquellos sistemas que privilegian el mando frente al consenso, la estructura del poder monopersonal frente a las instituciones democráticas y representativas; reducen al mínimo el espacio de la oposición y de la autonomía de los subsistemas políticos y de las instituciones.

René Antonio Mayorga refiriéndose a los regímenes neopopulistas de Perú (en los noventa) y Venezuela (actual) señala que «nacieron como democracias electorales, pero han sido principalmente regímenes basados en mecanismos plebiscitarios, un pluralismo restringido, la concentración del poder en la cabeza del gobierno, la eliminación de los mecanismos de rendición de cuentas horizontal y la desmovilización popular»[149].

5.3. *Centralización y descentralización en Venezuela*

Analizar la historia contemporánea y constitucional del Estado en Venezuela, reviste asumir las ondulaciones y etapas que el Estado venezolano ha asumido en el siglo XX y XXI. Pudiésemos decir que hemos pasado por un proceso ondulatorio de avances y retrocesos. Es decir, el Estado ha sido centralista (hasta 1989), descentralizado (a partir de 1989) y finalmente recentralizado (a partir de 1999). Sin embargo, no perdamos de vista que la tesis y fundamento de la descentralización político administrativa está en acercar el poder al ciudadano, aunado a la transferencia de competencias. Indiscutiblemente el proceso de descentralización fue lento, más todavía,

---

148 *Cf.* Mario Sttopino, 1997. Véase, en relación a la metamorfosis que experimenta la Venezuela contemporánea, los planteamientos del libro *El ciclope totalitario* de Nelson Rivera, 2009.

149 Véase René Antonio Mayorga, 2008: 231-232.

si asumimos la cultura centralista que definió la concepción y el desempeño del Estado venezolano durante buena parte del siglo XX.

Fernando Kusnetzoff, destacado por sus aportes a la descentralización en el ámbito de servicios, se aproxima a una definición de la descentralización como la práctica de transferir competencias, funciones y recursos desde el nivel central del Estado hacia las organizaciones de este y de la sociedad a niveles territoriales menores, supuestamente más adecuados para una mayor y más democrática participación de la población en la determinación política, económica y físico-ambiental de su destino colectivo.

Esta transferencia de responsabilidades y competencias se enmarca en cuatro de los componentes principales que constituyen la estructura del Estado, el administrativo, el económico, el fiscal y el político. Cada uno de estos componentes, dentro del esquema de descentralización, se determinan a partir de lo que se transfiere:

— **La descentralización administrativa**, se relaciona con la transferencia de responsabilidades para planear y coordinar el uso de los recursos del nivel central de forma autónoma.

— **La descentralización económica** está vinculada con la transferencia de factores de insumos y producción.

— **La descentralización fiscal**, se refiere a la asignación de recursos orientados a la garantía de la prestación de servicios públicos y cumplimiento de las competencias locales asignadas.

— **La descentralización política** se relaciona con la transferencia de capacidades en cuanto a la toma de decisiones referidas a las políticas de desarrollo de orden local, como a su vez a la capacidad de elección de sus gobernantes.

Carlos Blanco, en su balance sobre la descentralización, señala que «es una de las conquistas fundamentales del siglo XX venezolano y fue producto de una inmensa movilización política, intelectual, regional y cultural, liderizada por la COPRE que se cristalizó inicialmente en diciembre de 1989 con la primera elección popular, directa y secreta de los gobernadores de estado y de los alcaldes de los municipios»[150].

Las reformas del Estado propuestas por la COPRE consideraban que para dotar de mayor eficacia al aparato público y de mayor legitimidad al

---

150   *Cf*. Carlos Blanco, 2002: 279.

sistema político, era necesario fortalecer la capacidad de la sociedad organizada, en sus diferentes esferas y niveles, para definir sus prioridades y a su vez controlar la actuación de sus mandatarios o representantes. En tanto, se hacía necesario redefinir las competencias ejercidas por el nivel nacional y descentralizar las restantes hacia las instancias estatales y locales, buscando mayor eficiencia y por supuesto acercar el poder al ciudadano.

De tal manera que debe entenderse la transferencia de competencias como un proceso complejo, con implicaciones de orden jurídico, económico-financiero y administrativo, pero sobre todo, en el orden social y político, porque enfrenta una tendencia hacia la desconcentración del poder en el árbitro central que aparece desbordado por el número y la magnitud de las tareas asignadas.

Para Mascareño (2000), puede afirmarse que uno de los indicadores de un proceso de descentralización político-administrativo es la realidad de sus competencias, esto es, hasta donde el país ha podido avanzar en transferir las competencias y los respectivos servicios desde el poder nacional hacia los poderes estatal y municipal, con una asunción efectiva por parte de estos. El camino hacia la descentralización en Venezuela fue gradual. Las transferencias hacia los estados transcurrieron en función de las capacidades y voluntades de cada nivel, dentro del marco que pauta el arreglo institucional.

Buena parte de los autores e investigaciones, alrededor del proceso que registró Venezuela de descentralización político administrativa a partir de 1989, coinciden en que el mismo se planteó como una salida a la crisis de la democracia, como una suerte de válvula de escape que permitió oxigenar el sistema político y de alguna manera dar mayor gobernabilidad al mismo.

Tras la primera década y experiencia de descentralización en Venezuela, autores como Carlos Mascareño[151], han realizado un balance en relación a las competencias concurrentes y divide el proceso en tres etapas a saber:

1. Una primera etapa de aprendizaje es posible ubicarla en el periodo 1990-1993 y en ella el avance de las negociaciones de las competencias concurrentes fue lento. Existen varias circunstancias que así lo determinaban: *a)* los gobernadores apenas estaban conociendo lo que era gobernar bajo el régimen eleccionario; *b)* el país nunca había

---

151 *Cf*. Ampliamente Carlos Mascareño, 2000.

desarrollado negociaciones de transferencia entre el poder central y el nivel estadal; *c)* los instrumentos reglamentarios donde se detallarían las circunstancias de la negociación no existían, solo se contaba con el contenido de la LODDT; *d)* el país se encontraba en una seria crisis económica, social e institucional; y *e)* la resistencia del gobierno central era una realidad casi natural: era la primera vez que a través de métodos de negociación debía desprenderse de servicios en los cuales la burocracia ejercía el poder.

2. La segunda etapa se ubica en el lapso de 1994-1997, para este momento, los estudios lograron concretar un número importante de convenios de transferencia, así como programas aprobados por parte del Senado de la República y acuerdos previos de cogestión nacional. En este sentido, es importante destacar cómo la acumulación de aprendizaje e intercambio de información y conocimientos en la etapa anterior representó una base fundamental para avance del período siguiente.

3. La tercera etapa, 1998-1999, ha sido la de menor actividad en la materia que nos ocupa. En ellos ha incidido varios factores desde 1998 que fue un año electoral, momento poco propicio para tomar decisiones sobre transferencias, por otro lado, los gobernadores estuvieron dedicados a resolver las severas restricciones financieras de ese año y, asimismo, 1998 fue un año en el cual el gobierno tuvo prioridades diferentes a las negociaciones de la descentralización, entre ellos el proceso constituyente.

Venezuela registrará cambios apreciables a partir de 1999, como consecuencia de la aprobación de la nueva Constitución Bolivariana de la República de Venezuela, que incorpora nuevas instituciones, poderes, lógicas e instancias de poder, afectando a la descentralización como proceso, avanzando en algunos aspectos y retrocediendo, en otros.

Por ejemplo la participación ciudadana ya no consistiría solo en el ejercicio del voto, sino también como un principio inserto en toda la estructura del Estado, en este sentido, se crearon tres instancias destinadas a propiciar la participación ciudadana, estas son: los Consejos Locales de Planificación Pública, el Consejo de Planificación y Coordinación de Políticas Públicas y, el Consejo Federal de Gobierno; estas nuevas estructuras permitirían el fortalecimiento de la democracia participativa y protagónica.

Los consejos comunales se plantean como estructuras de «participación y protagonismo del pueblo», creadas en el año 2006 posteriormente vendrían las comunas, ambas figuras representan en los últimos tiempos, en opinión de autores como Manuel Rachadell, Alan Brewer Carias, Fortunato González, Jesús Rondón Nucete, Margarita López Maya y otros más, las instancias más emblemáticas que configuran un nuevo centralismo criollo.

Según el artículo 2 de la Ley de los Consejos Comunales y en el marco de la democracia participativa y protagónica, estas estructuras se definen como: ...instancias de participación, articulación e integración entre las diversas organizaciones comunitarias, grupos sociales y los ciudadanos y ciudadanas, que permiten al pueblo organizado ejercer directamente la gestión de las políticas públicas y proyectos orientados a responder a las necesidades y aspiraciones de las comunidades en la construcción de una sociedad de equidad y justicia social. El objetivo central de los Consejos Comunales es organizar a las comunidades en torno a sus necesidades y problemas, para buscar soluciones y desarrollar las potenciales de cada comunidad.

Poner en marcha la nueva figura de los consejos comunales implicó, para la administración pública venezolana, primeramente, constituir un Fondo Nacional de los Consejos Comunales, a los fines de recibir y administrar recursos provenientes de FIDES y LAES. Asimismo, se reformó la Ley de los Consejos Locales de Planificación y, por último, también se reformo la Ley Orgánica del Poder Público Municipal. Lo negativo y la particularidad de estos consejos comunales es que, a pesar de sus funciones y estructura, estos fueron creados originalmente totalmente desvinculados de los municipios.

La experiencia del chavismo en el poder en esta década implicó, sin lugar a dudas, un retroceso en términos del creciente y sostenido proceso de descentralización que Venezuela desarrollaba desde 1989, cuya primera conquista se expresó en la elección directa de gobernadores, alcaldes, concejales y juntas comunales. A partir de 1989 las regiones y lo local toma un nuevo aire, se inician múltiples procesos, experiencias y proyectos para configurar una nueva arquitectura con énfasis en el protagonismo de las regiones o localidades y con logros apreciables en aéreas como la salud, la educación, el manejo de puertos, aeropuertos y otras instancias.

En Venezuela el Estado mostró, en décadas anteriores, ciertas distorsiones que en parte serán los mayores argumentos para plantear su transformación en aras de más eficiencia, transparencia y logros. Antes, y ahora más, registramos un Estado con características hegemónicas y altamente centralizado e ineficiente, en la actualidad es un Estado que concentra y agrupa un andamiaje de instituciones profundamente débiles y cargadas de ineptitudes, burocracia, incapacidades, limitaciones y barreras para su propio desarrollo como la corrupción, el ventajismo, la ineficiencia, la poca transparencia e ineficacia, que impiden procesar los problemas de distinto orden y alcance acumulados en décadas e, inclusive, desarrollar la gestión soberana de rectoría, planificación, evaluación y seguidor de las políticas públicas como señala la propia Constitución Bolivariana de Venezuela de 1999.

En el diagnóstico y radiografía que hace décadas hizo Rosa Estaba y que a nuestro parecer no solo sigue vigente, sino que se ha agudizado, queda claro que «esta particular forma o estilo desproporcionado de intervencionismo del Estado es otra expresión del control centralista y que inhibe la iniciativa privada... y agrega.... Los excesos en nacionalizaciones, proteccionismos, controles, subsidios, regulaciones y permisiones son varias de las modalidades que abrieron paso a la burocratización clientelar, la monopolización de la economía y el reforzamiento de las expectativas de que todo debe ser resuelto por «papá» Estado, o populismo: un estilo demagógico, primitivo o antimoderno de hacer política que sirve de garante de la perpetuidad en el poder centralizado»[152].

Frente a la concentración de poder, intervencionismo y distorsiones vistas en la experiencia centralista venezolana, surge la descentralización y el nuevo federalismo como una viable alternativa de transformar al Estado y a la gestión pública. Hay que descentralizar los poderes y fortalecer a nivel intermedio y local, la potestad y capacidades de órganos e instancias para el desempeño de verdaderas y útiles funciones legislativas y de control, por supuesto, como serían las antiguas asambleas legislativas y los concejos municipales. Los gestores políticos y técnicos de los torcidos e improductivos ejecutivos requieren, además, ejercicios de capacidad de innovación en términos de explorar y crear procedimientos, estrategias, métodos de acción y negociación política: hacerlos aptos para realizar una síntesis adecuada entre los ejes de modernización y democratización que supone el avance de la dinámica descentralizadora y, por ende, para dar luces e impartir líneas a los legislativos.

---

152   *Cf.* Estaba, 1985, 1991.

No hay que perder de vista que la descentralización política administrativa no tiene otro objetivo que acercar el poder al ciudadano, además de hacer más efectivo la prestación de ciertos servicios y competencias que anteriormente estaban concentradas en el nivel nacional o central. Es decir, una de las premisas básicas de la descentralización es la redistribución del poder del Estado que funcionalmente está concentrado en el Poder Ejecutivo o Presidente y espacialmente está centralizado geográficamente en las grandes capitales[153].

Parafraseando a Jorge Sánchez Melean[154], asumimos que con la descentralización impulsada en Venezuela a partir de 1989, la vida del país comenzó a cambiar; las regiones encontraron nuevos horizontes; la participación ciudadana encontró nuevos caminos; la concertación entre el sector público y el sector privado se fortaleció; y en general, emergió a lo largo y ancho del país un nuevo liderazgo en el sector público y en el privado, que produjo cambios sustanciales en un Estado fundamentado en un presidencialismo sin límites, en un estatismo exagerado, en un partidismo agudo y en un centralismo asfixiante.

Indudablemente en Venezuela a partir de 1989 logramos acumular algunas experiencias exitosas, otras no así, pero lo cierto del caso es que nos hemos dado cuenta de las potencialidades que hay en las regiones, y de allí la relevancia de contar con proyectos, con una ingeniería política e institucional que promueva la descentralización, el nuevo federalismo y, por sobre todo, el llamado «buen gobierno», no es solo transferir competencias y recursos, sino que los gobiernos locales, la arquitectura local con sus respectivas instancias logren hacer buenos gobiernos y buenas gestiones locales para producir desarrollo, crecimiento, mejora de la calidad de vida y gobernabilidad democrática.

En un balance hecho hace algunos años alrededor de la truncada descentralización, Elys Mora Belandria[155] precisa que «la consolidación del poder local resulta cada vez más pertinente y las estrategias de la Nueva Gestión Pública pueden ayudar a introducir herramientas de innovación para dotar a los organismos públicos de una efectiva y operativa ca-

---

153   Véase ampliamente los argumentos expuestos por Fortunato González Cruz, 1999, 2008. Además, Francisco González Cruz, 1995; Marcos Avilio Trejo, 2000; Carlos Mascareño, 2000; Jorge Sánchez Melean, 2002: 20-33; Elías Méndez Vergara, 2000.

154   *Cf.* Jorge Sánchez Melean, 2002.

155   *Cf.* Elys Mora Belandria 2002: 109.

pacidad de respuesta, a fin de encarar los problemas administrativos con parámetros de eficacia, eficiencia al menor costo y en forma oportuna».

5.4. *La recentralización autoritaria en Venezuela*

Centralización, descentralización y recentralización han sido un continuum registrado en Venezuela a lo largo del siglo XX y XXI. Lo cierto del caso es que después de iniciar un proceso sostenido de transferencias y descentralización político administrativa en 1989, dos décadas después asistimos a una experiencia regresiva y distorsionadora de lo local, de la descentralización, de las regiones. Lo visto en la Venezuela contemporánea es un asalto, un golpe de Estado a las regiones, a las experiencias exitosas, a la soberanía de los estados y municipios.

El apoyo a la descentralización y al federalismo por parte del gobierno nacional en esta década, es simple retórica, pues su accionar deja claro su vocación centralista, militarista y autoritaria expresada en el proceso sostenido de socavamiento de los entes, competencias, materias y atribuciones de las regiones. El menoscabo a la descentralización en Venezuela tuvo sus antecedentes posterior al triunfo de Chávez, justamente en la creación y promulgación de figuras como el Plan Bolívar 2000, el Fondo Único Social como instrumentos de centralizar y ejecutar recursos, programas sociales e inversiones sin relación alguna con los entes y poderes locales, incluso delegando en las guarniciones militares y comandantes el manejo de tales recursos.

Varias modificaciones de leyes han ocurrido en estos años, entre ellas la Ley de Asignaciones Especiales (LAES) y la Ley del Fondo Intergubernamental para la Descentralización (FIDES), cuyas reformas representan menos recursos y más restricciones a las regiones en Venezuela.

En ese mismo orden de ideas encontramos, recientemente, dos instrumentos legales y marcos jurídicos forzados por parte de la Asamblea Nacional en Venezuela, que han representado un golpe a la descentralización en el 2009, al trastocar no solo competencias, sino mandatos populares como son la Ley de Reforma Parcial de la Ley Orgánica de Descentralización, Delimitación y Transferencia de Competencias del Poder Público (Gaceta Oficial de la República Bolivariana de Venezuela, 17 de marzo 2009 núm. 39.140) y la Ley Especial sobre la Organización y Régimen del Distrito Capital (Gaceta Oficial de la República Bolivariana de Venezuela, 14 de abril 2009 núm. 39.156) o incluso la Ley Orgánica para la Planificación y Gestión de la Ordenación del Territorio que introduce figuras y autoridades impuestas y no electas, designadas por parte del Poder Ejecutivo, afectando mandatos populares, competencias, recursos y trastocando una arquitectura de poder local. Las nuevas leyes y reglamentaciones sobre el reordenamiento territorial entre otros, afectan la naturaleza y esencia de la descentralización y el federalismo venezolano, es indudable que los niveles locales de gobierno sufrirán cambios, no solamente en cuanto al presupuesto que reciben sino también en cuanto a su funcionamiento y organización. La tendencia general es hacia la disminución de sus funciones y atribuciones y una sostenida recentralización del poder.

Thais Maingon caracteriza el proceso político venezolano como una ruta hacia el socialismo autoritario, en el que el presidente de la república evidentemente ha acrecentado su poder y atribuciones, ya abultadas en los términos y en el espíritu de la Constitución Bolivariana de 1999. Lo registrado en el país a partir de la primera década del siglo XXI, demuestra no solo la vocación desmedida de concentración de poder en el ejecutivo, sino además, la distorsión de mandatos, leyes, atribuciones y gestiones afectadas por la Ley Habilitante y otros instrumentos y marcos jurídicos.

En palabras de Thais Maingon, asumimos que a través de la Ley Habilitante, «el presidente de la república estuvo facultado por 18 meses, a partir del 1 de febrero de 2007, para sancionar leyes sin límites en materias y contenidos y sin necesidad de ser refrendadas por la Asamblea Nacional. Sancionó decretos con rango, valor y fuerza de ley en diferentes ámbitos de la vida nacional, tales como: participación popular, ejercicio de la función pública, seguridad ciudadana y jurídica, ciencia y tecnología, ordenación territorial, turismo, sector militar, espacios acuáticos, navegación, seguridad agroalimentaria, protección al consumidor, salud agrícola, transporte ferroviario, vivienda, seguridad social, administración pública y entes gubernamentales, economía, bancos, relaciones obrero-patronales, política automotriz, tributación, entre otros»[156].

El gobierno nacional ha manejado discrecionalmente los recursos que le corresponden a los estados y municipios, colocando trabas y restric-

---

[156]   Véase ampliamente Thais Maingon y Friedrich Welsch, 2009: 633-656. Además, Margarita López Maya, 2007; Alberto Barrera y Cristina Marcano, 2006.

ciones en lo que tiene que ver con el Situado Constitucional, el FIDES, para no hablar del Plan Bolívar 2000 que le concedió superioridad a los comandantes de guarnición de cada estado, no solo con poder real sino además con abundantes recursos colocando a militares sobre civiles, a comandantes de guarnición sobre autoridades legítimas y electas. Una de las expresiones del retroceso en términos de federalismo y descentralización ocurre con las finanzas públicas. Ricardo Combellas ha observado al respecto que «podemos hablar entonces de una recentralización fiscal, consecuencia del manejo desmedido y descontrolado de los ingresos extraordinarios derivados de la renta petrolera en los últimos años, en beneficio del gobierno central y en desmedro de los gobiernos estadales y locales, contraviniéndose así los principios y normas del Estado federal descentralizado consagrado por la Constitución de 1999»[157].

El gobierno no ha sido consecuente con la descentralización, sus acciones, decisiones y las propias agendas contenidas por parte del poder ejecutivo (presidente y vicepresidente) y poder legislativo (Asamblea Nacional) evidencian su discrepancia, rechazo y freno a la política de descentralización y federalismo, revelando profundas diferencias entre las instancias y poderes locales y nacionales, limitando por ende la construcción de un sólido proyecto nacional compartido desde lo local, que armónicamente permita el desarrollo del país nacional, sus regiones y sus ciudadanos.

No podemos perder de vista que apoyar a la descentralización político administrativa, constituye una forma y una de las vías más idóneas de profundizar la democracia como régimen político y, por ende, de creación de espacios de participación, deliberación y ciudadanía. De tal manera que asumiríamos que el proceso de recentralización no solo constituye un franco retroceso en términos de desarrollo y crecimiento, sino de deterioro paulatino de entramado democrático en la Venezuela contemporánea asediada por el centralismo autoritario.

Sin duda, dentro de un proceso de transición política que tarde o temprano el país registrará, un aspecto vital y clave será la imperante necesidad de relanzar al país precisamente a partir del potencial de sus regiones y de sus instancias locales frente a la postración y centralismo al que se llegó en los años de revolución bolivariana con Chávez y Maduro en el poder.

---

157   *Cf*. Ricardo Combellas, 2008.

«La presencia de oficiales de la Fuerza Armada en toda la Administración Pública produjo un cambio de gran magnitud en la textura institucional del sector público. La progresiva devaluación de los funcionarios públicos civiles, asociada a un deterioro continuo del Estado durante dos décadas, se acrecentó con la presencia militar. No sirvió solo para obtener las ventajas a las que el residente aspiraba con una nueva forma de control al interior de la administración pública, sino que también propició la pérdida de sentido, valores y memoria histórica en una proporción significativa dentro del aparato público».

— CARLOS BLANCO, 2002

en los BORDES de la DEMOCRACIA

6.1. *La particularidad de la problemática venezolana*

Si caracterizamos algunos rasgos y elementos exhibidos en esta última década, en lo que concierne al funcionamiento del sistema político venezolano, encontraremos sobrados elementos para inferir un deterioro sostenido de aquellos elementos definitorios y vertebradores del entramado democrático. De tal manera, que cualitativa como cuantitativamente, hemos retrocedido en términos de democracia, calidad de la democracia y Estado de derecho. Por oposición a buena parte de los demás países latinoamericanos, donde la tendencia observada es hacia la profundización democrática, la garantía de la democracia, de los derechos humanos, la promoción de la paz, la reducción de los gastos en materia de armas, y fundamentalmente la condena y erradicación de regímenes no democráticos.

Asimismo, un común denominador estaría definido por la tendencia cada vez mayor de integrar y fortalecer las relaciones cívico-militares dentro de sólidas concepciones democráticas, que unido a la eliminación y ausencia de focos de conflicto y la reducción de la carrera armamentista en los años noventa, promueva papeles más cívicos y al mismo tiempo de promoción de la democracia y de la paz por parte de nuestra Fuerza Armada Nacional. Venezuela no es la expresión de esa tendencia, no solo registramos a partir del 2006 un incremento considerable en los gastos de seguridad y compra de armas, sino además, un proceso sostenido de ocupación de cargos netamente civiles por parte del estamento y componente militar, que alcanza no solo ministerios, gobernaciones, sino además, embajadas y puestos claves, fenómeno jamás antes observado en nuestra historia contemporánea.

Los venezolanos hemos podido constatar, como en los años de revolución el actual gobierno ha venido acelerando un proceso de sustracción de valores, prerrogativas, poderes constituidos, competencias, espacios y demás, con unos daños apreciables en muchos órdenes y sectores. De tal manera que, a trocha y mocha, con y sin razón este gobierno decreta, impulsa, invade, confisca, maneja, señala y ejecuta un conjunto de ideas, propuestas y directrices, que no solo no figuran ni aparecen amparadas en la Constitución Bolivariana de Venezuela de 1999, sino además constituyen el más nefasto precedente de desconocimiento de derechos, libertades y garantías constitucionales[158].

Indudablemente sabemos que al presidente y sus asesores les importa un bledo colocarse contra derecho, lesionar patrimonios, afectar moral y materialmente a determinados grupos, sectores o venezolanos en particular, incluso a seguidores del proceso quienes han disentido y hoy son perseguidos. Los venezolanos estamos presenciando el deterioro paulatino y sostenido del régimen de libertades contemplado en la Constitución de 1999, aunado a ello, registramos un régimen que persigue, criminaliza a quien piense distinto, la autonomía de los poderes es algo meramente formal, no se observa ni se respeta la Constitución como Ley Suprema, y se vulnera la propiedad privada, que es de acuerdo a las Declaraciones Universales de Derechos, Pactos Internacionales, la propia Constitución, y el criterio de autores como John Locke, uno de los principios transcendentales del hombre, junto a la vida, la libertad e igualdad.

En Venezuela no sueñe la gente que estamos creando, innovando o inventando un nuevo sistema político o un nuevo sistema económico. No solamente no hay mayor justicia, mayor equidad y realmente mejores estándares de vida, las medidas implementadas dejan claro que algunos venezolanos aparentemente viven mejor con el auxilio coyuntural de algunas misiones. Sin embargo, se reclaman políticas públicas estables que estimulen el empleo, el desarrollo, la productividad y el ingreso de los venezolanos a la economía formal y no que Venezuela tenga a la mitad de la población ubicada en la economía informal o buhonería.

La afectación y daño causado por el actual gobierno a la sociedad, al derecho y a la economía no tiene comparación. Hoy tenemos menos derechos, menos libertades, menos empresas abiertas, menos empleos generados, somos más improductivos e importamos prácticamente todo, en fin, nadie puede en su sano juicio desconocer que, amparados en un ideal, en una supuesta sociedad más justa, en una revolución y proceso, hoy los vene-

---

[158] Véase ampliamente Nelson Rivera, 2009. Los reportes de Fedecamaras, Fedeagro, Consecomercio, Fedeindustria tabulan el retroceso exponencial que hemos tenido en estos años.

zolanos hemos retrocedido materialmente e inmaterialmente, hoy vivimos más inseguros, más desprotegidos en lo personal y colectivo, y la vida se nos está diluyendo en los caprichos y decisiones de un gobierno que cada día con su accionar lesiona libertades y prerrogativas.

No hay experiencia alguna de prosperidad cuando se atropellan derechos, cuando se desconoce la propiedad privada, cuando no se cuenta con libertad de expresión, cuando la vida no vale nada, cuando las elecciones no son periódicas, confiables y transparentes, cuando no hay autonomía y controles por parte de los poderes, cuando la Constitución se viola a diario, cuando los ciudadanos no hay una salud de calidad, educación o empleo, y en su lugar, abunda la incapacidad, la malversación, la discrecionalidad, la corrupción, el hampa de distinta forma.

A los venezolanos se nos impone una tarea ardua, colosal, titánica y necesaria como es la defensa y recuperación del orden democrático y de la legalidad, que no pertenece a un bando o grupo, no es roja rojita ni azul azulita, es de todos y cada uno de los que habitamos esta tierra bendita, que ha sido sometida a plagas en el pasado y en el presente. Nos corresponde unirnos en los ideales y metas comunes que nos permitan vivir mejor, vivir en paz y además tener un país, economía, sociedad y gobierno que nos proteja más, y crear las condiciones de dignidad, progreso y el desarrollo de todos los venezolanos.

6.2. La reforma constitucional (diciembre 2007)

El país desde 1999 aprobó y se ha regido por la Constitución Bolivariana de la República de Venezuela, a partir del año 2005 el presidente de la república comenzó a expresar la necesidad de modificar parte de su articulado, justamente para hacer operativo su proyecto político, la instauración de figuras, nuevos poderes y la vía al socialismo del siglo XXI. Concretamente, a finales del año 2007, los venezolanos fuimos consultados en relación a una propuesta y Proyecto de Reforma Constitucional, que tanto la Asamblea Nacional como el presidente Chávez, estaba contenida en 69 artículos.

En relación a este Proyecto de Reforma Constitucional que fue negado por parte del pueblo en las elecciones del 2 de diciembre de 2007, merece señalarse que contenía profundos cambios:

— En primer término, dicho proyecto buscó transformar el Estado Federal Descentralizado en un Estado Centralizado. Es decir, mayor concentración del poder bajo la ilusión del poder popular, creando esta última instancia no contemplada en la Constitución Bolivariana de Venezuela, trastocando poderes e instancias y fomentando a los Consejos Comunales.

— En segundo término, transformar el Estado Federal Descentralizado y de Justicia en un Estado Socialista, que implicaba la eliminación de la libertad económica y de la iniciativa privada o al menos la limitaba abiertamente, así como restringir la propiedad privada, dándosele al Estado la propiedad de los medios de producción y la planificación centralizada entre otros rasgos.

— Finalmente, en el Proyecto de Reforma Constitucional, se persiguió, como de hecho ha sido, el transformar el Estado venezolano edificándolo sobre el excesivo papel de la Fuerza Armada Nacional, convertida en Fuerza Armada Nacioanl Bolivariana, sometida al Jefe de Estado con la Reforma a la Ley Orgánica de la Fuerza Armada (LOFAN) del 2008.

Alan Brewer-Carias[159], ha precisado algunas de las transformaciones o modificaciones que planteaba el Proyecto de Reforma Constitucional, se pueden resumir en siete aspectos:

1. Cambios en los principios fundamentales de la organización del Estado, que buscan transformar el Estado democrático descentralizado en un Estado Socialista centralizado.

2. Cambios en el sistema político, que buscan transformar la democracia representativa en una supuesta participación popular conducida por el Poder Central.

3. Cambios en la forma del Estado, que buscan eliminar definitivamente los vestigios de Federación centralizada mediante centralización total del Estado.

4. Cambios en la organización del Poder Nacional, que buscan acentuar el presidencialismo.

5. Cambios en la Constitución económica, que buscan transformar un Estado social y promotor de la economía mixta, en un Estado socialista de economía estatal centralizada y confiscatoria.

6. Cambios en los derechos laborales: una reforma «constitucional innecesaria».

---

159   *Cf.* Alan Brewer Carias, 2007: 13-14. Además, Fortunato González Cruz, 2008.

7. Cambios en el régimen de la Fuerza Armada, que buscan transformar el Estado civil en un Estado militarista.

El 2 de diciembre de 2007 se realizó la consulta de la Reforma Constitucional propuesta por Chávez, y la propia Asamblea Nacional para transformar la Constitución Bolivariana de Venezuela de 1999 (Proyecto que contenía la modificación de 69 artículos). Fue la primera derrota que la sociedad venezolana le propinó al proyecto, cambio de rumbo histórico, legal e institucional del presidente Chávez.

Dentro de los aspectos más polémicos de la Reforma Constitucional figuraban las modificaciones de:

—   Los artículos 185, 225, 236, 251 (CBRV), significaban la centralización del poder en manos del presidente y del Estado y revertían el anterior proceso de descentralización mediante el reordenamiento político del territorio nacional.

—   El artículo 230 (CBRV), que permitía la reelección indefinida del presidente y la extensión de su respectivo mandato de seis a siete años.

—   La politización de la Fuerza Armada Bolivariana al referirse a un «cuerpo esencialmente patriótico, popular y antiimperialista», artículo 328 (CBRV).

—   La militarización según el artículo 11 (CBRV), que permitía al presidente «decretar Regiones Estratégicas de Defensa (...) en cualquier parte del territorio».

—   Una «nueva geometría del poder» basada en «Consejos del Poder Popular», en Comunas, «células sociales» o «formas de agregación comunitaria».

—   El artículo 299 (CBRV), que creaba un régimen socioeconómico fundamentado en los principios «socialistas, antiimperialistas» y protagonizado por el Estado en el cual, según el artículo 112 (CNB), preponderaban los «intereses comunes sobre los individuales».

—   El artículo 158 (CBRV), que creaba una «Democracia Socialista» basada en la «participación protagónica del pueblo» y los órganos del «poder popular».

—   El artículo 141 (CBRV), que incluía las «Misiones» creadas por Chávez como parte de la administración pública.

—   El artículo 152 (CBRV), que declaraba al Servicio Exterior como una «actividad estratégica del Estado» y establecía la orientación de la política exterior hacia «un mundo pluripolar, libre de la hegemonía de cualquier centro de poder imperialista, colonialista o neocolonialista».

— El artículo 153 (CBRV), plantea el proyecto latinoamericano «gran nacional» basado en la idea bolivariana de una unión latinoamericana.

No hay la menor duda que la Reforma Constitucional, propuesta por Chávez y la Asamblea Nacional para diciembre de 2007, representaba un asalto a la Constitución Bolivariana de 1999. La propuesta de reforma fue criticada por su contenido y por su forma. En cuanto a lo primero, el fortalecimiento de la centralización, los poderes adicionales al presidente, su reelección indefinida, la politización de la Fuerza Armada, la sumisión del servicio exterior a fines ideológicos, la promoción de una sociedad, Estado y economía estatista y socialista, las restricciones a la propiedad privada entre otros.

Por otra parte, no podemos perder de vista que, conforme al artículo 347 de la Constitución Bolivariana de la República de Venezuela de 1999, transformar el Estado y principios fundamentales requería, aplicando el espíritu de carta magna, convocar a una Asamblea Nacional Constituyente, razón por la cual el referéndum y la reforma constitucional fueron considerados por algunos analistas y constitucionalistas como actos inconstitucionales.

6.3. *La enmienda constitucional y el golpe a la Constitución (2009)*

Lo registrado en Venezuela en contra de la institucionalidad democrática en los años de revolución es inédito violentado incluso la propia Constitución Bolivariana de 1999 impulsada por Chávez. Dicha actitud sostenida en el tiempo por parte del presidente de la república y la inmensa mayoría de sus colaboradores incapaces de contradecir, no apoyar o frenar las desmesuras, se traduce en un país y sociedad que muestra retrocesos y regresiones en varios ordenes, para muestra la inseguridad, la pobreza, el desempleo, la inflación, pero además, el campo de derecho afectado por el imperio de la irracionalidad, la terquedad, la ceguera y obsesión.

Ya el pueblo venezolano se pronunció en el 2007 con un rotundo No, frente a la vocación abrupta de cambiar la Constitución, el destino, el Estado, la sociedad y la propia economía, incluyendo la reelección. Sin embargo, ahora ya no bajo el rótulo de la reforma ya sancionada y votada con un

No, se recurre a la enmienda sobre la misma materia y para colmo se llega al extremo de redactar una grotesca pregunta que no aterriza, que simula una supuesta ampliación de derechos, involucrando cinco artículos de la Constitución Bolivariana de Venezuela de 1999.

Lo que se cometió fue un doble fraude, asalto y golpe a la Constitución, al Derecho y a la soberanía, no solo al volver a someter una misma materia a consulta, sino además, irrespetando el procedimiento, los lapsos y engañando al soberano en la manera de formular la consulta con una pregunta imprecisa y no categórica.

El sistema político venezolano y su democracia experimentaron el 15 de febrero del año 2009 un retroceso más, producto de una consulta o referéndum constitucional sobre la Enmienda Constitucional, que estaba referida a una pregunta sobre una materia específica, la reelección indefinida del Presidente de la República, trastocando el principio de la alternancia y naturalmente el artículo 230 de la Constitución Bolivariana de Venezuela, que habla del período presidencial de seis años y la posibilidad de su reelección por una sola vez para un nuevo período.

La Asamblea Nacional redactó y aprobó la convocatoria del Referéndum Constitucional para el domingo 15 de febrero de 2009. La pregunta en cuestión fue ¿Aprueba usted la enmienda de los artículos 160, 162, 174, 192 y 230 de la Constitución de la República, tramitada por la Asamblea Nacional, que amplía los derechos políticos del pueblo, con el fin de permitir que cualquier ciudadano o ciudadana en ejercicio de un cargo de elección popular, pueda ser sujeto de postulación como candidato o candidata para el mismo cargo, por el tiempo establecido constitucionalmente, dependiendo su posible elección, exclusivamente, del voto popular?

Los resultados de la consulta electoral fueron favorables al gobierno de Chávez (54%). Sin embargo, la aprobación de la reelección indefinida imprime un signo jamás antes visto, no solo en Venezuela, sino en buena parte del resto del mundo, trastocándose directamente uno de los pilares de la democracia como es la alternabilidad.

Sin embargo, la reelección indefinida del Presidente de la República aprobada vía Enmienda Constitucional, es solo uno de los tantos aspectos visibles y lesivos a la democracia y al propio Estado de derecho, asediados de forma reiterada en el transcurso del año 2008 y 2009. En esta época y bienio, el régimen democrático ha sufrido ataques y fundamentalmente alteraciones en su esencia, sus instituciones, poderes, mandatos, atribuciones y naturalmente leyes orgánicas atentatorias contra la institucionalidad y constitucionalidad.

José Román Duque Corredor ha tipificado las alteraciones y deformaciones que registran la democracia y el propio Estado de derecho en Venezuela, frente a esto propone hablar de «*estado de cosas inconstitucional*», como negación justamente del arquetipo y modelo de Estado de derecho y de justicia plasmado en la Constitución Bolivariana de 1999.

Duque Corredor caracteriza y precisa este desorden jurídico (estado de cosas inconstitucional) «se entiende fundamentalmente la repetida omisión y acción generalizada de los poderes públicos, respecto de la falta de protección de las libertades y derechos fundamentales de las personas y de la garantía de la independencia y de no intromisión de los poderes. Y que supone el desconocimiento sistemático de principios básicos como el de la supremacía de la Constitución, el de la separación de los poderes, el de la inviolabilidad de los derechos humanos y el de la autonomía y especialidad de los jueces y del reparto constitucional del orden jurisdiccional»[160].

Dentro de los rasgos visibles, según Duque Corredor (2006), del estado inconstitucional destacan:

1. Desconocimiento reiterado y general de libertades y derechos esenciales por los poderes públicos.
2. La adopción de prácticas constitucionales por dichos poderes.
3. La omisión de los órganos competentes en materia de defensa de derechos constitucionales de adoptar las medidas correctivas de las violaciones de estos derechos.
4. El mantenimiento de ordenamientos transitorios o provisionales en materias fundamentales, como el de la autonomía e independencia del poder judicial y su régimen disciplinario.
5. El activismo judicial.
6. La provisionalidad de los jueces.
7. El funcionamiento deficiente y el poco desempeño de los organismos judiciales y de defensoría de protección de los derechos fundamentales.
8. El ejercicio de la delegación legislativa ilimitada por el poder ejecutivo.
9. La impunidad de delitos de corrupción y contra los derechos humanos.
10. La sustitución de los mecanismos de reforma constitucional y del poder constituyente, entre otros, por la justicia constitucional.

---

160   *Cf.* Ampliamente el artículo esclarecedor de José Román Duque Corredor, 2006: 341-360.

6.4. *La seguridad y lo militar en el siglo XXI*

Los cambios y las dinámicas experimentadas en la economía y en la política mundial a mediados de los años noventa y posteriormente, ciertamente afectaron y siguen afectando no solo a los centros de poder, sino a las concepciones que durante un buen tiempo definieron la manera de llevar las relaciones internacionales, los esquemas de integración y naturalmente lo referido al papel de las fuerzas armadas, incluyendo la seguridad nacional de nuestros países y la defensa respectivamente.

Las nuevas realidades definidas por un mundo globalizado en materia de economía, seguridad, comunicación y de la propia democracia como régimen político de manera universal, está exigiendo relaciones entre las esferas civiles y militares mucho más expeditas y cercanas, definidas por la cooperación en pro de la paz, la defensa de la democracia, el Estado de derecho, y además con un rol altamente destacado de parte de nuestra sociedad civil, en primer lugar, y en un segundo, con una participación mucho menor pero también importante de la Fuerza Armada siempre supeditada al orden y poder civil.

Surgen y se proponen nuevas agendas y marcos de acción estructurados y concebidos a la luz de la democracia. Ciertos enemigos han desaparecido como la expansión del comunismo, el avance de la carrera armamentista alimentada por la guerra fría y la bipolaridad establecida hasta 1991, cuestiones estas que dejan claro que nuestros sistemas políticos no pueden seguir gravitando en las posturas de seguridad y defensa del pasado, se demanda por unanimidad entre otras cosas, la reducción de los gastos militares y la inversión de estos recursos en otras áreas como educación, empleo y alimentación.

De forma tal, que los cambios registrados a escala global han tenido inferencias directas en las agendas y en las propias concepciones que se tiene de seguridad. Uno de los cambios más significativos es que pasamos de una concepción en la que se privilegia o se pone énfasis en la seguridad del Estado con una preponderancia de la Fuerza Armada, a una concepción mucho más avanzada y vanguardista donde el énfasis y centro del debate está colocado en la seguridad del ser humano (seguridad humana) y de la democracia (seguridad democrática) (TABLA 12).

TABLA 12
Concepción y rol de la Fuerza Armada, siglo XX y XXI
Fuente: elaboración propia, 2007

Época	Concepción	Rol de la Fuerza Armada	Rasgos
Siglo XX	Tradicional	Papel protagónico	Guerra Fría
	Estatista	No deliberantes	Bipolaridad
	Conservadora	Combatientes	Armamentismo
		Armamentista	Soberanía
		Lucha contra el comunismo	Comunismo
Siglo XXI	Innovadora	Papel secundario	Fin de la Guerra Fría
	Vanguardista	No deliberantes	Multipolaridad
	Democrática	Pasivos	Desarme
		Desarme	Integración
		Integración	Globalización
		Lucha contra el narcotráfico	Democracia
		Lucha contra la guerrilla y el terrorismo	Derechos humanos

Gabriel Aguilera Peralta expone acertadamente que «se asume la primacía del poder civil, el manejo de una nueva agenda de seguridad en la cual los temas de seguridad militar constituyen parte importante pero siempre supeditados a la esfera civil»[161].

Sin embargo, si bien es cierto la tendencia deja claro que el estamento e instancia militar tiende a supeditarse al poder civil, no es menos cierto que existen algunos casos donde lejos de supeditar a la Fuerza Armada al poder civil, ocurre lo contrario como sucede en Venezuela a partir del triunfo de Chávez en 1998 y con el nuevo texto constitucional aprobado en 1999, que contempla un fuero militar (tratamiento especial) donde abandonan su papel pasivo a un papel activo y deliberante en la política venezolana.

Las nuevas condiciones impuestas por la globalización están produciendo una serie de tendencias y situaciones en toda América Latina entre ellas destacan:

1. La primacía de la sociedad civil.
2. La profesionalización cada vez de la Fuerza Armada.
3. Un papel activo y permanente de la sociedad civil por oposición al papel pasivo de la Fuerza Armada Nacional.
4. El desarme y control de la carrera armamentista.

---

161   Véase Aguilera Peralta, 1999: 89. También Bodemer, 2003.

5. La búsqueda de la Paz en países como Colombia, México, Nicaragua, Honduras.
6. La defensa y promoción de la democracia.
7. La no intervención, autonomía y soberanía de las naciones.
8. La preservación de los territorios incluyendo el mar territorial y el espacio aéreo.
9. Evitar la internacionalización y regionalización de los conflictos armados.
10. La reducción (limitación) de los gastos militares, particularmente lo referido a la adquisición de armamento.
11. El fortalecimiento de la confianza en los diversos esquemas y tratados de cooperación e integración económica dentro esquemas globalizados.
12. El reforzamiento de la lucha antiguerrillera, antinarcotráfico y antiterrorismo en ciertos países.
13. La promoción de zonas de paz y cooperación en países como Colombia y algunos de centroamérica.
14. La búsqueda de un desarrollo auto sostenido y sustentable.
15. El control y erradicación de la pobreza.
16. Alternativas y soluciones frente al problema de la deuda externa en todo el continente latinoamericano.
17. El fortalecimiento y defensa de las instituciones y de los procesos democráticos en toda la región.
18. El fomento y promoción de la ciencia y la tecnología como recursos de desarrollo y progreso social.

No perdamos de vista que la ausencia de conflictos regionales e internacionales, a lo cual se le suma el proceso creciente de desarme iniciado en los años noventa como consecuencia del fin de la guerra fría, y con el establecimiento de la democracia a escala mundial, los esquemas tradicionales manejados alrededor de la seguridad, del papel de la Fuerza Armada y, naturalmente, del rol de la sociedad civil han sufrido algunas modificaciones, dado que unas cuantas definiciones y concepciones se muestran insuficientes y no concatenadas con los cambios experimentados.

Así tendríamos que a partir de los años noventa, época en la cual coinciden el fin de la bipolaridad, la globalización de la economía y de los mercados y el establecimiento de regímenes democráticos, se demandan nuevas posturas, concepciones y doctrinas, que asuman en primer lugar un papel sumamente activo de los sectores civiles y democráticos, paralelo a lo cual se concibe a escala mundial la subordinación y obediencia de la Fuerza Armada al orden democrático y a la autoridad civil.

Dentro de los elementos básicos de una concepción de seguridad democrática están:

— **En el orden político**: La presencia de instituciones democráticas fuertes y estables, con marcos constitucionales definidos y la garantía de los derechos humanos.

— **En el orden económico**: La promoción de economías nacionales enfocadas al desarrollo, la producción, la satisfacción de las necesidades básicas, la expansión económica, la diversificación de las industrias y de las economías.

— **En el orden social**: La solución de los problemas básicos como salud, educación, reducción de la pobreza, generación de empleo y viviendas.

6.5. *La travesía hacia el militarismo*

La expresión militarismo es relativamente reciente en cuanto a su uso. Sin embargo, lo que merece destacarse en sus diversas acepciones y tratamiento es el predominio del elemento militar sobre el elemento civil, el énfasis en el orden y aspecto militar en detrimento del aspecto y orden civil. Tendríamos en ese mismo orden de ideas que el militarismo se presentaría como la ideología y el comportamiento político que identifica los intereses nacionales con los de la jerarquía militar.

Los puntos cardinales de la ideología militarista son el patriotismo, el respeto a la jerarquía y el recurso de la fuerza como medio de resolución de los conflictos internacionales con otros países. Otra de las principales características de los gobiernos y estados militaristas es el incremento de la partida presupuestaria destinada a gastos militares (conflictividad y guerras). El militarismo se presenta como una ideología y modelo que evidentemente rompe y contradice el avance democrático, ciudadano y cívico a escala mundial registrado en los finales del siglo XX y los inicios del XXI.

Parafraseando a David Shills, abordaríamos al militarismo como la doctrina o sistema que valora positivamente la guerra y atribuye a las fuerzas armadas primacía en el Estado y la sociedad. Exalta una función (que es el ejercicio y aplicación de la violencia) y una estructura institucional (que es la organización militar) que en su conjunto implica una orientación política y una relación de poder[162].

Hay unanimidad de criterios cuando se precisa que el militarismo ha sido una concepción, modelo y práctica con cierta presencia en América Latina y un término o vocablo usado para designar la tendencia de las instituciones militares y de los militares a extender su participación en el gobierno civil de una nación, desplazando y sustituyendo a los elementos civiles.

De manera que se da una superposición del estamento militar sobre el civil, una superposición de la lógica militar sobre la civil, y una exacerbación de la participación del militar y de la Fuerza Armada sobre el ciudadano y la participación civil como ha ocurrido en las décadas en la Venezuela del siglo XXI. Por tanto, pudiéramos inferir que el llamado militarismo latinoamericano es, sobre todo, un marcado intervencionismo militar en los asuntos de competencia política y civil que tradicionalmente han estado y pertenecido a la sociedad y orden civil.

Deborah Norden categoriza el proceso político venezolano a partir justamente de las modificaciones de las relaciones cívico militares, registrándose un proceso de transformación y sustitución de las dinámicas y lógicas civiles y militares respectivamente.

Norden, de forma aguda y precisa, expone que «Chávez se ha desplazado gradualmente de una democracia populista a un socialismo revolucionario semidemocrático. Este proceso comenzó con su asunción en 1999 y alcanzó su punto más alto en 2007, con su intento de reformar la Constitución e implementar un modelo político mucho más radical. Este fenómeno ha tenido importantes consecuencias para las relaciones cívico-militares. Por una parte, los intentos de Chávez de cambiar el modelo político provocaron una fuerte reacción en algunos sectores de la Fuerza Armada, de manera notoria durante el intento de golpe en su contra de 2002, pero también durante la campaña por la reforma constitucional de 2007. Pero, al mismo tiempo, los intentos de profundizar la identificación ideológica de los militares con el nuevo régimen ofreciéndoles roles de apoyo a la agenda política general del gobierno, abrieron un camino alternativo para el control civil de los militares»[163].

---

162   Véase David Shills, 1979: 115-116.

163   *Cf.* Ampliamente la investigación y trabajo de Deborah Norden, 2008: 170-187. Además, Harold Trinkunas, 2005; Frederique Langue, 2006.

Carlos Blanco de forma categórica expresa «la presencia de oficiales de la Fuerza Armada en toda la administración pública produjo un cambio de gran magnitud en la textura institucional del sector público. La progresiva devaluación de los funcionarios públicos civiles, asociada a un deterioro continuo del Estado durante dos décadas, se acrecentó con la presencia militar. No sirvió solo para obtener las ventajas a las que el residente aspiraba con una nueva forma de control al interior de la administración pública, sino que también propició la pérdida de sentido, valores y memoria histórica en una proporción significativa dentro del aparato público»[164].

Lo registrado en el seno de la Fuerza Armada y en la propia administración pública bajo la presidencia de Chávez, constituye una travesía en contra no solo de entramado y cánones democráticos, sino además, un retroceso en términos de profesionalismo, valores y méritos que definieron a la Fuerza Armada Nacional y su sustitución por el compadrazgo, tráfico de influencia y genuflexión, no al Estado y pueblo de Venezuela, sino a un liderazgo y proyecto político particular.

Venezuela registró a lo largo del bienio 2008-2009 la puesta en marcha de proyectos, elementos, variables, poderes y nuevas lógicas que estaban totalmente contenidas en el Proyecto de Reforma Constitucional (negado por la sociedad venezolana el 2 de diciembre de 2007). Por vía de la Ley Habilitante (2008) y de un conjunto de leyes emanadas de la Asamblea Nacional (durante el 2008-2009) se ha desarrollado y puesto en práctica buena parte del contenido (negado en Referéndum) de la Reforma Constitucional, modificando poderes, alterando mandatos, incorporando figuras, creando nuevos actores y, evidentemente, irrespetando no solo los resultados del domingo 2 de diciembre de 2007, sino a la propia Constitución Bolivariana de 1999.

Aníbal Romero acertadamente ha precisado, frente a la degeneración que registran la Fuerza Armada en Venezuela recientemente, que « los mandos militares, de su lado, comandan una estructura castrense tradicional equipada y adiestrada para la guerra convencional, mientras el régimen adquiere dos novedosos y sofisticados sistemas de armas para la Fuerza Armada, pero a la vez algunos voceros militares dicen estar preparándose para la guerra asimétrica y no-convencional a objeto de resistir con éxito una invasión extranjera contra Venezuela. Al aparato militar tradicional se suman ahora

---

164   Carlos Blanco, 2002:357.

dos fuerzas independientes y presuntamente complementarias, la Guardia Territorial y la Reserva Nacional, destinadas en teoría a la guerra asimétrica pero que la oposición describe como milicias partidistas armadas»[165].

La política de defensa militar en Venezuela ha sido manejada y administrada por el jefe de Estado, y en oportunidades delegada a sus colaboradores más cercanos, pero con muy poca o nula rendición de cuentas. Si analizamos el comportamiento de la Fuerza Armada, en la década 1999-2009, diremos con toda seguridad que las mismas no rinden cuentas de sus ejercicios y actuaciones, teniendo incluso una contraloría distinta a la Contraloría General del República, además, se observa que el control civil es cada vez más bajo sobre su misión y estructura, existiendo ausencia de control legislativo o parlamentario (ascensos y presupuesto) y, como si fuese poco, copando instancias netamente civiles por parte de hombres de uniforme, trastocando así su genuino ideal como garantes de la soberanía.

6.6. *Pretorianismo criollo (la reforma a la Ley Orgánica de la Fuerza Armada)*

La propensión o acentuación del componente y lógica militar en la vida política venezolana no se limita a la gestión del presidente Chávez. Venezuela tiene una larga trayectoria y experiencia en la que presidentes de la república han promovido una escalada y estructura fundamentada en la presencia exagerada o desmedida de militares en cargos claves de la administración pública, que por tradición, misión y características propias corresponde a un desempeño civil. Sin embargo, Chávez en relación al resto de caudillos desde Antonio Guzmán Blanco (siglo XIX), pasando por Juan Vicente Gómez, hasta Marcos Pérez Jiménez (siglo XX), se presenta como un liderazgo netamente caudillista y pretorianista que justamente inaugura el siglo XXI venezolano. Chávez ha sido categorizado por parte de analistas de las ciencias sociales con varias categorías y etiquetas (TABLA 13).

---

165 En esta época comenzaría la propensión a la carrera armamentista venezolana en razón de una amenaza real de guerra e invasión, ideas y amenazas nunca materializadas hasta nuestros días pero que han justificado durante el gobierno de Chávez (1999-2012) y Maduro (2013-2020) cuantiosos recursos y alianzas con China, Rusia y Bielorrusia. Véase Aníbal Romero, ponencia presentada en el marco de las *Jornadas sobre Venezuela*, organizadas por la Cátedra Bolívar de la Universidad de Santiago de Compostela, España, 21 y 22 de mayo 2008. Además, Frederique Langue, 2006.

TABLA 13
Clasificación del régimen político venezolano (Hugo Chávez)
Fuente: elaboración propia

Autor	Categoría	Rasgos
Nelly Arenas Luis Gómez Calcaño Thais Maingon	Populismo Autoritario	Antiimperialista Nacionalista Confrontacional
Alfredo Ramos Jiménez	Autoritarismo electoral	Liderazgo mesiánico y autoritario
Carlos De La Torre	Populismo radical	Mediático Plebiscitario Democratizador
Diane Raby	Populismo revolucionario	Carismático quiliástico Revolucionario
Kenneth Roberts	Populismo radical posneoliberal	Paternalista Antagónico Nacionalista
Enrique Peruzzotti	Populismo plebiscitario	Plebiscitario Decisionista
Deborah Norden	Socialismo revolucionario Semidemocrático	Socialista Militarista Semidemocrático
Domingo Irwin	Pretorianismo	Intervencionista Militarista Autoritario
Javier Corrales	Neocaudillismo	Reelecionista Mesiánico
Michel Reid	Autocracia Populista	Autocracia electa Populista
Enrique Krauze	Populismo Autoritarismo	Ególatra Populista Demagogo
Carlos Blanco	Voluntarismo Revolucionario	Militarista Caudillista Reaccionario
Aníbal Romero	Autocracia Militarizada	Autócrata Socialismo radical y hegemónico

Caracterizamos al presidente Chávez como un liderazgo pretoriano paradójicamente en pleno siglo XXI, donde priva el ciudadano, el imperio de la ley y los derechos y garantías ciudadanas y constitucionales, en su lugar emerge el pretorianismo como una fuerza, tendencia o modo de organizar y conducir a la sociedad, como la influencia política abusiva ejercida por algún grupo militar que tiene poder de comando, de dirección, de liderazgo y termina sumando adeptos a sus posiciones. El pretorianismo se puede ejercer con las armas o con la amenaza, no perdamos de vista el recurso de la presión y la amenaza porque cuando la Fuerza Armada entra a deliberar, ponen sobre la mesa no el diálogo, sino un elemento que el resto de la sociedad no tiene y naturalmente respeta o más bien teme como es el monopolio de las armas y la violencia.

Venezuela registra dos décadas sostenidas de modificaciones en la que el estamento militar ha sido afectado e inoculado con las visiones y esquemas del presidente Chávez, que pasa por un sobredimensionamiento del papel y competencias de la Fuerza Armada Nacional Bolivariana (FANB), asumiendo actividades diversas de servicio social, manejo de recursos y programas en los que no hay contralorías y graves denuncias de corrupción. Convirtiéndose la corrupción es una suerte de presión y chantaje, además tiende a privar y naturalmente valorarse más el grado de lealtad y compromiso de oficiales medios y altos con el presidente y su proyecto político, que su preparación y desempeño a la hora de concederse ascensos y cargos de importancia en la política y administración pública venezolana.

El profesionalismo que tanto costo dotar a la Fuerza Armada en Venezuela, en la segunda mitad del siglo XX, indudablemente ha sido afectado por la marcha forzada que Chávez ha implementado con su proyecto, el socialismo del siglo XXI y con el desarrollo de una administración pública, una política interior y exterior donde se apoya en el papel protagónico y desbordado de la Fuerza Armada.

Una de las tantas leyes orgánicas producidas al calor de la revolución bolivariana, y de esta visión militarista y pretoriana de la sociedad y política venezolana, es justamente la LOFAN[166] (Ley Orgánica de la Fuerza

---

[166] La Ley Orgánica de la Fuerza Armada (LOFAN) se aprueba y promulga en el año 2005 y experimentara cuatro reformas consecutivas en una década. Cambios y reformas con un marcado sesgo ideológico que, sin duda, alteraron su misión, funciones, espíritu, institucionalidad y concepciones en Venezuela.

Armada) del año 2005 y reformada en 2008, 2009, 2011 y, posteriormente, vuelta a reformar en 2014. Las reformas obedecieron a reforzar y ampliar aún más las funciones de los componentes militares y, específicamente, incluir a la Milicia Nacional Bolivariana, dentro de estas aparecen dos nuevas figuras como son la Milicia Territorial y la Reserva Militar, ambos con jerarquía, funciones y además dependientes del presidente de la república.

Pero además, la reforma de la LOFAN afecta directamente la formación, espíritu y educación militar. Con esta ley se desmejora la calidad profesional del militar. Y lo que es más grave, se maneja la profesión militar, su formación y su educación, como un sistema autónomo, independiente del sistema educativo nacional, tratando de emular a este, creyendo que con una ley se puede impulsar un sistema superior y una calidad superior de formación y docencia.

6.6.1. *Milicia Nacional Bolivariana*

La Ley Orgánica de la Fuerza Armada Nacional (LOFAN) define a la Milicia Nacional Bolivariana, y naturalmente les señala las prerrogativas o atribuciones.

Artículo 43. La Milicia Nacional Bolivariana es un cuerpo especial organizado por el Estado venezolano, integrado por la Reserva Militar y la Milicia Territorial destinada a complementar a la Fuerza Armada Nacional Bolivariana en la Defensa Integral de la Nación, para contribuir en garantizar su independencia y soberanía. Los aspectos inherentes a la organización, funcionamiento y demás aspectos administrativos y operacionales serán determinados por el reglamento respectivo.

La Milicia Nacional Bolivariana depende directamente del Presidente o Presidenta de la República Bolivariana de Venezuela y Comandante en Jefe de la Fuerza Armada Nacional Bolivariana en todo lo relativo a los aspectos operacionales y para los asuntos administrativos dependerá del Ministro del Poder Popular para la Defensa.

Artículo 44. La Milicia Nacional Bolivariana tiene como misión entrenar, preparar y organizar al pueblo para la Defensa Integral con el fin de complementar el nivel de apresto operacional de la Fuerza Armada Nacional Bolivariana, contribuir al mantenimiento del orden interno, seguridad, defensa y desarrollo integral de la nación, con el propósito de coadyuvar a la independencia, soberanía e integridad del espacio geográfico de la Nación.

Artículo 45. La Milicia Nacional Bolivariana está organizada por un Comando General, Segundo Comando y Jefatura de Estado Mayor, Inspectoría General, Direcciones Generales, Dirección General de Conscripción y Alistamiento para la Defensa Integral, Agrupamientos, Batallones de Reserva Militar, Unidades de Milicia Territorial, Cuerpos Combatientes y los órganos operativos y administrativos funcionales necesarios para coadyuvar en la ejecución de acciones de Seguridad, Defensa y Desarrollo Integral de la Nación.

Artículo 46. Son funciones de la Milicia Nacional Bolivariana:

1. Alistar, organizar, equipar, instruir, entrenar y reentrenar las unidades de la Milicia Nacional Bolivariana conformada;

2. Establecer vínculos permanentes entre la Fuerza Armada Nacional Bolivariana y el pueblo venezolano, para contribuir en garantizar la defensa integral de la Nación;

3. Organizar y entrenar a la Milicia Territorial, para ejecutar las operaciones de defensa integral destinadas a garantizar la soberanía e independencia nacional;

4. Proporcionar los reemplazos para complementar y reforzar las unidades activas de la Fuerza Armada Nacional Bolivariana en sus operaciones militares;

5. Coordinar las actividades necesarias para la conscripción, conforme lo determinen las leyes y reglamentos;

6. Llevar el Registro Nacional de Conscriptos y alistar el contingente anual ordinario para la Fuerza Armada Nacional Bolivariana;

7. Recibir de los Componentes Militares, el registro actualizado del personal militar profesional que culmina el servicio activo y de tropas licenciadas;

8. Contribuir con el Comando Estratégico Operacional, en la elaboración y ejecución de los planes de Defensa Integral de la Nación y Movilización Nacional;

9. Participar y contribuir en el desarrollo de la tecnología e industria militar, sin más limitaciones que las previstas en la Constitución y las leyes;

10. Orientar, coordinar y apoyar en las áreas de su competencia a los Consejos Comunales, a fin de coadyuvar en el cumplimiento de las políticas públicas;

11. Contribuir y asesorar en la conformación y consolidación de los Comités de Defensa Integral de los Consejos Comunales, a fin de fortalecer la unidad cívico-militar;

12. Recabar, procesar y difundir la información de los Consejos Comunales, instituciones del sector público y privado, necesaria para la elaboración de los planes, programas, proyectos de Desarrollo Integral de la Nación y Movilización Nacional;

13. Coordinar con los órganos, entes y dependencias del sector público y privado, la conformación y organización de los Cuerpos Combatientes de Reserva, los cuales dependerán administrativamente de los mismos, con la finalidad de contribuir a la Defensa Integral de la Nación; Supervisar y adiestrar los Cuerpos Combatientes de Reserva, los cuales dependerán operacionalmente del Comando General Nacional de la Milicia Nacional Bolivariana;

14. Elaborar y mantener actualizado el registro del personal de reservistas residentes en las regiones estratégicas de defensa integral y de los integrantes de la Milicia Territorial; y

15. Las demás que le señalen las leyes y reglamentos.

6.6.2. *Reserva Militar*

Artículo 50. La Reserva Militar está constituida por todos los venezolanos y venezolanas mayores de edad, que hayan cumplido con el servicio militar, o que voluntariamente se incorporen a las Unidades de Reserva o en los Cuerpos Combatientes.

Los Cuerpos Combatientes deben ser registrados por la Comandancia General de la Milicia Nacional Bolivariana, quedando bajo su mando y conducción, con la finalidad de elevar el nivel de apresto operacional de la Fuerza Armada Nacional Bolivariana.

6.2.3. *Milicia Territorial*

Artículo 51. La Milicia Territorial está constituida por los ciudadanos y ciudadanas que voluntariamente se organicen para cumplir funciones de Defensa Integral de la Nación, en concordancia con el principio de corresponsabilidad entre el Estado y la sociedad civil; y deberán estar registrados por la Comandancia General de la Milicia Nacional Bolivariana, quedando bajo su mando y conducción.

Frente a la modificación de la Ley Orgánica de la Fuerza Armada Nacional (LOFAN) han surgido críticas. No hay que profundizar mucho para admitir que con la modificación de la ley al aparato militar tradicional se suman ahora dos fuerzas independientes y presuntamente complementarias, la Guardia Territorial y la Reserva Nacional, destinadas en teoría a la guerra asimétrica pero que la oposición describe como milicias partidistas armadas.

Indudablemente, cualquier abordaje que se haga de la Venezuela contemporánea compromete el análisis transformación y papel ocupado por el estamento militar. Apoyándonos en Aníbal Romero asumiríamos «que la dinámica de los eventos a lo largo de nueve años de presunta revolución arroja un saldo que a veces luce confuso, pero que me parece lo suficientemente claro como para sostener que en Venezuela existe una autocracia militarizada, en la que continúan debatiéndose dos proyectos de conducción nacional impulsados por facciones militares que no terminan de definir una irrevocable hegemonía. Es una autocracia pues el poder se concentra principalmente en una persona, y si bien existen una Constitución y leyes, las mismas se hallan sujetas finalmente al arbitrio de quien detenta el poder. Es militarizada pues el sostén principal del régimen y su líder se encuentra en la lealtad, siempre tenue, de un estamento castrense heterogéneo, un número sustancial de cuyos miembros ejerce funciones de gobierno y en cuyo seno prosigue una soterrada disputa entre dos visiones del país[167].

---

167   *Cf.* Aníbal Romero, 2008. Además, Harold Trinkunas, 2005.

CAPÍTULO VII

VENEZUELA en la ENCRUCIJADA. RETOS y AMENAZAS de la DEMOCRACIA POST COVID-19

7.1. *Introducción*

La democracia venezolana y sus actores vienen registrando en los últimos años procesos diversos de mutación, las transformaciones y alteraciones ocurren en el seno de los partidos, en los procesos electorales, en las tomas de decisiones, en la violación flagrante de la Constitución Bolivariana de Venezuela de 1999, en la desinstitucionalización de gremios, partidos, sindicatos, grupos diversos, y por supuesto, hasta en las prácticas políticas, con lo cual la democracia venezolana que fue modelo de solidez y estabilidad, hoy luce totalmente desdibujada en su esencia, sus bases y proyectos secuestrados por la militarización de la política y la promoción de un Estado cuartel en detrimento del orden civil y democrático.

La democracia en América Latina y sobre todo en Venezuela no atraviesa su mejor época. De tal manera que los retos y a la vez amenazas que tiene la democracia en América Latina, y particularmente en Venezuela, sin duda, son mayores al resto del mundo, precisamente por la precariedad que la institucionalidad democrática registra, a lo cual se le suman los efectos políticos, sociales, económicos, institucionales que plantea el Covid-19 o coronavirus.

La realidad desigual y heterogénea de muchos de nuestra democracias, sometidas a diversos tipos de presiones y fenómenos, está demandando unos abordajes y más afinadas explicaciones, no solo para diagnosticar sus fallas y correctivos, sino además el que permitan hacer avanzar a la democracia, consolidarla y no hacerla retroceder frente a las tentaciones autoritarias, la notoria emergencia de populismos, militarismos y otros, que en el caso venezolano va acompañado del aumento de la pobreza, desempleo y la corrupción, surgimiento de poderes ocultos, unido a otros flagelos y amenazas para la democracia y los propios ciudadanos, entre ellos el narcotráfico, la acción de grupos terroristas, irregulares y paraestatales y, recientemente, los efectos de la pandemia mundial coronavirus (Covid-19) que trastoca muchos ámbitos de nuestra sociedad, estos aspectos y fenómenos conforman importantes retos y amenazas para la democracia y la política democrática en la actualidad.

La democracia en la actualidad se examina y evalúa fundamentalmente como una realidad, es decir, un régimen y tipo de gobierno que presupone actores, reglas de juego, prácticas, derechos, libertades y realidades, aspecto que no implica renunciar nunca a sus ideales, aspiraciones y perfectibilidad. Partiendo de esta premisa diremos que los retos que tienen las democracias en nuestros países latinoamericanos sobresalen, ni hablar de la experiencia venezolana donde dichos retos son monumentales. Hoy en día la democracia luce en muchos ámbitos y espacios robusta, asumiendo además que se ha globalizado o universalizado en las últimas décadas como forma de gobierno. Sin embargo, la democracia en nuestros países latinoamericanos sigue padeciendo de distorsiones y fragilidad en términos de sus instituciones, procedimientos y actores, reiteramos, Venezuela constituye el caso más emblemático de retroceso, inequidades y fragilidad institucional, siendo la gran paradoja al haber sido por décadas un modelo de estabilidad y florecimiento democrático en toda la región[168].

7.2. *La democracia compleja en el siglo XXI (entre promesas, logros y amenazas)*

El inicio de la segunda década del siglo XXI coincide con una pandemia o virus chino (Covid-19) con efectos globales, la misma está produciendo y generando desempleos, aumento de la pobreza, innumerables contagios y muertes, replanteamiento de esquemas de integración, desaceleración de la economía a escala mundial, quiebre de empresas, resurgimiento de nacionalismos, localismos y posturas aislacionistas frente a la integración y globalización lograda hasta hace poco, debilidad y agotamiento de los partidos y liderazgos en funciones de gobierno respectivamente, junto a una

---

168   *Cf.* Los planteamientos recientes, expuestos reiteradamente por Daniel Innerarity, 2020. Anteriormente véanse las reflexiones y debates expuestos por Guy Hermet, 2008; Agapito Maestre, 1996; Cesar Cansino, 1997; José Antonio Rivas Leone, 2000. Además, Ulrich Rödel-Günter Frankenberg y Helmut Dubiel, 1997. Ampliamente véase Michael Saward, 2003. Sobre la experiencia venezolana véase Diego Bautista Urbaneja, 2017; Alfredo Ramos Jiménez, 2009; Rivas Leone, 2019.

diversidad de problemas cotidianos con impacto directo en los ciudadanos, dificultades estas que la democracia le corresponde evaluar, abordar y por ende intentar resolver frente a la crisis o precariedad del Estado, o la situación de declive sostenido de los partidos políticos, y en simultaneo, combatir el resurgimiento de populismos, militarismos y demás fenómenos que definen a la política no institucional en determinados ámbitos, y que conforman, sin duda, desafíos de primer orden para la democracia, al menos en lo que a Venezuela y otros países de América Latina y Europa refiere.

Asimismo, a la democracia le corresponde hacer un esfuerzo en términos de rediseño de la institucionalidad global en este vertiginoso siglo XXI, entendiendo que organismos o entes multilaterales y globales como la ONU, OEA, FMI, BM y otros, deben abocar sus representaciones y, sobre todo, sus decisiones más hacia los ciudadanos y sociedades –que a los gobiernos–, en la tareas de apoyo y acompañamiento en esta época post Covid-19, asumiendo que les corresponde promover no solo una agenda basada en derechos humanos, el fortalecimiento de la democracia y el Estado de derecho, además de fomentar el desarrollo, progreso, empleo y crecimiento de los países y sociedades con asistencia directa en una época o periodo sumamente complejo en términos de los efectos producidos a las industrias, finanzas, empleos, poder adquisitivo, educación, salud, etc., por la pandemia que plantea enormes retos y desafíos a escala global o planetaria en una multiplicidad de ámbitos.

Buena parte de los teóricos que han estudiado la democracia en el siglo XX y estas primeras décadas del nuevo siglo, coinciden en que la democracia gravita y se desarrolla en ese doble *continuum* entre ideales y realidades, entre promesas y logros. Autores clásicos, entre ellos el célebre Giovanni Sartori, precisa que si bien la democracia es ante todo una realidad o hecho, no es menos cierto que la democracia nunca debe renunciar a su dimensión ideal que es la que le permitirá confrontarse y a su vez permitir la perfectibilidad de la misma.

El destacado politólogo norteamericano Robert Dahl, en una de sus últimas obras escritas *La democracia. Una guía para los ciudadanos* (1999), ha precisado el hecho de que a pesar de sus imperfecciones, sin embargo, nunca podemos perder de vista los beneficios que hacen a la democracia más deseable que cualquier alternativa factible a la misma, destacando:

— La democracia ayuda a evitar el gobierno de autócratas crueles y depravados.

— La democracia garantiza a sus ciudadanos una cantidad de derechos fundamentales que los gobiernos no democráticos no garantizan ni pueden garantizar.

— La democracia asegura a sus ciudadanos un ámbito de libertad personal mayor que cualquier alternativa factible a la misma.

— La democracia ayuda a las personas a proteger a sus propios intereses fundamentales.

— Solo un gobierno democrático puede proporcionar una oportunidad máxima para que las personas ejerciten la libertad de autodeterminarse, es decir, que vivan bajo la libertad de conducirse, es decir, que vivan bajo las leyes de su propia elección.

— Solamente un gobierno democrático puede proporcionar una oportunidad máxima para ejercitar la responsabilidad moral.

— La democracia promueve el desarrollo humano más plenamente que cualquier alternativa factible.

— Solo un gobierno democrático puede fomentar un grado relativamente alto de igualdad política.

— Las democracias representativas modernas no se hacen la guerra entre sí.

— Los países con gobiernos democráticos tienden a ser más prósperos que los países con gobiernos no democráticos o autoritarios.

Imparcialmente debemos señalar que la democracia, si bien es cierto, posee imperfecciones y fallas susceptibles de corregir, no es menos cierto de que frente a otros regímenes goza de ventajas, y por tanto, los ciudadanos debemos aportar a ella y su permanente revitalización como ideal y por supuesto como tipo de régimen político. Por ello la necesidad de fortalecer a la democracia a partir de subsanar sus fallas con más y mejor democracia, aspecto que tiene que ver con representaciones, decisiones, ejercicios gubernamentales, agendas, procedimientos, institucionalidad, resultados, y naturalmente, el relanzamiento de los partidos políticos en la contemporaneidad como actores centrales de la política democrática.

Ciertamente, no hay que perder de vista que la democracia no puede ser reducida o limitada a mera gestión por parte de un grupo o élite de los asuntos públicos, la democracia es mucho más que gestión, es deliberación, proyectos, diversidad, la democracia se debate entre conflicto, discusión y consenso sin olvidar, por supuesto, los resultados en función de las demandas ciudadanas. Insistimos, la democracia no es solo una idea, es también una realidad que supone controversias, instituciones, procedimientos y derechos. Dicho de otro modo, es que cuando estos componentes o partes integrantes fallan, disfuncionan o están ausentes, se produce una mutación y alteración de la democracia, tanto como ideal, así como de la propia realidad que muchas veces se aleja de los preceptos y rasgos que definen a la democracia, y se ubica en un campo favorable para el populismo, los autoritarismos de diverso cuño y demás.

Uno de los mayores trastornos de casi toda la región latinoamericana −salvo contadas excepciones− ha sido lamentablemente el limitado rol desempeñado de la clase dirigente, contribuyendo con sus deficientes gestiones y administraciones a reproducir pobreza, corrupción y deterioro de las economías y de nuestras sociedades respectivamente, sobresale su incapacidad y desaciertos en la conducción de los procesos económicos y políticos, que junto a otros factores de tipo organizativo y funcional −destacando su bajo nivel de desempeño, tanto de la clases dirigentes como de los partidos− terminarán produciendo situaciones de deterioro del entramado institucional, impopularidad y ruptura entre los electores y los elegidos, entre el Estado y ciudadano, entre la política y la ciudadanía, entre la política institucional y la antipolítica como ha ocurrido en la Venezuela contemporánea[169].

---

169   A modo de ejemplo basta ver y evaluar el deterioro exponencial que ha registrado un país como Venezuela en sus dos últimas décadas, en pleno boom petrolero y etapas subsiguientes con Chávez y Maduro, experimentó el peor retroceso en toda su historia republicana, expresado en el aumento de la pobreza extrema a niveles nunca vistos, la hiperinflación se ubica entre las mayores del mundo, el deterioro de todos los servicios públicos (agua, electricidad, salud, vialidad, etc.), la ruina de sus industrias y campos, el aumento de la corrupción en una diversidad de formas, la militarización de toda la administración pública y de áreas vitales, la decadencia de las empresas básicas con deterioro exponencial de su producción hasta llegar, en algunos casos, al cierre técnico o clausura como es el caso de Sidor, Bauxiven, Ferrominera del Orinoco, o la empresa más emblemática e importante como es el caso de la petrolera estatal PDVSA, o la empresa eléctrica nacional Corpoelec, sumergidas en un total deterioro. Las distorsiones de toda índole estuvieron presentes a lo largo del gobierno del presidente Chávez (1998-2012), y se han profundizado con Nicolás Maduro (2013-2020), destacando reiteradas devaluaciones, expropiaciones de tierras y empresas, estatizaciones de industrias, dos reconversiones monetarias sin éxito alguno, afectación de las reservas líquidas operativas a niveles alarmantes nunca antes registrados en la historia económica nacional, aumento y dependencia de las importaciones mientras producíamos y exportábamos petróleo

Partimos de la premisa que la política debe volver a resituarse y verse antes que nada como proyecto colectivo, instancia de representación, deliberación y participación ciudadana. Si bien es cierto, la democracia como régimen y ordenamiento político, al igual que como ideal de libertad e igualdad de nuestros ciudadanos, se presenta en nuestros días como un valor transcendental aceptado integrante de nuestra cultura política democrática, no es menos cierto que los anhelos y promesas de la democracia en América Latina y otras regiones, chocan y se contradicen con la realidad, incertidumbres y deterioro de nuestros niveles de vida, libertades y ciudadanía.

Insistimos, la democracia sigue estando en deuda con los ciudadanos, por lo menos en lo que a América Latina y de manera particular Venezuela refiere. La preocupación por la democracia se observa en nuestros días y en los más variados espacios académicos, particularmente en las investigaciones en cursos, foros y congresos y en las más diversas publicaciones y estudios dedicados a la democracia, sus actores y demás[170].

Sin duda, la política democrática no transita su mejor etapa. Ante este escenario y, a la vez, más evidente crisis (o transformación) de la política en nuestros países, signada y definida por el declive tanto de las gran-

---

hasta 2019, devastación del aparato productivo, la paralización del país en el segundo semestre 2020 como consecuencia de haber dejado de refinar gasolina, e incluso, limitaciones para su importación por sanciones y otros aspectos, a lo cual se le suman sostenidos controles de precios cambiarios 2005 -2019, escasez de ciertos productos de primera necesidad y medicinas 2010-2019, aumentos exponenciales de los niveles de miseria y desnutrición al punto de calificar a Venezuela como un país con crisis humanitaria compleja. Véase ampliamente José Antonio Rivas Leone, 2019. Además, véase Diego Bautista Urbaneja (coord.), 2017.

170 En la última década del siglo XX y la primera del siglo XXI encontramos un número considerable de trabajos tanto de autores europeos, norteamericanos como de latinoamericanos o venezolanos, investigaciones individuales y colectivas, números monográficos de revistas de ciencia política y otras áreas dedicadas al tema. Destacan autores de diversas procedencias que han dedicado sus libros, escritos e investigaciones a la democracia como Norberto Bobbio, Giovanni Sartori, Guy Hermet, David Apter, Arend Lijphart, Ernest Gellner, Bertrand Badie, John Keane, Pierre Birnbaum, Norbert Lechner, Daniel Innerarity, Alfredo Ramos Jiménez y otros. Véanse los voluminosos informes del Banco Mundial, PNUD, Banco Interamericano de Desarrollo, Latinobarometro y otros. Además, números especiales y monográficos de revistas como New Left Review, América Latina Hoy, Nueva Sociedad, Leviatan, Sistema, Nexos, Foro Internacional, Claves de Razón Práctica, Revista de Estudios Políticos, Metapolítica, Reflexión Política, Reis, entre otras, dedicadas a la democracia, sus actores, condiciones, procesos, casos de estudio entre otros.

des organizaciones partidistas, como de los grandes proyectos y del hombre público o ciudadano, se hace necesario detenernos un tanto a repensar la democracia a partir de los desafíos que asume la misma en América Latina[171]. Repensar la democracia para nosotros consiste básicamente en la propuesta y diagnóstico que debe formularse desde y para América Latina (que tome en cuenta tanto los diversos modelos teóricos como las respectivas realidades y experiencias) dentro de contextos políticos de reordenamiento antes y post Covid-19.

7.3. *Política, antipolítica y militarismo al asecho*

América Latina, salvo excepciones, cerró el siglo XX sumergida en contextos de vaivenes y transformaciones económicas, políticas y sociales. Las fallas o carencias por nuestras democracias permitieron la emergencia de la antipolítica y neopopulismo, fenómenos que se solapan y que han producido daños apreciables a la política democrática, a la política institucional. Nuestras democracias en pleno siglo XXI siguen padeciendo vaivenes, avances y muchas veces retrocesos, precisamente por la propia debilidad de la institucionalidad democrática, de los partidos y liderazgos, cuyos errores se traducen en proyectos vagos y autoritarios que en ciertos países han calado y cautivan, pero que han terminado produciendo un deterioro de la democracia, sociedad y economía como han sido las experiencias de la Argentina de los Kirchner, el Ecuador de Correa o la Venezuela de Chávez o Maduro, casos (empíricos) que nos demuestran el declive y descomposición de la política institucional y la emergencia intermitente del populismo radical[172].

---

171 Sin duda, el desarrollo e impacto de la pandemia mundial (Covid-19) desnudó y reveló muchas distorsiones y carencias que la democracia, el Estado, la política y nuestras sociedades tenían solapadas, y que afloraron con fuerza en este primer semestre 2020, con todos los desajustes y consecuencias en lo social, lo económico, lo humanitario, lo político que exigen necesariamente repensar nuestras estructuras, organizaciones, agendas, recursos, resultados y demás, unido a la necesaria construcción y reconstrucción de nuestros tejidos institucionales, derechos y ciudadanía.

172 La desinstitucionalización y descomposición de la política institucional ocurre cuando los partidos políticos y otras organizaciones no logran agregar, representar y canalizar los múltiples intereses segmentados, y su lugar tienden a ser ocupados por otros actores, figuras y formas de hacer políticas no necesariamente democráticas. Véase a Norbert Lechner, 1996b, 1996c; Ramos Jiménez, 1999; Rivas Leone, 2012; Ulloa, 2017; Reid, 2018.

Es decir, registramos como nunca antes una personalización de la política y del poder en detrimento de las instituciones políticas y la propia institucionalidad democrática, al extremo de hablarse ya no de una tercera ola de democratización sino una tercera ola de autocratización.

La política democrática debe ser vista antes que nada como proyecto, instancia de representación, deliberación y participación. Sin embargo, voces críticas como Norberto Bobbio pasando por Alfredo Ramos Jiménez, Manuel Antonio Garretón hasta Norbert Lechner, han precisado que «vivimos una época en la que estamos registrando el cuestionamiento de Estado y de la política como instancias generales de representación y coordinación de la sociedad»[173].

De manera tal, que la propuesta de repensar la democracia en perspectiva global, en América Latina, o especialmente en Venezuela, desde sus procedimientos e instituciones pasando por sus contenidos, hasta sus desafíos y amenazas en la actualidad, nos parece una tarea requerida más que justificada en los actuales momentos de vaciamiento institucional y de retorno de nuevos actores políticos, con proyectos cuyos contenidos no son necesariamente democráticos en plena etapa post Covid-19.

Estamos registrando en las postrimerías del siglo XX y los inicios del XXI, claras situaciones de reordenamientos y transformaciones profundas en diversos ámbitos. Las democracias latinoamericanas y otras, parecieran exhiben ciertas distorsiones, y cuando más se pensó que nuestras democracias estaban en periodo de consolidación, ocurren situaciones y realidades que indican lo contrario, la debilidad de las democracias destaca en paralelo algunos resurgimientos de populismos, militarismos y gobiernos con vocación autoritaria y plebiscitaria en la región[174].

Nuestras jóvenes democracias muestran anemia o insuficiencia en términos de institucionalidad, partidos, procedimientos, Estado de derecho y otros. La realidad polifacética, híbrida de muchos de nuestros sistemas democráticos, sometidos a diversos tipos de presiones, está demandando más afinados análisis y explicaciones. Estamos convencidos de que nuestras

---

173 Norbert Lechner, 1996b; Alfredo Ramos Jiménez, 2009. Véase ampliamente Norberto Bobbio, 1985.

174 Véase ampliamente alrededor del deterioro de los partidos, el desencanto democrático la emergencia de la antipolítica y los liderazgos plebiscitario, el sugerente ensayo *El experimento bolivariano* de Alfredo Ramos Jiménez, 2009.

apreciaciones y diagnósticos no pueden gravitar sobre los códigos y esquemas teóricos y conceptuales tradicionales, diversos fenómenos y realidades que están emergiendo en este agitado siglo XXI (no encajan en los modelos y esquemas conceptuales, hasta hace poco aplicados), razón por la cual requerimos nuevos andamiajes conceptuales que den cuenta de los mismos.

Si la democracia y la política de nuestro tiempo se encuentran en una situación compleja y difícil debido al agotamiento de nuestros actores y formas de hacer política, la tarea propuesta debe estar orientada a partir de algunos planteamientos de autores, tantos europeos como latinoamericanos[175], de la impostergable tarea de repensar a la política, sus actores, sus agendas, buscando acercar nuevamente al ciudadano común que ha terminado aborreciendo a la política y asociándola con la traición y más aun optando por la antipolítica, populismos de diverso cuño y procedencia e incluso formas no democráticas de hacer política.

El deterioro democrático va de la mano con una merma y precariedad en términos de la dirigencia y clase política. Nadie pone en duda que nuestros políticos (en algunos mediocres y pragmáticos) y nuestras organizaciones políticas, comenzando por los tan cuestionados partidos políticos, han contribuido notablemente con su actuación al descrédito de la política y a la devaluación de la democracia como régimen político, se observa una carencia y falta de espíritu público, de vocación, de servicio (en el sentido weberiano) que incorpore el «vivir para y no de la política».

Es decir, el desdibujamiento de la política y principalmente de los actores políticos, se ha traducido en estos años en una política reducida a la acción por unos pocos, como actividad casi secuestrada que tiende a privatizarse desde el momento en que se reducen los canales de participación, los procesos electorales o elecciones que no se llevan a cabo con todas las garantías de transparencia, periodicidad y confiabilidad a lo cual se le suma un colectivo o ciudadano que tienden adoptar un papel pasivo[176] e

---

175   *Cf.* El trabajo que en común desarrollaron dichos autores de forma preclara en la obra Pensar la política, coordinado por Martha Rivero. México. 1990. Además, véase Ramos Jiménez, 2009; Lechner, 1995 y 1996b; Rivas Leone, 2000.

176   Fernando Vallespín en un estupendo ensayo nos describe un estado de fatiga civil y donde la democracia termina degenerándose en una "demo-esclerosis", que lejos de motivar al ciudadano a participar, lo invita a una huida hacia lo privado. *Cf.* Fernando Vallespín, 2000: 174-175. Además, véase el planteamiento preclaro de Daniel Innerarity (2002) en el que dicho autor esboza ampliamente el proceso de descomposición y transformación

indiferente (no se involucra ni participa en política), o bien un papel activo negativo (cuestiona a la política, desarrolla aversión y rechazo) y apoya formulas y propuestas de corte antipolítico como ha ocurrido en la Venezuela contemporánea.

Nuestros ciudadanos precisan de una política, que aparte de democrática, promueva una mejor calidad que supere la improvisación y el pragmatismo y, naturalmente, tenga mayores resultados en términos de demandas ciudadanas. El objetivo específico de esta reorientación de la política debe retomar y replantear la institucionalidad democrática aspecto que presupone valorar el rol de los partidos, la clase política, los propios procesos políticos incluyendo participación, elecciones, representación y el papel de los ciudadanos coyunturalmente apáticos y retraídos del espacio público. Partimos de la premisa que la democracia no es algo dado *per se*, sino que constituye un anhelo, una realidad, un ámbito y categoría que se construye de manera permanente, e igualmente se menoscaba por igual cuando fallan los valores o cuando los resultados difieren de las promesas y demandas ciudadanas.

El deterioro de los sistemas de partidos en la región, coincide con una cierta fragilidad de nuestros sistemas democráticos que atraviesan serios problemas en su gestión y desenvolvimiento gubernamental, con una neta tendencia de aumento de demandas no acompañadas del aumento de los recursos y capacidades de los gobiernos, generando así situaciones de ingobernabilidad. Entendiéndose esta última como déficit de las modernas democracias, específicamente de sus actores que padecen un deterioro de legitimidad, fenómeno que viene acompañado de altos niveles de ineficiencia de los mismos. En la actualidad los desafíos que asumen nuestras democracias –sometidas a presiones de diversa índole–, provienen no solo del exterior sino de las propias estructuras, condiciones y funcionamientos internos que inciden en su estabilidad y orden o, en su defecto, en su precariedad e inestabilidad institucional.

El final del siglo XX nos mostró situaciones que dejaron claro o al descubierto que estamos registrando momentos de cambio y reordenamiento, principalmente en el campo de nuestras agencias políticas, estas

---

de la política, destacando la argumentación que lleva a cabo de la política como posibilidad, oportunidad, invención, compromiso y mediación. Véase la reciente obra de Daniel Innerarity, 2020.

atraviesan una suerte de fatiga y cierto declive, generando consecuencias importantes para el funcionamiento de nuestros sistemas políticos que reflejan tal anomia. Además, en las dos primeras décadas del siglo XXI la democracia, lejos de ampliarse o consolidarse, pareciera estar en cierto estancamiento o letargo cuando evaluamos su desempeño a escala mundial.

En la actualidad la democracia se halla acechada por múltiples retos y amenazas. A la democracia se le reclama y exige la necesidad de retomar sus ideales y valores y a la vez profundizar el contenido de sus fines y resultados, adecuándolos a las exigencias y expectativas ciudadanas que en el siglo XXI son mayores y más complejas que cualquier periodo o etapa anterior. Una diversidad de autores y estudios describen que la democracia no atraviesa su mejor etapa y momento que, en buena medida, tiene que ver con la necesidad de elevar su desempeño, el papel de sus instituciones, sus logros en términos de progreso, bienestar ciudadano y naturalmente libertades en pleno siglo XXI[177].

Indudablemente, nuestras neodemocracias, particularmente sus principales actores, no solo están reproduciendo viejos vicios y distorsiones, sino que registran aquellos que ha destacado tanto Norbert Lechner como Gurutz Jáuregui[178], como importantes desfases entre las promesas y los logros, entre los ideales y los hechos, razón esta por la cual se postula, en palabras de Lechner, «una democracia de lo posible» con mayores logros y satisfacciones ciudadanas, reduciendo la brecha entre la utopía y la realidad.

Es a partir de la necesaria formulación de críticas hacia nuestros modos de hacer política, a la burocracia improductiva, a los vicios alojados en el sistema y reproducidos en diversas escalas y niveles, y naturalmente, a la excesiva personalización de la política en América Latina y Venezuela, que podremos pensar en cambios y nuevas alternativas, en la decisiva tarea de repensar la democracia en perspectiva crítica, como uno de los principales desafíos impuestos por la política y la democracia en América Latina en la etapa post Covid-19.

---

177   Sin duda, la democracia afronta enormes retos en pleno siglo XXI. Autores como Guy Hermet, plantean que la democracia atraviesa una situación de estancamiento o si se quiere declive. Véase el sugerente ensayo e inventario que hace alrededor de las democracias europeas, 2008.

178   *Cf.* Norbert Lechner, 1995; Gurutz Jáuregui, 1996: 4.

Insistimos, renunciar al anhelo de un sistema mejor o, en definitiva, de una democracia con más logros y satisfacciones, implica renunciar a una de las aspiraciones más queridas del ser humano como es el deseo de perfección constante, y eso, en el ámbito político puede acabar derivando en una renuncia al propio sistema democrático o al apoyo a formas no democráticas e hibridas, donde se mesclan populismo, autoritarismo y militarismo y que terminan siendo un retroceso en términos democráticos y ciudadanos.

7.4. *Los desafíos de la política democrática contemporánea*

Detenernos a reflexionar sobre la democracia en América Latina actualmente, significa necesariamente comprometerse con la deliberación acerca de las nuevas realidades, desigualdades sociales y políticas que observamos en la contemporaneidad. Además de mantener viva la interrogante del gran teórico de la democracia Giovanni Sartori ¿Qué esperamos de la democracia? En este sentido, nos acogemos a la inquietud de algunos autores que han dedicado sus años de estudios y obras a la cuestión democrática[179], tanto a nivel global como de América Latina.

Sin duda, debe evaluarse el funcionamiento de la democracia y con ella sus instituciones, actores, proyectos y prácticas. Hemos señalado que si la democracia es el producto resultante de la dialéctica existente entre los hechos (realidades) y los valores (ideales); los grandes autores y teóricos de la democracia contemporánea, desde Norberto Bobbio a Giovanni Sartori, de Adela Cortina a Victoria Camps, de Robert Dahl pasando por David Held hasta Arend Lijphart o Daniel Innerarity, nos recuerdan que una democracia sin valores es una democracia a la deriva, una democracia inerme, incapaz de generar los anticuerpos y correctivos necesarios para responder a las amenazas latentes y desafíos del presente y futuro de nuestros pueblos, sociedades y ciudadanos, respectivamente. No perdamos de vista que el resurgimiento de mesianismos y populismos de diverso cuño

---

[179] Véase los planteamientos de Agapito Maestre, 1996; 1997; Michael Saward, 2003; Norbert Lechner, 1996b, 1996c, 1997; Alfredo Ramos Jiménez, 1999; Cesar Cansino y Ángel Sermeño, 1997, entre otros. Además, los trabajos clásicos de Giovanni Sartori, 2003; Norberto Bobbio, 1985; Robert Dahl, 1999; Arend Lijphart, 2000; Daniel Innerarity, 2002, 2020.

amenazan no solo a la democracia, sino que su acción pone en entredicho los contenidos y procedimientos de esta última, en tanto proyecto de orden social, colectivo y ciudadano.

Se impone adecuar nuestras democracias a las nuevas realidades corrigiendo y optimizando por vía de reformas, del diseño institucional y la propia ingeniería política, aquellas situaciones de déficit en materia de ejercicio gubernamental y de funcionamiento de las propias instituciones, buscando una nueva sinergia y equilibrio que se exprese finalmente en logros, réditos, libertades y satisfacciones ciudadanas.

Hace un par de décadas ya Cesar Cansino y Ángel Sermeño señalaban que «nuestras jóvenes democracias están desarrollando en la actualidad patrones diferentes y francamente irregulares (ineficiencia estatal, despolitización y apatía política, reducción de la democracia a su dimensión electoral en presencia de sistemas de partidos débiles y en franco declive) con respecto a lo normalmente asociadas a las democracias consolidadas, estables, fuertemente institucionalizas»[180].

El fenómeno del populismo emerge e irrumpe con mucha fuerza en América Latina como expresión de sistemas desinstitucionalizados y, por supuesto, sociedades insatisfechas con desigualdades y carencias que canalizan su descontento a través de candidatos antipoliticos, *outsiders*, populistas de diversa procedencia, cuño y discurso. El populismo sería la expresión de las inconformidades de sectores excluidos y al mismo tiempo la radical politización de las exclusiones, son los casos emblemáticos de Evo Morales en Bolivia, Rafael Correa en Ecuador y Hugo Chávez Frías en Venezuela, respectivamente[181].

La sociedad civil y el hombre público (ciudadano), como base de todo imaginario democrático y base de toda soberanía y poder político, deben ser resituados y repensados en las actuales circunstancias de nuestras democracias, de manera que no queden y se agoten en simples categorías analíticas y teóricas, sino que tengan un referente práctico y real en el seno de nuestros sistemas democráticos y de nuestras prácticas políticas donde la representación tiende a difuminarse en esta era de disociación ciudadana y de promoción de una política delegativa-plebiscitaria.

---

180   *Cf*. Cansino y Sermeño, 1997: 558. Además, Lechner, 1991, 1995.

181   Véase ampliamente Carlos de La Torre, 2008; Alfredo Ramos Jiménez, 2009; César Ulloa, 2017; Rivas Leone, 2012.

La profundización de la democracia implica la búsqueda permanente de fórmulas dirigidas a la reducción del abismo del que hemos hablado entre la democracia como ideal y la real. Así, a partir de la sociología, filosofía política, historia y la ciencia política se ha postulado una serie de planteamientos para pensar y repensar la democracia en América Latina y Venezuela específicamente, conformada por sociedades desiguales con desequilibrios institucionales, culturales, económicos y políticos.

En el momento presente la democracia se halla sometida a un doble reto. De una parte, debe de actualizar y profundizar el contenido de sus fines, adecuándolos a los valores sociales, éticos y culturales vigentes. De la otra, debe llevar a cabo una profunda transformación de las bases institucionales en las que se asientan los vigentes sistemas democráticos y en ello le va su propia supervivencia, más todavía en esta época post Covid-19[182].

Si bien es cierto, la democracia logró importantes avances en la segunda mitad del siglo XX a escala planetaria, cimentándose y estableciéndose casi por unanimidad o de forma mayoritaria como forma de gobierno a escala universal, no es menos cierto que en esta época post pandemia Covid-19 la democracia debe hacer un mayor esfuerzo en términos de materializar sus ideales, aspecto que implica fortalecer la institucionalidad y procedimientos unidos para impulsar gestiones con más logros y satisfacciones ciudadanas en una etapa de limitaciones de toda índole que exigen más eficiencia, transparencia y una clase política consustanciada y a la altura de las exigencias de sociedades con profundas carencias, recursos y distorsiones como la venezolana.

7.5. *Política, economía y sociedad en Venezuela post Covid-19*

Venezuela no solo requiere repensar su democracia, incluyendo sus contenidos y metas alcanzadas hasta hace décadas, sino además, es imprescindible una tarea de revalorización y recuperación del tejido institucional en los momentos actuales frente la informalización y la personalización de la política (registrada en la era Chávez) basada en la antipolítica, el militaris-

---

182   Sin duda, la democracia afronta enormes retos en pleno siglo XXI. Autores como Guy Hermet plantean que la democracia atraviesa una situación de estancamiento o si se quiere declive. Véase de Guy Hermet su ensayo, 2008.

mo y el neopopulismo como tendencias y fenómenos que ganaron espacio en contextos políticos de deterioro democrático y de precaria salud de los partidos políticos y de la propia institucionalidad democrática.

Las situaciones variadas que registramos obligan que la democracia en Venezuela y por supuesto en el resto de América Latina deba evaluarse, repensarse y revalorizarse. Nuestros regímenes no deben identificarse con las malas formas de gobierno y la mala política que hemos tenido en determinados periodos, ni tampoco con el militarismo o autoritarismo como opción en el caso venezolano, y ello pasa por recuperar el tejido institucional, normativo, axiológico y evaluar los resultados de la democracia como una tarea implícita e impostergable.

Las amenazas y desafíos a nuestras democracias siguen estando presentes en nuestra historia contemporánea. La democracia venezolana ha pasado por ondulaciones y vaivenes, periodos de estabilidad y fortaleza, momentos de crisis por el deterioro de un determinado modelo de hacer política (democracia de partidos) en el cual los actores individuales (clase política) como los actores colectivos (partidos políticos) entraron en una fase de disfuncionamiento, fenómeno este observado en otros países vecinos y aprovechado por nuevos actores políticos para irrumpir y desplazar no solo a los partidos, sino modificar substancialmente las reglas de juego y el propio tejido y musculatura democrática.

Al evaluar el desempeño de la Revolución Bolivariana con Chávez y Maduro (1998-2020), donde sobresale el que han reproducido y aumentado exponencialmente viejas prácticas y vicios imputados al pasado cercano, afectando todo el tejido social, económico, productivo, cultural e industrial del país, en paralelo, se fue fortaleciendo un modelo autoritario basado en la militarización de la política y de la sociedad venezolana, fenómeno que se expresa entre otros aspectos en la ocupación de cargos, magistraturas y representaciones del alto gobierno en manos de militares, además de una marcada propensión y tendencia a la compra de equipos militares, armamento y demás en estos años de revolución.

Por otra parte, en paralelo al fenómeno de la militarización de la política y sociedad con sus respectivos efectos, se han producido profundas distorsiones en la conducción del país, la economía y finanzas que explican el grado de postración del país andino. La lista de distorsiones en la economía venezolana durante el gobierno de Hugo Chávez Frías (1998-2012), y su acentuación con Nicolás Maduro (2013-2020) son las principales claves para entender la dimensión y consecuencias de la crisis actual agravada en pleno Covid-19.

Los graves efectos de la indisciplina macroeconómica, la destrucción del sistema de precios, los tipos y controles de cambio, la pulverización del signo monetario, disminución de las reservas, la expansión monetaria a gran escala, los controles de precios desestimulando la producción y desincentivando la inversión privada, junto con el debilitamiento sistemático de las instituciones públicas, entre ellas las responsables de la elaboración y producción de las estadísticas económicas, son parte de la debacle actual, inédita por lo demás en nuestra historia económica.

Reconocidas y acreditadas voces que han estudiado la economía nacional (Oliveros, 2017; Balza Guanipa *et al.*, 2018), señalan que Venezuela difícilmente podría derrotar la hiperinflación actual sin una formulación clara de política fiscal, monetaria y cambiaria, junto a la estimulación de la oferta de bienes y servicios, y la consecución de un mercado más natural, con menos controles de precios y de cambio, entre otras medidas que persigan frenar la hiperinflación creciente en Venezuela del último bienio (2019-2020), que es de las más altas en la historia de la inflación a nivel mundial.

Hemos insistido, junto a muchos analistas, politólogos y economistas, que Venezuela no puede producir un cambio de modelo y sociedad, si no asume ciertamente un conjunto de acciones en varias direcciones y que, naturalmente, por su envergadura pasan por un cambio de gobierno que asuma como tareas prioritarias un Plan de Estabilización o de Emergencia Nacional que integre y persiga la formulación e implementación de:

— Primero, de **Política macroeconómica** orientadas a disminuir la tasa de hiperinflación.

— Segundo, de **Política fiscal** basada en una sostenibilidad fiscal, aspecto que demanda el balance del presupuesto y sus fuentes de financiamiento, mejorar la eficiencia del gasto público, reducir la vulnerabilidad fiscal.

— Tercero, de **Política monetaria**, ya que urge recuperar el valor del signo monetario o moneda, así como la confianza y capacidad de ahorro, aspecto vinculado a contar con una arquitectura fiscal y monetaria cónsona con la estabilidad económica.

— Cuarto, de **Política petrolera**, en la que es urgente lograr un tipo de cambio competitivo para estimular justamente a los sectores transables distintos al petrolero con un papel técnico y central del BCV en el manejo de la tasa de cambio; a lo cual se le suman un conjunto de políticas sectoriales en el área de petróleo, minería, industrias básicas, agroindustria y afines.

El expresidente Chávez no solo promovió y fortaleció lo militar y pretoriano en detrimento de lo civil y ciudadano desde su llegada al poder, sino que terminó preso de sus propios temores y laberintos en el seno de sus compañeros de armas, aspecto que determinó su propia sucesión en manos de Nicolás Maduro Moros como presidente impuesto tras el fallecimiento de Chávez en 2013, posteriormente electo, este último considerado en la historia de Venezuela con la peor gestión, valoración y apoyo popular. Precisamente por la ausencia de una gestión y por ende siendo responsable del estancamiento económico y social, que junto a un sin número de aspectos y variables, terminan produciendo una situación de tal nivel crítico y deterioro exponencial, que Venezuela ha sido considerada como una «crisis humanitaria compleja».

Las distorsiones de toda índole estuvieron presentes a lo largo del gobierno del presidente Chávez, y se han profundizado con Nicolás Maduro (devaluaciones, expropiaciones de tierras y empresas, estatizaciones, aumento de la dependencia de las importaciones, devastación del aparato productivo, sostenidos controles de precios y cambiarios, escasez de los productos de primera necesidad, aumento de la pobreza, miseria y desnutrición, etc.), aspectos estos últimos potenciados y que conforman parte de la crisis humanitaria actual, que ha sido objeto de evaluación de parte de Acnur, Human Right Watch, Comisiones de la OEA, y la visita de la Alta Comisión de Derechos Humanos de la ONU, con sus respectivos informes (julio 2019 y septiembre 2020), constatándose la situación de vulnerabilidad de la población, violación flagrante de derechos humanos y un sinnúmero de situaciones degradantes a la condición humana que explica parte del éxodo masivo de venezolanos, entre otros temas discutidos en el Consejo de Derechos Humanos de la ONU (septiembre 2019 y septiembre 2020), donde se aprobó la apertura de una investigación al gobierno de Venezuela por violación de derechos humanos[183].

---

183 El Consejo de Derechos Humanos de la ONU (28-09-2019) aprobó la creación de una misión internacional independiente de determinación de los hechos cuyo propósito es realizar una indagación a fondo de las ejecuciones extrajudiciales, las desapariciones forzadas, las detenciones arbitrarias y las torturas y otros tratos crueles, inhumanos o degradantes cometidos desde 2014 por el gobierno de Nicolás Maduro.

En el último trienio en Venezuela se puede apreciar el deterioro generalizado del país en todos los órdenes y áreas, basta revisar las cifras y estadísticas en términos de economía, salud, educación, productividad, seguridad, poder adquisitivo, infraestructura y transporte, servicios públicos básicos y otros ámbitos y sectores con un impacto directo en la población más vulnerable. El agravamiento de la situación política, social y económica en el país ha sido exponencial y conforman el motor o principal causa del éxodo de una porción importante de la población calculada en 5 millones de venezolanos para el segundo semestre 2020, sin contar con las personas fallecidas por la grave situación nacional y la caracterización de la situación venezolana como «crisis humanitaria compleja» a partir del año 2019 hasta el presente, y su radicalización posterior al Covid-19 o coronavirus[184].

Debemos recordar que la pandemia mundial, el Covid-19 o virus chino, llega a Venezuela oficialmente (marzo 2020) en plena crisis humanitaria compleja, definida entre otros rasgos por: el deterioro del aparato productivo, la afectación de los campos hoy desolados y prácticamente sin producción, la paralización de PDVSA y por consiguiente del país por falta de gasolina y gas a escala nacional (segundo semestre 2020), afectando transporte público, fletes, transporte de alimentos, medicinas y otros, además de incidir directamente a millones de hogares en el caso del gas, escasez de medicinas, cortes de energía eléctrica, el deterioro de todo el sistema hospitalario y sanitario por daños de equipos, renuncias de personal por bajos salarios y graves carencias en términos de insumos y vacunas, una población sumergida en hambre y desnutrición, salarios menores promedio a 1 dólar mensual (cifras de noviembre 2020) que limitan poder comprar los alimentos de primera necesidad, y una población en términos generales muy vulnerable al Covid-19, en paralelo, un gobierno aferrado al poder con enormes sanciones y limitaciones, plagado de ineficiencia y corrupción, y una oposición sin direccionalidad en la peor crisis política y de

---

184   En estos años se han producido algunas investigaciones y ensayos que documentan ampliamente el panorama de deterioro nacional y la propensión al militarismo y pretorianismo en las áreas de petróleo, economía, productividad, alimentación, finanzas, el declive de la administración pública e instituciones como PDVSA, el Banco Central de Venezuela y las industrias básicas, entre otros. Véanse ampliamente los trabajos de Eglé Iturbe, 2017: 195-224; Oliveros y Rodríguez Grille, 2017: 259-290; Sucre Heredia, 2017: 331-381. Véase ampliamente el largo capítulo "El desastre venezolano" en Reid, 2018: 206-238.

gobernabilidad que el país registre en toda su historia republicana, entre los aspectos más visibles de la realidad traumática que registra la Venezuela contemporánea post Covid-19.

Posterior a la designación del Consejo Nacional Electoral (CNE), en el segundo semestre de 2020, por parte del Tribunal Supremo de Justicia (TSJ) y la aprobación del cronograma de elecciones legislativas o parlamentarias para diciembre 2020, el país, aparte de estar sumergido en una astronómica crisis con una diversidad de efectos y situaciones en el seno de la sociedad venezolana, no termina de vislumbrase una salida y transición democrática, más aún, los sectores que hacen vida en la oposición, como nunca antes, no logran coincidir en términos de alcanzar unidad, coherencia y direccionalidad en las estrategias, decisiones y ejecutorias a seguir frente a las elecciones, y la consecuente vía de cambio en un contexto de precariedad institucional, jurídica y de crisis humanitaria compleja.

De tal manera, que los retos y desafíos que se plantean alrededor de la democracia, la política y la propia economía y sociedad en Venezuela post Covid-19, son enormes en todas las aristas y dimensiones que se analicen. En lo político, lo social, lo económico, lo energético, lo financiero y requerirán de un esfuerzo titánico no solo a lo interno, sino fundamentalmente demandarán del apoyo internacional e inversión extranjera en áreas prioritarias (salud, infraestructura, telefonía, electricidad, educación, industrias, etc.).

7.6. *Conclusiones*

Ciertamente, los retos que enfrentan nuestras democracias, por lo menos en lo que refiere a América Latina por ser regímenes más endebles o incipientes que las democracias europeas, están vinculados inequívocamente a profundizar la institucionalidad democrática, la imperante necesidad de contar con una clase política y dirigencia que en el marco de las instituciones democráticas aporten nuevas concepciones sobre el poder, sobre la política y la vida democrática en términos de agendas, procesos y resultados, en total correspondencia con una ciudadanía que sigue reclamando derechos, resultados y recientemente decisiones y respuestas en la etapa post Covid-19.

En América Latina y Venezuela respectivamente, después de diversos gobiernos de derecha e izquierda y largos ensayos y reformas, la demanda de un Estado más comprometido con los ciudadanos, gestiones más transparentes y eficientes, fortalecer el Estado de derecho, una mejora substancial de la calidad de funcionamiento de los sistemas políticos a partir de más y mejores democracias, siguen estando presentes en los ciudadanos como principales demandas.

Después de décadas de vaivenes pudiéramos afirmar que el declive, y si se quiere crisis de la forma partido junto a la frustración de las expectativas y demandas por parte de los ciudadanos en la última década del siglo pasado, condujo a la búsqueda de nuevas formas, actores y organizaciones de acción y participación política en la región, actores que aprovecharon la situación de cuestionamiento y rechazo de las formas tradicionales para presentarse como una alternativa no sólo de gobierno sino de cambio, principal promesa y slogan de estos «nuevos liderazgos», así lo fue en el Perú de Fujimori y Ollanta Humala, la Argentina de los Kirchner o Fernández, el Ecuador de Correa, la Bolivia de Evo Morales o la Venezuela de Chávez y Maduro.

La antipolítica se nutre o tiene su catalizador en el propio disfuncionamiento y, en algunos casos, en la descomposición de los partidos políticos y de los propios sistemas de partidos en la región, ocurridos durante la última década el siglo XX y primeros años del nuevo siglo, además, se nutre en el avance de la corrupción y, por supuesto, en el rechazo común de buena parte del colectivo insatisfecho con la manera de conducir la política y el mismo Estado por parte de las instituciones tradicionales (partidos, ejecutivos, parlamentos, etc.) incapaces de satisfacer los intereses y demandas básicas y responsables de la situación de ingobernabilidad de muchos de nuestros regímenes. La gran paradoja que registra la antipolítica y populismo autoritario en Venezuela (Chávez y Maduro) es que han terminado reproduciendo las distorsiones, carencias y fallas imputadas a la política institucional que tanto cuestionaron y les dio réditos electorales a la llamada Revolución Bolivariana.

Esta suerte de personalización de la política, con rasgos antipolíticos y de tipo neopopulista, se presenta como uno de los principales retos y desafíos de las democracias latinoamericanas, y la mayor amenaza contra las perspectivas de la democracia representativa muy disminuida y desdibujada en países como Venezuela, Bolivia, Ecuador o Nicaragua. La antipolítica y los *outsiders* representan el mesianismo, el neopopulismo, la democracia plebiscitaria, el autoritarismo, e incluso la anarquía al prescindir de organizaciones estables, fuertes y disciplinadas, así como también no contar con programas políticos, sociales y económicos elaborados.

Por consiguiente, la alternativa viable para nuestras democracias, frente al avance de la antipolítica, gobiernos autoritarios y otras tendencias, es precisamente la imperante tarea de reinstitucionalizar a la democracia con más y mejor democracia, aspecto que presupone una recuperación en términos funcionales de los partidos políticos, su reinserción y redimensión como actores centrales de la lucha democrática, unido a una dirigencia seria, formada, honesta y responsable antes los electores y ciudadanos.

Los retos de la anémica democracia en Venezuela son monumentales, y requieren por consiguiente de una dirigencia política proclive a desarrollar acciones acordes con la recuperación de la institucionalidad democrática, y por supuesto, esfuerzos y decisiones en beneficio de la sociedad en su conjunto que reclama un proceso de cambio y transición que en el cierre del año 2020 no se vislumbra cercano. Venezuela muestra al igual que otros países de la región una clase política poco estructurada y a la altura de los desafíos que está reclamando una Venezuela sumergida en una crisis humanitaria compleja, sin contar los efectos del Covid-19 que ciertamente en las primeras de cambio golpean y agravan la ya crítica situación económica, empresarial y social nacional.

El país y la sociedad venezolana están reclamando no solo la solución a los problemas más severos y graves, entre ellos, desempleo, inseguridad, recuperación de la educación y salud, sino además, reglas de juego claras y definidas en materia de manejo de la economía, de una nueva la política petrolera y energética, y el rescate de la propia legalidad y Estado de derecho entre otros aspectos, los cuales pasan obligatoriamente por una transición política y un cambio de gobierno, no olvidemos que la experiencia venezolana es casi única de estatización y autocratización de la política, la economía y demás ámbitos en estas décadas de revolución bolivariana.

Tres variables o aspectos hacen complejo el proceso actual venezolano, y conforman la diferencia o clave, en comparación con cualquier otro periodo o transición en nuestra historia nacional, e incluso, en la región latinoamericana, como es en primer lugar la injerencia notoria de Cuba y Rusia en la política interna de Venezuela, en segundo lugar, la presencia desmedida de la Fuerza Armada Nacional Bolivariana (FANB) copando todos los espacios del Estado y, en tercer y último lugar, la desinstitucionalización de los partidos políticos, aspectos que condicionan la crisis actual y condicionan la propia transición política.

La recuperación de la democracia, su profundización y un buen gobierno junto a otros aspectos, será una variable a evaluar posterior a los efectos y consecuencias en términos económicos, humanos, financieros, sociales y demás post pandemia o post coronavirus, aspectos relacionados a infraestructuras hospitalarias, salud preventiva y curativa, desempeño de las instituciones y gobiernos, decisiones oportunas y, especialmente en términos de liderazgos, aspectos que en su conjunto representan enormes retos a los gobiernos y las propias democracias, tantos las consolidadas de Europa, como también a las democracias débiles de América Latina y especialmente por parte de la deteriorada institucionalidad democrática en Venezuela.

«El problema de la intervención de los militares en política y el pretorianismo, no tiene relación directa con el tamaño de la institución armada, tampoco con los niveles de tecnología que utilicen, e incluso tampoco con los tipos y niveles de amenazas que enfrente; el punto para limitar y controlar su intervención en política va más allá de sus funciones estrictamente técnicas y está, por una parte, en los controles que el sector civil les establezca, especialmente el Parlamento. Y por la otra, en el control y supervisión del proceso educativo y cultural de formación académica y profesional de los militares en sus academias e instituciones de educación».

— HERNÁN CASTILLO, 2014

a MODO de CONCLUsión

En el transcurso de mediados de los años ochenta, Venezuela registraría los primeros síntomas de un país, sociedad y sistema que manifestaba distorsiones en el orden político y económico, con repercusiones sociales importantes. De tal manera que nadie pensaría en su sano juicio en los finales de los ochenta y principios de los noventa, que el sistema de partidos y la de democracia, respectivamente inaugurada en 1958, asumiría su mayor reto en términos de desafíos y, más aún, gobernabilidad. No olvidemos que el sistema político venezolano era sinónimo y modelo de estabilidad e institucionalidad en la región latinoamericana. En esos años no había espacio o cabida para visualizar la llegada de una opción o propuesta de cambio al estilo del presidente Hugo Chávez Frías.

Lo cierto del caso es que el sistema político y especialmente sus agentes y actores políticos (partidos y clase política) ya no exhibían la fortaleza de otrora época. La fatiga de un modelo de hacer política y de un tipo de liderazgo tradicional unido a las distorsiones socioeconómicas por las razones que sean, como la inflación, el desempleo y el deterioro de expectativas producirían cambios en las percepciones de los venezolanos, que no solo dejaron de participar activamente en la política y en las elecciones, registrándose una subida constante de la abstención a partir de 1988 hasta el presente, pero además, apoyando mensajes difusos, imprecisos y de corte antipolítico y populista, es así como Venezuela inaugura la antipolítica con la elección emotiva de Rafael Caldera en 1993 y dicho proceso se ratifica con mayor rigor en 1998 con el triunfo de Hugo Chávez Frías.

Un balance sucinto de la Venezuela contemporánea de finales del siglo XX e inicios del XXI, tiene como variables centrales no solo el papel del petróleo, sino la derogación de la Constitución de la República de Venezuela de 1961 (la de mayor vigencia en nuestra historia), sino el triunfo de Chávez en 1998 y posteriormente la promulgación de la Constitución Bolivariana de Venezuela de 1999.

Desde 1999 hasta el presente completamos dos décadas en la que se han producido diversos fenómenos y situaciones, valga señalarse que los problemas cotidianos y demandas de mejor calidad de vida, empleo, salud, educación, seguridad, corrupción y otros, por los que justamente llega Chávez al poder se han profundizado. Sin embargo, el mayor daño en términos de tejido institucional estriba en el proceso sostenido que hemos experimentado de desinstitucionalización o vaciamiento institucional que explica no solo la llegada de Chávez, sino fundamentalmente su permanencia en el poder.

En materia económica el país muestra un conjunto de distorsiones en la política monetaria, fiscal y cambiaria que durante dos décadas consecutivas se han aplicado en Venezuela, produciendo en los últimos años una inestabilidad económica y cifras nada alentadoras, entre ellas, las cifras de desempleo, inflación, deterioro del poder adquisitivo y del consumo de venezolano, paradójicamente con altos ingresos por concepto de renta petrolera hasta la primera década del siglo XXI.

La crisis que exhibe la economía venezolana es producto justamente de un modelo económico ideologizado, inconsistente y sumamente vulnerable en términos de viabilidad y operatividad. El intento de aplicación del llamado socialismo del siglo XXI a la economía y a ciertas empresas que fueron hasta hace poco modelo de gerencia, rentabilidad, transparencia y desarrollo como es el caso de PDVSA, que registra flujo de caja restringido, endeudamiento, problemas operativos, gastos parafiscales y otros, o el caso de las empresas mixtas como Sidor, Venalum o Alcasa que padecen de obsolescencia tecnológica, serios problemas en el flujo de caja y además son, bajo todo punto de vista, improductivas y poco rentables.

La ascensión del populismo radical o autoritario en algunos países andinos, y específicamente en Venezuela, ocurre paralelo al desprestigio de las instituciones partidistas como mediadores y representantes legítimos del juego democrático. La precariedad de los partidos políticos se expresa entre otras cosas, como sucede en Venezuela en su inacción y escasa presencia en órganos legislativos como la Asamblea Nacional o Congreso. En todos los casos de populistas andinos del siglo XXI (Rafael Correa, Evo Morales y Hugo Chávez Frías), encontramos retóricas nacionalistas, antiimperialista, antioligárquicas, actitudes antiinstitucionales y, en ciertos casos, antisistémicos, unidos por supuesto a su carácter confrontacional, voluntad movilizadora, carácter reivindicativo, asistencialista y distributivo, vocación refundacional del país por vía de nuevas Constituciones, finalmente un componente mediático y propensión reeleccionista.

La Venezuela actual muestra precariedad en términos de sus partidos, institucionalidad, división de poderes públicos, supremacía de la ley y otros. Algunos definen dicha situación como bloqueo institucional o parálisis institucional. La Constitución Bolivariana de Venezuela de 1999 ha sido frecuentemente violada, sus disposiciones, sus principios fundamentales; si bien es cierto, los venezolanos el 2 de diciembre de 2007 en la consulta del Referéndum Constitucional para decidir la Reforma Constitucional, expresaron su condena y negativa, no es menos cierto que buena parte de los elementos y aspectos más visibles y atentatorios contra el estado de derecho, de justicia social y el régimen de libertades, han sido puestos en marcha por diferentes vías, leyes habilitantes, leyes orgánicas, creación de nuevas autoridades, entes y poderes con Chávez y continuadas con Maduro, entre otras cosas, desdibujando al sistema político, afectando la democracia y la legitimidad, alterando además la legalidad.

Un elemento definitorio y característico de la Venezuela de fin de siglo XX e inicios del XXI, es la promoción sostenida del elemento, dinámica y lógica militar. En las dos últimas décadas bajo la presidencia de Chávez y Maduro respectivamente, registramos como nunca antes visto en la historia de Venezuela el desplazamiento de civiles, de cargos, instancias y demás por parte de militares, que en situación de retiro o actividad, hoy ocupan embajadas, gobernaciones, presidencias de institutos, corporaciones, curules en la Asamblea Nacional, ministerios y otras instancias.

El entramado democrático venezolano indudablemente se encuentra en franco declive como consecuencia de un proceso sostenido en el tiempo que afecta la calidad de la democracia, menoscaba el tejido institucional, atropella lógicas y dinámicas, altera la situación de pesos y contrapesos institucionales donde el poder ejecutivo y el estamento militar copan toda escena y espacio, produciendo una situación mucho más compleja y conflictiva incluso que hace dos décadas cuando Chávez fue electo presidente de la república.

La realidad nos induce a pensar que se requieren nuevas formas organizacionales que modifiquen las estructuras, la participación y el discurso de los partidos, a fin de que recuperen el estatus de representación política y de mediación entre el Estado y la sociedad hoy disminuido o vacante. Se demanda una organización y partidos más abiertos a los ciudadanos, menos preocupados por demostrar qué tan distintos son del resto y más comprometidos con un proyecto social y cívico.

La nueva clase dirigente, resultante de las elecciones de 1998 y comicios siguientes, compuesta por gobernadores, diputados, alcaldes y otros, salvo honrosas excepciones, no parece estar conformada por políticos capaces y eficientes, necesarios para ejercer el control y dirección del Estado, ni mucho menos para revalorizar las funciones que le son encomendadas como actores principales de la democracia. En otras palabras, no han cumplido el rol y funciones básicas que le corresponde a toda estructura de gobierno, viciando aún más el sistema democrático a niveles nunca registrados y donde, además, la oposición política venezolana igual ha cometido crasos errores y es de alguna manera corresponsable del deterioro democrático nacional.

Es así como el avance de esta política no institucional, caracterizada especialmente por la personalización de la política y por la militarización de la política ha demostrado ser muy nociva para el sistema, por su carácter eminentemente antidemocrático y antipolítico en lo que atañe a los países andinos (la Bolivia de Evo, el Ecuador de Correa) y de manera particular el caso de Venezuela bajo la presidencia de Chávez y Maduro. La concentración del poder en Venezuela, la erosión y destrucción de la institucionalidad democrática ha conducido gradualmente a una anemia y orfandad de la democracia representativa, que con todas sus fallas fue modelo de estabilidad en América Latina, y su sustitución por un régimen plebiscitario y autoritario con profundas fallas, incertidumbres y naturalmente el socavamiento del régimen de libertades instaurado desde finales de los años cincuenta con mucho éxito por los partidos tradicionales.

Por tal motivo, las democracias de nuestra América Latina precisan frente a las incertidumbres, reiteradas crisis de gobernabilidad, disfunción y precariedad institucional como es el caso paradigmático de Venezuela, la demanda de gobernantes capaces y eficientes para el manejo complejo del entramado institucional, proceso este que promete recuperar la confianza de los ciudadanos en las instituciones, y exige a su vez contar con sólidos partidos políticos como elementos fundamentales de intermediación, canalización de demandas, representación y estabilidad del sistema político. Asimismo, en el contexto de Venezuela se exige recuperar el papel de la ciudadanía y el civismo en franco declive frente a la militarización de la política y lo público durante las dos décadas en la que le ha correspondido a Chávez y Maduro dirigir los destinos de Venezuela.

TABLA 14
Partidos políticos venezolanos y afines

Siglas	Organización
AA	Acción Agropecuaria
AD	Acción Democrática
ABP	Alianza al Bravo Pueblo
APERTURA	Apertura a la Participación Nacional
CCN	Cruzada Cívica Nacionalista
CEDICE	Centro de Divulgación y Docencia Económica
CONATEL	Comisión Nacional de Telecomunicaciones
CONVERGENCIA	Convergencia Nacional
COPEI	Comité de Organización Política Electoral Independiente
CTV	Central de Trabajadores de Venezuela
EN	Encuentro Nacional
FCU	Federación de Centros Universitarios
FD	Factor Democrático
FDP	Fuerza Democrática Popular
FEDECAMARAS	Federación de Cámaras
FIN	Fuerza Independiente Nacional
FND	Frente Nacional Democrático
FS	Frente Soberano
GE	Gente Emergente
GLOBOVISIÓN	Globovisión
ICC	Independientes Con el Cambio

Siglas	Organización
ID	Izquierda Democrática
IPCN	Independientes por la Comunidad Nacional
IPFN	Independientes Pro Frente Nacional
IPV	Independientes Por Venezuela
IRENE	Integración Representación Nueva Esperanza
CAUSA R	La Causa Radical
LA LLAVE	La Llama de Venezuela
MAS	Movimiento Al Socialismo
MDD	Movimiento por la Democracia Directa
MDP-BR	Movimiento por la Democracia Popular – Bandera Roja
MEP	Movimiento Electoral del Pueblo
MIGATO	Movimiento Independiente Ganamos Todos
MIN	Movimiento Independiente Nacional
MIR	Movimiento de Izquierda Revolucionario
MR	Movimiento Republicano
MVR	Movimiento V República
NGD	Nueva Generación Democrática
NRD	Nuevo Régimen Democrático
ONDA	Organización Nacionalista Democrática Activa
OPINA	Opinión Nacional
ORA	Organización Renovadora Autentica
PCV	Partido Comunista Venezolano
PJ	Primero Justicia
PPT	Patria Para Todos
PSUV	Partido Socialista Unido de Venezuela
PRVZL	Proyecto Venezuela
RCTV	Radio Caracas Televisión
RENACE	Rescate Nacional Independiente
RENOVACIÓN	Renovación
SI	Movimiento Solidaridad Independiente
UNIÓN	Unión
UNT	Un Nuevo Tiempo
URD	Unión Republicana Democrática
VTV	Venezolana de Televisión
VP	Voluntad Popular

«Los militares siempre han sido en Venezuela el sujeto de la sedición y el objeto de la seducción. Los episodios traumáticos de cambio en la vida contemporánea de Venezuela comienzan y terminan, cuando no ambas cosas, en los cuarteles».

— CARLOS BLANCO, 2002

BIBLIO*grafía*

Adler F., Fleming, T., *et al.* (1996): *Populismo posmoderno*. Buenos Aires: Universidad Nacional de Quilmes.

Aguilera Peralta, Gabriel (1999): «La espada solidaria: Cooperación en seguridad y defensa en Centroamérica», en Francisco Rojas Aravena (ed.), *Cooperación y seguridad internacional en las Américas*. FLACSO / Nueva Sociedad. Caracas. pp. 87-93.

Alarcón Deza, Benigno, *et al.* (2014): *El desafío venezolano: Continuidad revolucionaria o transición democrática*. Caracas: Centro de Estudios Políticos-Universidad Católica Andrés Bello.

Alarcón Deza, Benigno (2016): «¿Es posible una transición democrática negociada en Venezuela?», en Benigno Alarcón Deza, *et al.*, *Transición democrática o autocratización revolucionaria. El desafío venezolano II*. Caracas: Centro de Estudios Políticos, Universidad Católica Andrés Bello, UCAB Ediciones. pp. 169-201.

Alcántara Sáez, Manuel (1995): *Gobernabilidad, crisis y cambio. Elementos para el estudio de la gobernabilidad de los sistemas políticos en épocas de crisis y cambio*. México: Fondo de Cultura Económica.

Alcántara Sáez, Manuel (2004): *¿Instituciones o máquinas ideológicas? Origen, programa y organización de los partidos latinoamericanos*. Barcelona: ICPS.

Álvarez, Ángel (2002): «El Estado y la revolución protagónica», en Marisa Ramos (ed.), *Venezuela: rupturas y continuidades del sistema político (1999-2001)*. Salamanca: Ediciones Universidad de Salamanca. pp. 97-119.

Angulo Rivas, Alfredo (2001): «Civiles, militares y política en Venezuela», en *Revista Fermentum*, 30, enero-abril. Universidad de Los Andes. Mérida. pp. 115-142.

Arbós, Xavier y Salvador Giner (1993): *La gobernabilidad. Ciudadanía y democracia en la encrucijada mundial*. Madrid: Siglo XXI Editores.

Arenas, Nelly (2007): «Poder concentrado: el populismo autoritario de Hugo Chávez», en *Politeia*, 39. Instituto de Estudios Políticos / Universidad Central de Venezuela: Caracas. pp. 23-63.

Arenas, Nelly (2016): «El chavismo sin Chávez. La deriva de un populismo sin carisma», en *Nueva Sociedad*, Nº 261, enero-febrero. Buenos Aires. pp. 13-22.

Arvelo Ramos, Alberto (1998): *El dilema del chavismo. Una incógnita en el poder.* Caracas: Centauro.

Aveledo Coll, Guillermo Tell (2017): «Los fundamentos ideológicos del sistema político chavista», en Diego Bautista Urbaneja (coord.), *Desarmando el modelo. Las transformaciones del sistema político venezolano.* Caracas, Universidad Católica Andrés Bello, ABC Ediciones / Konrad Adenauer Stiftung. pp. 25-51.

Aveledo, Ramón Guillermo (2005): *Parlamento y democracia.* Caracas. Fundación para la Cultura Urbana.

Avendaño Lugo, José Ramón (1982): *El militarismo en Venezuela.* Ediciones Centauro. Caracas.

Avril, Pierre (1985): «Note sur les origines de la representation», en François D'Arcy (dir.), *La repréntation.* París: Económica.

Ayala Espino, José (1999): *Instituciones y economía. Una introducción al neoinstitucionalismo económico.* México: Fondo de Cultura Económica.

Azcargorta, Jesús e Ivo Hernández (2007): «PSUV: ¿Partido hegemónico o partido único?, en *Temas de Coyuntura,* 56, diciembre. Caracas: UCAB. pp. 7-23.

Balza Guanipa, Ronald, *et al.* (2018): *Venezuela 2015. Economía, política y sociedad.* Caracas: Konrad Adenauer Stiftung / Universidad Católica Andrés Bello.

Barrera, Tyszka y Marcano Cristina (2006): *Hugo Chávez sin uniforme. Una historia personal.* Caracas: Mondadori / Debate.

Bauman, Zygmunt (2001): *En busca de la política.* Santiago de Chile: Fondo de Cultura Económica.

Bilbeny, Norbert (1997): *La revolución en la ética.* Barcelona: Anagrama.

Bilbeny, Norbert (1999): *Democracia para la diversidad.* Barcelona: Ariel.

Blanco, Carlos (2002): *Revolución y desilusión. La Venezuela de Hugo Chávez.* Madrid: Los Libros de la Catarata.

Bobbio, Norberto (1985): *Crisis de la democracia.* Barcelona: Editorial Ariel.

Bodemer, Klaus (1998): «La globalización. Un concepto y sus problemas», en *Nueva Sociedad,* 156, julio-agosto. Caracas. pp. 54-69.

Bodemer, Klaus (2003): *El nuevo escenario de la (in) seguridad en América Latina. ¿Amenaza para la democracia?* Caracas: RECAL / FLACSO / Nueva Sociedad.

Bovero, Michelangelo (2002): *Una gramática de la democracia. Contra los gobiernos de los peores.* Madrid: Trotta.

Breuer, Stefan (1996): *Burocracia y carisma. La sociología política de Max Weber.* Valencia: Alfons El Magnanim.

Brewer Carias, Alan (2007a): *Estudios sobre el Estado constitucional (2005-2006).* Caracas: Editorial Jurídica Venezolana / Universidad Católica del Táchira.

Brewer Carias, Alan (2007b): *Hacia la consolidación de un Estado socialista, centralizado, policial y militarista.* Mérida: CIEPROL, Vicerrectorado Académico, Universidad de Los Andes.

Brewer Carías, Allan (2008): *Historia constitucional de Venezuela. Tomo II.* Caracas: Editorial Alfa.

Burbano de Lara, Felipe (1998): «A modo de introducción: el impertinente populismo», en Felipe Burbano de Lara (ed.), *El fantasma del populismo. Aproximación a un tema [siempre] actual*. Caracas: ILDIS / FLACSO / Nueva Sociedad. pp. 9-24.

Caballero, Manuel (1988): *La Venezuela del siglo veinte*. Caracas: Grijalbo.

Caballero, Manuel (2000): *La gestación de Hugo Chávez. 40 años de luces y sombras en la democracia venezolana*. Madrid: Catarata.

Camero, Ysrrael (2017): «Enfrentando la complejidad de la encrucijada venezolana: La dinámica del cambio desde un régimen híbrido», en B. Alarcón Deza, *et al.*, *Transición democrática o autocratización revolucionaria. El desafío venezolano II*. Caracas: Centro de Estudios Políticos, Universidad Católica Andrés Bello, UCAB Ediciones. pp. 20-42.

Camou, Antonio (1995): *Gobernabilidad y democracia*. México: Instituto Federal Electoral.

Camps, Victoria (1996): *El malestar de la vida pública*. Barcelona: Grijalbo.

Cansino, César (1998): *Historia de las ideas políticas. Fundamentos filosóficos y dilemas metodológicos*. México: Centro de Estudios de Política Comparada, UNAM.

Cansino, César (2005): «Entre la democracia real y la democracia ideal. Consideraciones críticas», en *Metapolítica,* 39. México: Centro de Estudios de Política Comparada, UNAM. pp. 39-57.

Cansino, César (2007): *Por una democracia de calidad. México después de la transición*. México: Centro de Estudios de Política Comparada, UNAM.

Cansino, César (2008): *La muerte de la ciencia política*. Buenos Aires: Sudamericana.

Cansino, Cesar y Ángel Sermeño (1997): «América Latina: Una democracia toda por hacerse», en *Metapolítica*, Vol. 1 Nº 4, octubre-diciembre. México: Cepcom. pp. 557-571.

Carbonell, Miguel y Rodolfo Vásquez [Comp.] (2009): *Globalización y Derecho*. Quito: Ministerio de Justicia y Derechos Humanos.

Carrera Damas, Germán (1984): *Una nación llamada Venezuela*. Caracas: Monte Ávila.

Carrera Damas, Germán (2003): *El culto a Bolívar*. Caracas: Alfadil.

Cartay, Gehard (2000): *Política y partidos modernos en Venezuela. Las nuevas tendencias*. Caracas: Fondo Editorial Nacional José Agustín Catalá Editor.

Castillo, Hernán, Manuel Alberto Donís Ríos y Domingo Irwin (2001): *Militares y civiles. Balance y perspectivas de las relaciones civiles-militares venezolanas en la segunda mitad del siglo XX*. Caracas: USB / UCAB / UPEL.

Castro, Gregorio (Ed.): *Debate por Venezuela*. Caracas: Editorial Alfa / UCV.

Cavarozzi, Marcelo, *et al.* (2002): *El asedio a la política. Los partidos políticos latinoamericanos en la era neoliberal*. Buenos Aires: Konrad Adenauer Stiftung / Homo Sapiens.

Cohen, Ira (1996): *Teoría de la estructuración. Anthony Giddens y la constitución de la vida social*. México: UAM.

Combellas, Ricardo (2001): *Derecho Constitucional. Una introducción al estudio de la República Bolivariana de Venezuela*. Caracas: McGraw-Hill.

Combellas, Ricardo (2008): *Federalismo y recentralización en Venezuela. La experiencia de la V República*. Caracas: UCV.

Coppedge, Michael (1998): «Venezuela: Democrática a pesar del presidencialismo», en Juan Linz y Arturo Valenzuela (comp.), *La crisis del presidencialismo. 2 El caso de Latinoamérica*. Madrid: Alianza. pp. 335-370.

Coppedge, Michael (2001): *Strong parties and lame ducks. Presidential partyarchy and factionalism in Venezuela*. California: Stanford University Press.

Cotler, Julio (1995): «Crisis política, outsiders y democraduras: El fujimorismo», en Carina Perelli, Sonia Picado y Daniel Zovatto (comp.), *Partidos y clase política en América Latina en los 90*. San José: CAPEL / IIDH. pp. 117-141.

CouffignaL, George (Dir.) (2007): *Amérique Latine. Les surprises de la démocratie*. Paris: IHEAL / La Documentation Française.

Crick, Bernard (2001): *En defensa de la política*. Barcelona: Criterios TusQuets Editores.

Crisp, Brian, et al. (2015): «Comparación de Distintos Indicadores de Consolidación de Sistemas de Partidos», en Mariano Torcal (coord.), *Sistemas de partidos en América Latina. Causas y consecuencias de su equilibrio inestable*. Barcelona: Siglo XXI Editores / Anthopos. pp. 43-59.

Cheresky, Isidoro e Inés Pousadela (2001): *Política e instituciones en las nuevas democracias latinoamericanas*. Buenos Aires: Paidós.

Dahl, Robert (1999): *La democracia. Una guía para los ciudadanos*. Madrid: Taurus.

Daniels, Elías (1992): *Militares y democracia. Papel de la institución armada de Venezuela en la consolidación de la democracia*. Caracas: Centauro.

Dávila, Luis Ricardo y Rafael Cartay (2008): *Itinerario de una ilusión. El militarismo en Venezuela*. Caracas: Random House.

De Giovanni Biagio (1990): «¿Qué significa hoy pensar la política?», en Martha Rivero (comp.), *Pensar la política*. México: UAM. pp. 33-59.

De La Torre, Carlos (2008): *El retorno del pueblo. Populismo y nuevas democracias en América Latina*. Quito: Flacso.

Diamond, Larry, Marc F. Plattner y Philip J. Costopoulos (Eds.) (2010): *Debates on democratization*. Baltimore: The Johns Hopkins University Press.

Dietz, Henry y David Myers (2002): «El proceso del colapso del sistema de partidos. Una comparación entre Perú y Venezuela», en *Cuadernos del CENDES*, 50. pp. 1-33.

Drake, Paul W. (2009): *Between tyranny and anarchy. A history of democracy in Latin America, 1800-2006*. Stanford: Stanford University Press.

Duque Corredor, José Román (2006): «Estado de Derecho y de Justicia: Desviaciones y manipulaciones. El Estado de cosas inconstitucional», en *Provincia*, Número Especial. Mérida: CIEPROL, Universidad de Los Andes. pp. 341-360.

Estaba, Rosa (1991): «La descentralización no se detiene», en *Revista de la Comisión Presidencial para la Reforma del Estado* (COPRE). Caracas: Segunda Etapa, Nº 4.

Estaba, Rosa y Alvarado Iván (1985): *Geografía de los paisajes urbanos e industriales de Venezuela*. Caracas: Editorial Planeta.

Fermín Álvarez, Daniel (2017): «La gente importa: Movilización popular y democratización», en B. Alarcón Deza, et al., *Transición democrática o autocratización revolucionaria. El de-*

safío venezolano II. Caracas: Centro de Estudios Políticos, Universidad Católica Andrés Bello, UCAB Ediciones. pp. 255-276.

Garretón, Manuel Antonio (1998): «Representatividad y partidos políticos. Los problemas actuales», en Thomas Manz y Moira Zuazo (coord.), *Partidos políticos y representación en América Latina*. Caracas: ILDIS / Nueva Sociedad. 1998. pp. 15-23.

Garrido, Alberto (2000): *La revolución bolivariana. De la guerrilla al militarismo*. Mérida: Ediciones del Autor.

Germani, Gino, *et al.* (1973): *Populismo y contradicciones de clase en Latinoamérica*. México: Era.

Gil Yépez, José Antonio (1998): «El encaje político en el sector militar. El caso de Venezuela», en Augusto Varas (coord.), *La autonomía militar en América Latina*. Caracas: Nueva Sociedad. pp. 129-144.

Gómez Calcaño, Luís y López Maya (1990): *El tejido de Penélope. La reforma del Estado en Venezuela (1984-1988)*. Caracas: CENDES.

González Cruz, Fortunato (1999): *Un nuevo municipio para Venezuela. Mérida, Venezuela*. Mérida: CIEPROL, Universidad de Los Andes.

Gonzalez Cruz, Fortunato (2008): «Arquitectura del Estado y gobierno en Venezuela», en *Provincia*, 20, enero-junio. CIEPROL, Universidad de Los Andes. pp. 123-142.

Gonzalez Cruz, Francisco (2001): *Globalización y lugarización*. Mérida: CIEPROL / UVM.

González Hernández, Juan Carlos (1997): «Transformaciones orgánicas y funcionales de los partidos políticos en la crisis del Estado de Bienestar», en *Sistema*, 138, mayo. Madrid. 93-115.

Goot, Richard (2006): *Hugo Chávez y la revolución bolivariana*. Madrid: Editorial Foca.

Hagopian, Frances y Scott Mainwaring (Eds.) (2005): *The third wave of democratization in Latin America. Advances and setbacks*. Cambridge: Cambridge University.

Held, David (1992): *Modelos de democracia*. Madrid: Alianza.

Hermet, Guy (2008): *El Invierno de la democracia. Auge y decadencia del gobierno del pueblo*. Barcelona: Editorial los Libros del Lince.

Hermet, Guy (2012): *Démocratie et autoritarisme*. Paris: Les Éditions du Cerf.

Hernandez, Carlos Raúl (2005): *La democracia traicionada. Grandeza y miseria del Pacto de Punto Fijo*. Caracas: Rayuela.

Huizi Clavier, Rafael (2001): «La consciencia histórica del rol político jugado por la institución armada», en Hernán Castillo *et al.* (comp.), *Militares y civiles. Balance y perspectivas de las relaciones civiles-militares venezolanas en la segunda mitad del siglo XX*. Caracas: USB / UCAB / UPEL. pp. 129-141.

Índice de Desarrollo Democrático de América Latina IDD-LAT. 2018.

Innerarity, Daniel (2002): *La transformación de la política*. Bilbao: Ediciones Península.

Innerarity, Daniel (2020): *Una teoría de la democracia compleja. Gobernar el siglo XXI*. Barcelona: Galaxia Gutemberg.

Irwin, Domingo (1985): «Reflexiones sobre el caudillismo y pretorianismo», en *Tiempo y espacio*, Vol. II. Nº 4. Instituto Pedagógico de Caracas.

Irwin, Domingo (2000): *Relaciones civiles-militares en el siglo XX*. Caracas: Ediciones Centauro.

Irwin, Domingo (2003): «El control civil y la democracia», en Domingo Irwin y Frederique Langue (coord.), *Militares y sociedad en Venezuela*. Caracas: UCAB / UPEL. pp. 15-72.

Irwin, Domingo e Ingrid Micett (2008): *Caudillos, militares y poder. Una historia del pretorianismo en Venezuela*. Caracas: UPEL / UCAB.

Iturbe, Eglee (2017): «La institucionalidad administrativa de la revolución bolivariana y las políticas públicas», en Diego Bautista Urbaneja (coord.), *Desarmando el modelo. Las transformaciones del sistema político venezolano*. Caracas: Instituto de Estudios Parlamentarios Fermín Toro / Universidad Católica Andrés Bello / ABC Ediciones / Konrad Adenauer Stiftung, pp. 195-224.

Jauregui, Gurutz (1994): *La democracia en la encrucijada*. Barcelona: Anagrama.

Jauregui, Gurutz (1996): *Problemas actuales de la democracia*. Barcelona: Institut de Ciencies Politiques y Socials. UAB.

Johnson, John (1964): *The military and society in Latin America*. Stanford: Stanford University Press.

Karl, Terry Linn (1997): *The paradox of plenty: Oil booms and petro-States*. Berkeley: University of California Press.

Katz, Richard S. y Peter Mair (2004): «El partido cartel. La transformación de los modelos de partidos y de la democracia de partidos», en *Zona Abierta*, 108-109. Madrid. pp. 9-42.

Kornblith, Miriam (1998): «Representación, partidos políticos y reforma electoral en Venezuela», en Thomas Manz y Moira Zuazo (coord.), *Partidos políticos y representación en América Latina*. Caracas: ILDIS / Nueva Sociedad. pp. 181-210.

Kornblith, Miriam y Daniel Levine (1995): «Venezuela: The life and times of the party system», en Maiwaring Scott y Timothy Scully (eds.), *Building democratic institutions: Parties and party systems in Latin America*. Stanford: Stanford University Press.

Krauze, Enrique (2008): *El poder y el delirio*. Caracas: Editorial Alfa.

Krauze, Enrique (2011): *Redentores. Ideas y poder en América Latina*. Barcelona: Debate.

Lalander, Richard (2004): *Suicide of Elephants? Venezuelan descentralization between partyarchy and chavismo*. Helsinki: University of Helsinki.

Langue, Frederique (2006): «Petróleo y revolución en las américas. Las estrategias bolivarianas de Hugo Chávez», en *Revista Venezolana de Ciencia Política*, 29. Mérida: CIPCOM, Universidad de Los Andes. pp. 127-152.

Lechner, Norbert (1990): *Los patios interiores de la democracia*. México: Fondo de Cultura Económica.

Lechner, Norbert (1991): «A la búsqueda de la comunidad perdida. Los restos de la democracia en América Latina», en *Revista Internacional de Ciencias Sociales*, 129, septiembre. Madrid: UNESCO. pp. 569-581.

Lechner, Norbert (1994): «Los nuevos perfiles de la política. Un Bosquejo», en *Nueva Sociedad*, 130, marzo-abril. Caracas. pp. 73-84.

Lechner, Norbert (1995): «La democracia entre la utopía y el realismo», en *Revista Internacional de Filosofía Política*, 6, diciembre. México: UAM. pp. 104-115.

Lechner, Norbert (1996a): «¿Por qué la política ya no es lo que fue?», en *Leviatán*. Madrid: Fundación Pablo Iglesias.

Lechner, Norbert (1996b): «La política ya no es lo que fue», en *Nueva Sociedad*, 144, julio-agosto. Caracas: pp. 104-113.

Lechner, Norbert (1996c): «Las transformaciones de la política», en *Revista Mexicana de Sociología*, enero-marzo, México. pp. 3-16.

Lechner, Norbert (2002): *Las sombras del mañana. La dimensión subjetiva de la política*. Santiago de Chile: LOM.

Levine, Daniel H. (2000): *The decline and fall of democracy in Venezuela: Ten thesis*, Ponencia presentada en el International Congress LASA 2000, Latin American Studies Association, Miami, March 16-18.

Levine, Daniel H. y Molina, José (2011): *The Quality of Democracy in Latin America*. Boulder, CO: Lynne Rienner Publishers, Inc.

Ley Organica de la Fuerza Armada Nacional. *Gaceta Oficial*, N° 39.171 del 5 de mayo de 2009.

Liewen, Edwin (1964): *Generals vs. Presidents: Neomilitarism in Latin America*. New York: Praeger.

Lijphart, Arend (2000): *Modelos de democracia*. Barcelona: Ariel Ciencia Política.

López Maya, Margarita (2007): *Ideas para debatir el socialismo del siglo XXI*. Caracas: Alfa.

Lowi, Theodore J. (1993): *El presidente personal. Facultad otorgada, promesa no cumplida*. México: Fondo de Cultura Económica.

Luna, Juan Pablo (2015): «Institucionalización de Sistemas de Partidos: ¿Por qué es necesario un nuevo concepto?», en Mariano Torcal (coord.), *Sistemas de partidos en América Latina. Causas y consecuencias de su equilibrio inestable*. Barcelona: 2015. Siglo XXI Editores / Anthopos. pp. 19-42.

Mackinnon, María Moira y Mario A. Petrone (1998): *Populismo y neopopulismo en América Latina. El problema de la cenicienta*. Buenos Aires: Eudeba.

Machillanda Pinto, José (1988): *Poder político y poder militar en Venezuela 1958-1986*. Caracas: Ediciones Centauro.

Madueño, Luis (1997): «Crisis y descomposición de la política en América Latina», en *Revista Venezolana de Ciencia Política*, 12. Mérida: Postgrado de Ciencia Política / Universidad de Los Andes.

Madueño, Luís E. (1999): *Sociología política de la cultura. Una introducción*. Mérida: Centro de Investigaciones de Política Comparada, ULA.

Maestre, Agapito (1996): *El vértigo de la democracia*. Madrid: Huerga & Fierro / Ediciones de La Ilustración.

Maestre, Agapito (1997): «La cuestión democrática: Para explicar las transformaciones de la política», en *Metapolítica*, Vol. 1. N° 4, octubre-diciembre. México: Centro de Estudios de Política Comparada. pp. 543-555.

Magdaleno, John (2009): *Ideologías: ¿máscaras del poder? Debatiendo el socialismo del siglo XXI*. Caracas: Los Libros de El Nacional.

Maingon, Thais (2007): «Síntomas de la crisis y la deslegitimación del sistema de partidos en Venezuela», en Günther Mailhold (ed.), *Venezuela en retrospectiva. Los pasos hacia el régimen chavista.* Madrid: Iberoamericana / Vervuert. pp. 77-111.

Maingon, Thais y Friederich Welsch (2009): «Venezuela 2008: hoja de ruta hacia el socialismo autoritario», en *Revista de Ciencia Política,* 29. Santiago de Chile: Instituto de Ciencia Política. pp. 633-656.

Mainwaring, Scott y Timothy Scully [Eds.] (1995): *Building democratic institutions party systems in Latin America.* Stanford: Stanford University Press.

Mainwaring, Scott y Timothy Scully (1997): «La institucionalización de los sistemas de partido en América Latina», en *América Latina Hoy. Revista de Ciencias Sociales,* 16. Salamanca: Instituto de Estudios Políticos de Iberoamérica y Portugal. pp. 91-108.

Mainwaring, Scott y Timothy Scully (2008): «Eight lessons for governance», en *Journal of Democracy,* Vol. 19 N° 3, july. pp. 113-127.

Mainwaring, Scott, *et al.* (2008): *La crisis de representación democrática en los países andinos.* Bogotá: Grupo Editorial Norma / Vitral.

Mair, Peter (2015): *Gobernando el vacío. La banalización de la democracia occidental.* Madrid: Alianza Editorial.

Manin, Bernard (1992): «Metamorfosis de la representación política», en Mario R. dos Santos (coord.), *¿Qué queda de la representación política?* Caracas: Nueva Sociedad / CLACSO.

Manrique, Miguel (2001): «Relaciones civiles y militares en la Constitución Bolivariana de 1999», en Hernán Castillo *et al., Militares y civiles. Balance y perspectivas de las relaciones civiles-militares venezolanas en la segunda mitad del siglo XX.* Caracas: Universidad Simón Bolívar / Universidad Católica Andrés Bello. pp. 159-184.

Martínez Dalmau, Rubén y Viciano Pastor, Roberto (2000): «Cambio político, cambio constitucional y la nueva configuración del sistema de partidos políticos en Venezuela», en *Revista de Estudios Políticos,* 110, octubre-diciembre. Madrid. pp. 139-172.

Martínez Dalmau, Rubén y Viciano Pastor, Roberto (2001): *Cambio político y proceso constituyente en Venezuela (1998-2000).* Valencia: Vadell Hermanos.

Martinez Meucci, Miguel Ángel (2017): «Cambio político en Venezuela 2013-2016: ¿Transición, Estado fallido o profundización revolucionaria?», en B. Alarcón Deza, *et al., Transición democrática o autocratización revolucionaria. El desafío venezolano II.* Caracas: Centro de Estudios Políticos, Universidad Católica Andrés Bello, UCAB Ediciones. pp. 99-139.

Mascareño, Carlos (2000): *Balance de la descentralización en Venezuela: logros, limitaciones y perspectivas.* Caracas: PNUD / ILDIS / Nueva Sociedad.

Mascareño, Carlos (2007): «El federalismo venezolano re-centralizado», en *Provincia,* 17, enero-junio. Mérida: CIEPROL / Universidad de Los Andes. pp. 11-22.

Mayorga, René Antonio (1995a): «*Outsiders* y kataristas en el sistema de partidos, la política de pactos y la gobernabilidad en Bolivia», en Carina Perreli, Sonia Picado y Daniel Zovatto (comp.), *Partidos y clase política en América Latina en los 90.* San José: IIDH / CAPEL.

Mayorga, René Antonio (1995b): *Antipolítica y neopopulismo.* La Paz: CEBEM.

Mayorga, René Antonio (1997): «La democracia representativa en América Latina entre las demandas de participación y las tendencias antipolíticas», en Agustín Martínez (coord.), *Cultura política. Partidos y transformaciones en América Latina.* Caracas: FACES / UCV / CLACSO.

Mayorga, René Antonio (2008): «*Outsiders* políticos y neopopulismo: el camino a la democracia plebiscitaria», en Mainwaring, Scott *et al., La crisis de representación democrática en los países andinos.* Bogotá: Grupo Editorial Norma / Vitral. pp. 209-260.

Mazzuca, Sebastian (2007): «Reconceptualizing democratization: Access to power versus exercise of power», en Gerardo Munck (ed.), *Regimes and democracy in Latin America: Theories and methods.* Nueva York: Oxford University Press, pp. 39-49.

Medellín Torres, Pedro (2003): «Elementos de teoría y método para escrutar las crisis de gobernabilidad en América Latina», en *Estudios Políticos,* 22, enero-junio. Medellín: Universidad de Antioquia / IEP. pp. 85-122.

Mendoza Angulo, José (2006): *Venezuela 2006: La encrucijada.* Mérida: Vicerrectorado Académico, Universidad de Los Andes.

Mény, Yves & Yves Surel (2000): *Par le peuple, pour le peuple. Le populisme et les démocraties.* Paris: Fayard,

Molina, José Enrique (2004): «Partidos y sistemas de partidos en la evolución política venezolana: La desinstitucionalización y sus consecuencias», en José Enrique Molina y Ángel Álvarez (eds.), *Los partidos políticos venezolanos en el siglo XXI.* Caracas: Vadell Hermanos Editores. pp. 9-55.

Montero, José Ramón, *et al.* (2007): *Partidos políticos. Viejos conceptos y nuevos tipos.* Madrid: Trotta / Fundación Alfonso Martín Escudero.

Montilla, Luis Enrique (2007): «Participación e indiferencia política en Venezuela», en *Revista Venezolana de Ciencia Política,* 32, julio-diciembre. Mérida: CEPSAL, Postgrado de Ciencia Política, Universidad de Los Andes. pp. 93-124.

Mora Belandria, Elys (2002): «Déficit del sistema político, límites a la descentralización y redefinición de los espacios de participación del gobierno local en Venezuela», en *Provincia,* 9, julio-diciembre. CIEPROL, Universidad de Los Andes. pp. 90-112.

Morlino, Leonardo (2009): «La calidad de democracia», en *Claves de Razón Práctica,* 193. España: Fundación Pablos Iglesias. pp. 26-35.

Munck, Gerardo (2004): «La política democrática en América Latina: contribuciones de una perspectiva institucional», en *Política y Gobierno,* Vol. 11, Nº 2. pp. 315-346.

Mounk, Yascha (2019): *El pueblo contra la democracia. Por qué nuestra libertad está en peligro y cómo salvarla.* Buenos Aires: Paidós.

Murillo, Gabriel y Juan Carlos Ruiz (1995): «Gobernabilidad en América Latina: La desatanización de los partidos políticos», en Carina Perelli, Sonia Picado y Daniel Zovatto (comps), *Partidos y clase política en América Latina en los 90.* San José: CAPEL / IIDH. pp. 283-294.

Myers, David y Jennifer McCoy (2003): «Venezuela en la zona gris: desde el pluralismo ineficaz hacia el sistema de poder dominante», en *Politeia.* Caracas: Instituto de Estudios Políticos. Universidad Central de Venezuela. pp. 41-74.

Neira, Enrique (1998): «Eficiencia y legitimidad: Los dos retos de nuestras democracias», en *Revista Venezolana de Ciencia Política*, 13. Mérida: Postgrado de Ciencia Política, Universidad de Los Andes. pp. 55-88.

Norden, Deborah (2003): «La democracia en uniforme: Chávez y las fuerzas armadas», en Steve Ellner y Daniel Hellinger (eds.), *La política venezolana en la época de Chávez. Clases, polarización y conflicto*. Caracas: Nueva Sociedad. pp. 121-143.

Norden, Deborah (2008): «¿Autoridad civil sin dominación civil? Las relaciones político militares en la Venezuela de Chávez», en *Revista Nueva Sociedad*, 213, enero-febrero. pp. 170-187.

Novaro, Marcos (1996): «Los populismos latinoamericanos transfigurados», en *Nueva Sociedad*, 144. Caracas.

Novaro, Marcos (1998): «Populismo y gobierno. Las transformaciones en el peronismo y la consolidación democrática en Argentina», en Felipe Burbano de Lara (ed.), *El fantasma del populismo. Aproximación a un tema [siempre] actual*. Caracas: ILDIS / FLACSO / Nueva Sociedad.

Nun, José (1998): «Populismo, representación y menemismo», en Felipe Burbano de Lara (ed.), *El fantasma del populismo. Aproximación a un tema [siempre] actual*. Caracas: ILDIS / FLACSO / Nueva Sociedad. pp. 49-79.

O'Donnell, Guillermo (1994): «Delegative democracy», en *Journal of Democracy*, Vol. 5 No. 1.

O'Donnell, Guillermo (2007): *Disonancias. Críticas democráticas a la democracia*. Buenos Aires: Prometeo.

O'Donnell, Guillermo (1996): «Otra institucionalización», en *Ágora*, 5, Buenos Aires. pp. 26-27.

Oliveros Luis y Rodríguez Grille José Manuel (2017): «Transformaciones del sistema político venezolano en el siglo XXI: La política petrolera», en Diego Bautista Urbaneja (coord.), *Desarmando el modelo. Las transformaciones del sistema político venezolano*. Caracas: Universidad Católica Andrés Bello / ABC Ediciones / Konrad Adenauer Stiftung. pp. 259-290.

Oropeza, Alejandro (2017): «La gobernabilidad en los procesos de transición democrática», en B. Alarcón Deza, *et al.*, *Transición democrática o autocratización revolucionaria. El desafío venezolano II*. Caracas: Centro de Estudios Políticos, Universidad Católica Andrés Bello, UCAB Ediciones. pp. 205-253.

Osorio, Jaime (1997): *Despolitización de la ciudadanía y gobernabilidad*. México: Universidad Autónoma Metropolitana / UAM. pp. 165-170.

Panebianco, Angelo (1990): *Modelo de partido*. Madrid: Alianza.

Pasquino, Gianfranco (1997a): «Gobernabilidad y calidad de la democracia», en Salvador Giner y Sebastián Sarasa (eds.), *Buen gobierno y política social*. Barcelona: Ariel Ciencia Política. pp. 35-47.

Pasquino, Gianfranco (1997b): «La partecipazione politica», en Gianfranco Pasquino, *Corso di Scienza Politica*. Bologna: Il Murlino. pp. 40-65.

Pasquino, Gianfranco (1997c): *La Democrazia esigente*. Bologna: Il Murlino.

Patruyo, Thanalí (2007): «¿Una nueva cartografía de las mediaciones políticas?: El PSUV y la relegitimación de los partidos políticos en la experiencia venezolana», en Gregorio Castro (ed.), *Debate por Venezuela*. Caracas: Editorial Alfa / UCV. pp. 207-222.

Perelli, Carina (1995): «La personalización de la política. Nuevos caudillos, *outsiders*, política mediática y política informal», en Carina Perelli, Sonia Picado y Daniel Zovatto (comp.), *Partidos y clase política en América Latina en los 90*. San José: CAPEL / IIDH.

Pérez, Carmen (2000): «Cambios en la participación electoral venezolana: 1998-2000», en *Cuestiones Políticas*, 25. Maracaibo: Instituto de Estudios Políticos y Derecho Público, Universidad del Zulia. pp. 11-26.

Perlmutter, Amos (1981): *Political roles and military rulers*. Londres: Frank Cassand Co., Ltd.

Perlmutter, Amos, *et al*. (1980): *The political influence of the military: A comprehensive reader*. New Heaven: Yale University Press.

Petkoff, Teodoro (2000): *La Venezuela de Chávez. Una segunda opinión*. Caracas: Grijalbo.

Philip, George (1998): «The new populism, presidentialism and market-Orientated reform in spanish south America», en *Government and Opposition*, Vol. 33 Nº 1, Winter London. London: School of Economics and Political Science. pp. 81-97.

Pino Iturrieta, Elías (2004): *El divino Bolívar*. Madrid: Ediciones Catarata.

Pion-Berlin, David (2001): *Civil military relations in Latin America. New analitycal perspective*. Chapel Hill: The University of North Caroline Press.

Pradera, Javier (2012): *Corrupción y política. Los costes de la democracia*. Barcelona: Galaxia Gutenberg / Círculo de Lectores.

Prats, Joan Oriol (2001): «Gobernabilidad democrática para el desarrollo humano: marco conceptual y analítico», en *Instituciones y Desarrollo*, 10. IIG: Barcelona. pp. 103-148.

Prats, Joan Oriol (2003): «El concepto y análisis de la gobernabilidad», en *Revista Instituciones y Desarrollo*, 14-15. IIG: Barcelona. pp. 239-269.

Programa de Naciones Unidas para el Desarrollo (PNUD) (2004): *La democracia en América Latina. Hacia una democracia de ciudadanas y ciudadanas*. Buenos Aires.

Przeworski, Adam (2010): *Qué esperar de la democracia. Límites y posibilidades del autogobierno*. Buenos Aires: Siglo Veintiuno Editores.

Quijano, Aníbal (1998): «Populismo y fujimorismo», en Felipe Burbano de Lara (ed.), *El fantasma del populismo. Aproximación a un tema [siempre] actual*. Caracas: ILDIS / FLACSO / Nueva Sociedad.

Raby, Diane (2006): «El liderazgo carismático en los movimientos populares y revolucionarios», en *Cuadernos del Cendes*, 62. Caracas: Cendes. pp. 59-72.

Raby, Diane (2007): *Democracy and revolution: Latin America and Socialism today*. Pluto Press.

Ramos Jiménez, Alfredo (1997): *Las formas modernas de la política. Estudio sobre la democratización de América Latina*. Mérida: Centro de Investigaciones de Política Comparada, Universidad de Los Andes.

Ramos Jiménez, Alfredo (1999): «Venezuela: El ocaso de una democracia bipartidista», en *Nueva Sociedad*, 161, mayo-junio. Caracas. pp. 35-42.

Ramos Jiménez, Alfredo (2001): «Viejo y nuevo: Partidos y sistema de partidos en las democracias andinas», en *Nueva Sociedad,* 173, mayo-junio. Caracas. pp 65-75.

Ramos Jiménez, Alfredo (2002a): «Partidos y sistemas de partidos en Venezuela», en Marcelo Cavarozzi y Juan Abal Medina (comp.), *El asedio a la política. Los partidos políticos latinoamericanos en la era neoliberal.* Buenos Aires: Konrad Adenauer Stiftung / Homo Sapiens. pp. 381-409.

Ramos Jiménez, Alfredo (2002b): «Los límites del liderazgo plebiscitario. El fenómeno Chávez en perspectiva comparada», en Alfredo Ramos Jiménez (ed.), *La transición venezolana. Aproximación al fenómeno Chávez.* Mérida: Centro de Investigaciones de Política Comparada, Universidad de Los Andes. pp. 15-46.

Ramos Jiménez, Alfredo (2009): *El experimento bolivariano.* Mérida: Centro de Investigaciones de Política Comparada, Universidad de Los Andes.

Ramos Jiménez, Alfredo (2015): *Los partidos políticos latinoamericanos. Una segunda mirada.* Mérida: Centro de Investigaciones de Política Comparada, Universidad de Los Andes.

Ramos Jiménez, Alfredo (2016): *Las formas modernas de la política. Estudio sobre la democratización de América Latina.* Mérida: Centro de Investigaciones de Política Comparada, Universidad de Los Andes.

Reid, Michael (2009): *El continente olvidado. La lucha por el alma en América Latina.* Bogotá: Grupo Editorial Norma.

Reid, Michel (2018): *El continente olvidado. Una historia de la nueva América Latina,* Bogotá: Crítica.

Rey, Juan Carlos (1989): *El futuro de la democracia en Venezuela.* Caracas: IDEA / UCV.

Rey, Juan Carlos (1991): «La democracia venezolana y la crisis del sistema populista de conciliación», en *Revista de Estudios Políticos,* 74. Madrid: Centro de Estudios Políticos.

Rey, Juan Carlos (2002): «Consideraciones políticas sobre un insólito golpe de Estado», en *Revista Venezolana de Ciencia Política,* 21, enero-junio. Mérida: Centro de Investigaciones de Política Comparada, Universidad de Los Andes. pp. 9-34.

Rivas Leone, José Antonio (1999a): «Política y antipolítica: Un debate entre las viejas formas y nuevas formas de hacer política», en *Cuestiones Políticas,* 22. Maracaibo: Instituto de Estudios Políticos y Derecho Público, Facultad de Ciencias Jurídicas y Políticas, Universidad del Zulia. pp. 11-32.

Rivas Leone, José Antonio (1999b): «Gobernabilidad, democracia y partidos políticos: Ideas para un debate», en *Revista Ciencias de Gobierno,* 5. Maracaibo: Instituto Zuliano de Estudios Políticos, Económicos y Sociales (IZEPES). pp. 19-32.

Rivas Leone, José Antonio (2000a): «Repensar la democracia: Una lectura de Norbert Lechner», en *Revista Nueva Sociedad,* 170, noviembre-diciembre. Caracas: Nueva Sociedad. pp. 6-14.

Rivas Leone, José Antonio (2000b): «La vulnerabilidad de la democracia y el rediseño institucional en Venezuela», en *Revista Foro Internacional,* 162. México: Universidad Nacional Autónoma de México / El Colegio de México. pp. 718-742.

Rivas Leone, José Antonio (2000c): «Los cambios en las estrategias de acción política y la desarticulación de los actores políticos», en *Revista Venezolana de Ciencia Política,* 17. Mérida: Postgrado de Ciencia Política, Universidad de Los Andes. pp. 53-80.

Rivas Leone, José Antonio (2002a): «El desmantelamiento institucional de los partidos en Venezuela 1990-2000», en *Revista de Estudios Políticos*, 118, octubre-diciembre. Madrid: Centro de Estudios Políticos y Constitucionales. pp. 181-196.

Rivas Leone, José Antonio (2002b): «Transformaciones y crisis de los partidos políticos. La nueva configuración del sistema de partidos en Venezuela», en *Working Papers*, 202. Barcelona, España: Institut de Ciencies Politiques I Socials, Universidad Autónoma de Barcelona.

Rivas Leone, José Antonio (2003): *El desconcierto de la política. La revalorización de la política democrática*. Mérida: Ediciones del Vicerrectorado Académico, Universidad de Los Andes.

Rivas Leone, José Antonio (2004): «Aventuras y desventuras del populismo latinoamericano», en *Revista de Estudios Políticos*, 124, abril-junio. Madrid: Centro de Estudios Políticos y Constitucionales. pp. 229-243.

Rivas Leone, José Antonio (2008): *Los desencuentros de la política venezolana. Nacimiento, consolidación y desinstitucionalización de los partidos políticos 1958-2007*. Caracas: Fundación Para La Cultura Urbana / Universidad de Los Andes.

Rivas Leone, José Antonio (2010): *En los bordes de la democracia. La militarización de la política venezolana*. Mérida: CEP / Centro de Investigaciones de Política Comparada.

Rivas Leone, José Antonio (2012): «La experiencia populista y militarista en la Venezuela contemporánea», en *Working Papers*, 307. Barcelona: Institut de Ciencies Politiques i Socials, Universidad Autónoma de Barcelona.

Rivas Leone, José Antonio (2013): «El debate en torno a la calidad de la democracia», en *Reflexión Política*, 29, Vol. 15. Bucaramanga: Instituto de Estudios Políticos, Universidad Autónoma de Bucaramanga. pp. 22-32.

Rivas Leone, José Antonio (2019): «Transición democrática o autocratización revolucionaria. El deterioro institucional de la democracia en Venezuela 1999-2019», en *Working Papers*, 358. Barcelona: Institut de Ciencies Politiques i Socials, Universidad Autónoma de Barcelona.

Rivas Leone, José Antonio y Luis Caraballo Vivas (2009): «El rol de los partidos en la ingobernabilidad de la democracia en Venezuela», en Alfredo Ramos Jiménez (ed.), *Venezuela en los tiempos de la revolución bolivariana*. Caracas: Debate.

Rivas Leone, José Antonio, *et al.* (2007): «Estado-seguridad y fuerzas armadas en la era de la globalización. Una aproximación a Venezuela», en *Working Papers*, 256. Barcelona: Institut de Ciencies Politiques I Socials (ICPS).

Rivera, Nelson (2009): *El ciclope totalitario*. Caracas: Debate. Colección Actualidad.

Rivero, Marta (1996): *Pensar la política*. México: Universidad Autónoma de México.

Roberts, Kenneth (2001): «La descomposición del sistema de partidos en Venezuela vista desde el análisis comparativo», en *Revista Venezolana de Ciencias Sociales*, Vol. 7 Nº 2, mayo-agosto. Caracas: Universidad Central de Venezuela. pp. 183-200.

Roberts, Kenneth (2003): «Polarización social y resurgimiento del populismo en Venezuela», en Steve Ellner y Daniel Hellinger (eds.), *La política venezolana en la época de Chávez. Clases, polarización y conflicto*. Caracas: Nueva Sociedad. pp. 75-95.

Rödel, Ulrich, Günter Frankenberg y Helmut Dobiel (1997): *La cuestión democrática*. Madrid: Huerga & Fierro / Ediciones de La Ilustración.

Romero, Aníbal (1990): *América Latina: Militares, integración y democracia*. Caracas: Universidad Simón Bolívar.

Romero, Aníbal (1997): «Rearranging the deck chairs on the titanic: The agony of democracy in Venezuela», en *Latin American Research Review*, Vol. 32, No. 1.

Romero, Aníbal (2002). «Del equívoco a la paradoja: la FAN y la Revolución Bolivariana», en Ferrero, Mary (ed.), *Chávez: la sociedad civil y el estamento militar*. Caracas: Alfadil Ediciones, Colección Hogueras.

Romero, Aníbal (2008): «Militares y política exterior en la revolución bolivariana», en *Conferencia Dictada Universidad Santiago de Compostela* Santiago de Compostela, España.

Romero, Juan Eduardo (1998): «Relaciones entre el poder civil y militar en Latinoamérica. El caso venezolano. 1958-1998», en *Historia de América*, 125, julio-diciembre, México.

Romero, Juan Eduardo (2003): «Cambios socio-políticos e institucionales de la democracia venezolana en el gobierno de Hugo Chávez (1998-2002)», en *Utopía y Praxis Latinoamericana*, 22, julio-septiembre. Facultad de Ciencias Económicas, Universidad del Zulia. pp. 7-43.

Romero, Juan Eduardo (2005): «La democracia en la Venezuela de Hugo Chávez: Una aproximación al conflicto socio-político (1998-2004)», en Irwin, Domingo y Langue, Frederique (coord.), *Militares y poder en Venezuela. Ensayos históricos vinculados con las relaciones civiles y militares venezolanas*. Caracas: UPEL / UCAB. pp. 205-269.

Rondón Nucete, Jesús (2000): *Teoría jurídica del poder constituyente*. Mérida: Consejo de Publicaciones.

Rondón Nucete, Jesús (2003): *Hacia la Asamblea Nacional Constituyente*. Mérida: Universidad de Los Andes.

Rosales Albano, Simón (1997): «Participación, apatía e indiferencia frente al sistema político venezolano 1958/93», en *Revista Venezolana de Ciencia Política*, 12. Mérida: Postgrado de Ciencia Política, Universidad de Los Andes. pp. 123-158.

Rouquié, Alain (2010): *A l'ombre des dictatures. La démocratie en Amérique latine. La démocratie en Amérique latine*. Paris: Albin Michel.

Rubiales, Francisco (2007): *Políticos, los nuevos amos. Rebeldía ciudadana frente a la democracia degenerada*. Madrid: Almuzara.

Sánchez Melean, Jorge (2000): «Pasado, presente y futuro de la descentralización en Venezuela», en *Provincia*, 9. Mérida: CIEPROL, Universidad de Los Andes. pp. 20-33.

Sartori, Giovanni (2003): *Qué es la democracia*. Madrid: Taurus.

Saward, Michael (2003): *Democracy*. Cambridge: Polity Press.

Schedler, Andreas (2020): *La política de la incertidumbre en los regímenes electorales autoritarios*. México: Fondo de Cultura Económica.

Schmitter, Philippe (2005): «Calidad de la democracia. Las virtudes ambiguas de la rendición de cuentas», en *Metapolitica*, N° 39. Vol. 8, enero-febrero. México: Cepcom. pp. 61-73.

Shills, Edward (1979): «Autoritarismo», en *Enciclopedia Internacional de las Ciencias Sociales*. Madrid: Aguilar. pp. 115-121.

Silva Querales, Nadeska (2007): «Apuntes sobre los partidos políticos venezolanos: Pasado y presente», en Gregorio Castro (ed.), *Debate por Venezuela*. Caracas: Editorial Alfa / UCV. pp. 195-205.

Simon, János (2003): *The change of function of political parties at the turn of millennium*. Barcelona: Institut de Ciencies I Socials. Universidad Autónoma de Barcelona.

Socorro, Nelson (2009): *Vigencia de la Constitución de 1999*. Caracas: Fundación Manuel García Pelayo. pp. 43-68.

Spiritto, Fernando (2017): «Hugo Chávez y el populismo del siglo XXI en Venezuela», en D. B. Urbaneja (coord.), *Desarmando el modelo. Las transformaciones del sistema político venezolano desde 1999*. Caracas: Abediciones-Konrad Adenauer Stiftung. pp. 117-150.

Stambouli, Andrés (2002): *La política extraviada. Una historia de Medina a Chávez*. Caracas: Fundación para la Cultura Urbana.

Sttopino, Mario (1997): «Totalitarismo», en Norberto Bobbio y Nicola Matucci (eds.), *Diccionario de Política*. Tomo II. México: Siglo XXI Editores.

Sucre Heredia, Ricardo (2017): «El papel de la estructura militar en la configuración del nuevo sistema político», en Diego Bautista Urbaneja (coord.), *Desarmando el modelo. Las transformaciones del sistema político venezolano*. Caracas: Universidad Católica Andrés Bello / ABC Ediciones / Konrad Adenauer Stiftung. pp. 331-381.

Taguieff, Pierre-André (1996): «Las ciencias políticas frente al populismo: de un espejismo conceptual a un problema real», en F. Adler *et al. Populismo posmoderno*. Buenos Aires: Universidad Nacional de Quilmes. pp. 47-48.

Tanaka, Martin (2008): «De la crisis al derrumbe de los sistemas de partidos, y los dilemas de la representación democrática: Perú y Venezuela», en Mainwaring, Scott *et al.*, *La crisis de representación democrática en los países andinos*. Bogotá: Grupo Editorial Norma / Vitral. pp. 89-131.

Torre, Carlos de la (2008): *El retorno del pueblo. Populismo y nuevas democracias en América Latina*. Quito: Flacso-Ecuador.

Torre, Juan Carlos (2003) «Los huérfanos de la política de partidos. Sobre los alcances de la crisis de representación partidaria», en *Desarrollo Económico*, Vol. 42, N° 168.

Trak, Juan Manuel, *et al.* (2018): *Crisis y democracia en Venezuela. 10 años de cultura política de los venezolanos a través del barómetro de las Américas*. Caracas: Abcediciones / Universidad Católica Andrés Bello.

Trejo, Marcos Avilio (2006): «El militarismo, autoritarismo y el populismo en Venezuela», en *Provincia*, Número Especial. Mérida: CIEPROL, Universidad de Los Andes. pp. 313-339.

Trinkunas, Harold (2005): *Crafting civilian control of the military in Venezuela: A comparative perspective*. Chapel Hill: The University of North Carolina Press.

Tsebelis, George (1996): *Nested games. Rational choice in comparative politics*. Berkeley: University of California Press.

Tsebelis, George (2006): *Jugadores con veto. Cómo funcionan las instituciones políticas*. México: Fondo de Cultura Económica.

Tzvetan, Todorov (2016): *Los enemigos íntimos de la democracia*. Barcelona: Galaxia Gutenberg.

Ulloa, César (2017): *El populismo. ¿Por qué emerge en unos países y en otros no?* Quito: Flacso-Ecuador.

Ulloa, César (2020): *Chávez, Correa y Morales. Discurso y poder*. Quito: Ediciones de la Universidad de Las Américas.

Ungar, Elisabeth (1993): *Gobernabilidad en Colombia. Retos y desafíos*. Bogotá: UNIANDES.

Urbaneja, Diego Bautista (Coord.) (2017): *Desarmando el modelo. Las transformaciones del sistema político venezolano desde 1999*. Caracas: Abediciones / Konrad Adenauer Stiftung.

Vallespín, Fernando (2000): *El futuro de la política*. Madrid: Taurus.

Vallespín, Fernando y Máriam Martínez-Bascuñán (2017): *Populismos*. Madrid: Alianza Editorial.

Vargas Velásquez, Alejo (2002): *Las fuerzas armadas en el conflicto colombiano*. Bogotá: Intermedio.

Viciano Pastor, Manuel y Rubén Martínez Dalmau (2000): «Cambio político, cambio constitucional y la nueva configuración del sistema de partidos políticos en Venezuela», en *Revista de Estudios Políticos*, 110, octubre-diciembre. Madrid. pp. 139-174.

Viciano Pastor, Manuel y Rubén Martínez Dalmau (2001): *Cambio político y proceso constituyente en Venezuela (1998-2000)*. Valencia: Vadell Hermanos.

Vilas, Carlos (1994): «Entre la democracia y el debilitamiento de los caudillos electorales de la posmodernidad», en Silvia Dutrénit y Leonardo Valdés (coord.), *El fin de siglo y los partidos políticos en América Latina*. México: UAM / Instituto Mora.

Ware, Alan (2004): *Partidos políticos y sistemas de partidos*. Madrid: Istmo.

Weber, Max (1992): *Economía y sociedad. Ensayo de sociología comprensiva*. Buenos Aires: Fondo de Cultura Económica.

Weyland, Kurt (1997): «Neopopulismo y neoliberalismo en América Latina: Afinidades inesperadas», en *Pretextos*. Madrid.

Weyland, Kurt (2004): «Clasificando un concepto: el populismo latinoamericano en el estudio de la política latinoamericana», en *Releer los populismos*. Quito: CAPP. pp. 9-51.

Weyland, Kurt y Raúl L. Madrid (2019): *When democracy Trumps populism: European and Latin American lessons for the United States*. Cambridge: Cambridge University Press, Year.

LISTA *de* TABLAS

OTRAS PUBLICACIONES DEL AUTOR

Transformaciones y crisis de los partidos políticos. La nueva configuración del sistema de partidos en Venezuela.
Working Papers. Institut de Ciencies Politiques i Socials,
Universidad Autónoma de Barcelona. Barcelona, España, 2002.

Ciencia Política. Una aproximación transdisciplinaria.
Centro de Investigaciones de Política Comparada, Mérida, Venezuela, 2002.

El desconcierto de la política. Los desafíos de la política democrática.
Vicerrectorado Académico / Centro de Investigaciones de Política Comparada,
Universidad de Los Andes, Mérida, Venezuela, 2003.

Estado, seguridad y fuerzas armadas en la era de la globalización. Una aproximación a Venezuela.
Working Papers, Nº 256. Institut de Ciencies Politiques i Socials,
Universidad Autónoma de Barcelona. Barcelona, España, 2007.

Los desencuentros de la política venezolana. Nacimiento, consolidación y desinstitucionalización de los partidos políticos 1958-2007.
Fundación de la Cultura Urbana / Universidad de Los Andes. Caracas, 2008.

En los bordes de la democracia. La militarización de la política venezolana.
Centro de Investigaciones de Política Comparada, Consejo de Estudios de Postgrado,
Universidad de Los Andes, Mérida, 2010.

Temas de Ciencia Política.
Centro de Investigaciones de Política Comparada / Secretaría Universidad
de Los Andes, Mérida, 2011.

La experiencia populista y militarista en la Venezuela contemporánea.
Working Papers, Nº 307. Institut de Ciencies Politiques i Socials,
Universidad Autónoma de Barcelona. Barcelona, España, 2012.

Transición democrática o autocratización revolucionaria. El deterioro institucional de la democracia en Venezuela 1999-2019.
Working Papers, Nº 358. Institut de Ciencies Politiques i Socials,
Universidad Autónoma de Barcelona. Barcelona, España, 2019.